体育竞赛组织编排

（修订版）

主　编　张孝平

副主编　李宝禄　戴金明
　　　　王艳丽　张羽琳

北京体育大学出版社

策划编辑：梁　林
责任编辑：梁　林
责任校对：程　静
版式设计：博文宏图

图书在版编目（CIP）数据

体育竞赛组织编排 / 张孝平主编. -- 2 版 . -- 北京
：北京体育大学出版社，2008. 07（2025.8 重印）

ISBN 978-7-81100-360-4

Ⅰ. ①体… Ⅱ. ①张… Ⅲ. ①运动竞赛—组织 Ⅳ.
① G808.22

中国版本图书馆 CIP 数据核字（2008）第 088769 号

体育竞赛组织编排　　张孝平　主编

出版发行：北京体育大学出版社
地　　址：北京市海淀区农大南路 1 号院 2 号楼 2 层办公 B－212
邮　　编：100084
网　　址：http://cbs.bsu.edu.cn
发 行 部：010－62989320
邮 购 部：北京体育大学出版社读者服务部 010－62989432
印　　刷：三河市龙大印装有限公司
开　　本：880mm × 1230mm　1/16
成品尺寸：280mm × 203mm
印　　张：14
字　　数：413 千字
版　　次：2005 年 8 月第 1 版　2008 年 7 月第 2 版
印　　次：2025 年 8 月第 22 次印刷
定　　价：40.00 元

编者的话（初版）

体育，是和平，是健康，是荣誉。随着社会的进步和发展，体育竞赛越来越成为人们生活的一个组成部分。熟悉和掌握体育竞赛的组织和编排方法，是每一个热爱生活的人和每一个体育工作者的需要。本书正是为了适应人们的工作和生活需要而编写的。

《体育竞赛组织编排》属于《体育竞赛学》范畴。全书对体育竞赛的基本理论作了简明的阐述；对体育竞赛的组织工作和体育竞赛方法作了详尽的叙述；对各单项体育竞赛项目的竞赛方法及编排作了较全面的介绍。书中基本汇集了当前有关体育竞赛组织编排的所有组织和编排方法以及新的观点，并提有自己的看法；书中囊括了26项体育竞赛的竞赛方法及编排，在每个竞赛项目中都附有最新的竞赛规程摘要和竞赛表格。同时还介绍了30项群众性、休闲类的体育竞赛方法。全书无论在理论研究还是在实际操作方面，都力求体现科学性、系统性和实用性。因此，本书不但可以为广大的体育工作者、基层工会干部和热爱体育竞赛的人们在工作和生活中提供极大的方便，同时，本书也可以作为高等院校学生体育课的选用教材。

本人1974年毕业于安徽师范大学，现在广州体育学院工作。30多年来一直工作在高校体育教育的第一线，深深感到体育竞赛组织编排的知识对每一个体育专业的学生和基层体育工作者、工会工作者的重要。编写这本书是我多年的一个愿望。全书由张孝平主编并完成统稿、定稿，周自勇、肖骁、武勇成撰写部分章节，俞琴女士为本书的出版也做了大量的工作。

在本书的编写过程中，得到了广州体育学院的邹亮畴、裴立新、徐佶、王雷、刘刚、许铭、李朝旭、李永坤、柳天杨、陆建峰等教授、专家的指导和帮助，使书的内容具有一定的权威性和代表性。在此对以上学者表示衷心的感谢。同时，对《主要参考文献》的编写学者们表示衷心的感谢。北京体育大学出版社的梁林先生为本书的出版给予了极大支持和关心，在此表示诚挚的感谢。由于编写水平有限，书中如有不妥之处，敬请读者批评指正。

2005年春节于广州

编者的话（修订版）

恰逢奥林匹克圣火点燃，由北京向五大洲传递之际，《体育竞赛组织编排》全书修订工作完成，编者将其作为一份献礼，预祝2008北京奥运会圆满成功！

《体育竞赛组织编排》出版三年来，以其科学性、系统性和实用性，给热爱生活和热爱体育的人们在生活和工作中提供了很多的方便，受到了全国广大读者的欢迎和喜爱。一些高等院校还将此书选为教材，作为体育专业和其他专业学生的学习内容和工具书。

北京奥运会将进一步增进和加强中国人民和世界各国人民之间的了解和友谊，提升我国的国际地位，振奋民族精神，增强凝聚力。同时，随着全国人民关注奥运、参与奥运热情的持续升涨，群众体育必将会迎来新的春天。本书的修订出版，不仅是竞技体育的需要，更是开展群众性体育活动的需要，是提高中国人民健康水平的需要。

本书问世后，我们在生活、工作和教学的使用中，听取了多方面的建议，为满足广大读者的需求，我们在修订中增加了“体育竞赛组织与管理”“综合性和趣味性体育竞赛的组织”和“败者复活赛制”的内容；增添了“铁人三项、体育舞蹈、轮滑、跆拳道、舞龙舞狮、龙舟和飞镖”等12个新项目的组织编排方法；给所有的竞赛项目都附上了最新的竞赛规程；在部分章节增加了教学思考题。修订本将以更加科学、全面、实用的知识，为广大读者服务。

全书由张孝平教授主编。李宝禄撰写第一章、第二章、第三章及其他部分章节；戴金明撰写第八章、第九章、第十章及其他部分章节；王艳丽、张羽琳参加了部分章节的修订；张孝平撰写其他章节并完成全书的修订、定稿。

在全书修订完成之时，作者再次对为本书撰写、出版给予热心指导和帮助的教授、专家和梁林博士表示衷心的感谢。对主要参考文献的作者们表示衷心的感谢。潘帅、朱永健、符运猛、郭瑞青、董国华、郭权、杨柳青等同志在出版和收集资料、修订方面做了一定的工作，在此一并致谢。由于编写水平有限，书中如有错误或纰漏，敬请广大读者予以指正。

2008 年 4 月于广州

体育颂

（现代奥林匹克之父　法国教育家）
皮埃尔·德·顾拜旦　男爵

啊，体育，天神的欢娱，生命的动力。你猝然降临在灰蒙蒙的林间空地，受难者，激动不已。你像是容光焕发的使者，向暮年人微笑致意。你像高山之巅出现的晨曦，照亮了昏暗的大地。

啊，体育，你就是美丽！你塑造的人体，变得高尚还是卑鄙，要看它是被可耻的欲望引向堕落；还是由健康的力量悉心培育。没有匀称协调，便谈不上什么美丽。你的作用无与伦比，可使二者和谐统一；可使人体运动富有节律；使动作变得优美，柔中含有刚毅。

啊，体育，你就是正义！你体现了社会生活中追求不到的公平合理，任何人不可超过速度一分一秒，逾越高度一分一厘，取得成功的关键，只能是体力与精神融为一体。

啊，体育，你就是勇气！肌肉用力的全部含义是敢于搏击。若不为此，敏捷、强健有何用？肌肉发达有何益？我们所说的勇气，不是冒险家押上全部赌注似地蛮干，而是经过慎重的深思熟虑。

啊，体育，你就是荣誉！荣誉的赢得要公正无私，反之便毫无意义。有人要弄见不得人的诡计，以此达到欺骗同伴的目的。他内心深处却受着耻辱的绞缢。有朝一日被人识破，就会落得名声扫地。

啊，体育，你就是乐趣！想起你，内心充满欢喜，血液循环加剧，思路更加开阔，条理愈加清晰。你可使忧伤的人散心解闷，你可使快乐的人生活更加甜蜜。

啊，体育，你就是培育人类的沃地。你通过最直接的途径，增强民族体质，矫正畸形躯体；防病患于未然，使运动员得到启迪；希望后代长得茁壮有力，继往开来，夺取桂冠。

啊，体育，你就是进步！为人类的日新月异，身体和精神的改善要同时抓起。你规定良好的生活习惯，要求人们对过度行为引起警惕。你告诫人们遵守规则，发挥人类最大能力而又无损健康的肌体。

啊，体育，你就是和平！你在各民族间建立愉快的联系。你在有节制、有组织、有技艺的体力较量中产生，使全世界的青年学会相互尊重和学习，使不同民族特质成为高尚而和平竞赛的动力。

本文于1912年斯德哥尔摩第五届奥林匹克运动会文艺竞赛中获金质奖，当时作者用德文笔名发表。

目录

第一章　体育竞赛概论

第一节　体育竞赛的定义、构成因素及特征

一、体育竞赛的定义

体育竞赛是各类体育运动项目比赛的总称。体育竞赛是以增强人民体质、丰富社会文化生活以及在比赛中夺取优胜为目的，以比赛项目为内容，以运动规则为裁判尺度所进行的个人或集体之间的体能、技艺、心理品质和智能的较量。

体育竞赛可以增进和加强我国人民和世界各国人民之间的了解和友谊，提升和扩大国家的地位和影响；可以振奋民族精神，增强凝聚力；可以提高人民的健康水平，保证人民的生活质量。

体育竞赛是社会活动，属于文化教育的范畴。

二、体育竞赛的构成因素

（一）参与竞赛的人群

参与竞赛的人群包括竞赛组织者、参赛者、裁判员、管理服务人员和观众。其中，参赛者是核心，观众在体育竞赛中也占据着十分重要的位置。

（二）开展竞赛的物质条件

物质条件包括场地、器材和有关竞赛的用品。其中，场地是必不可少的。

（三）竞赛的组织管理

组织管理工作包括竞赛规则、竞赛规程、组织编排和组织竞赛等 4 个方面。组织管理是体育竞赛能够顺利完成的基本保证。

三、体育竞赛的特征

（一）竞争性

竞争性是指在体育竞赛过程中，参赛者互为对手，通过一系列竞赛行为，分出强弱、优劣，最后决出优胜者。参赛者必须具有优秀的技术、战术水平和强烈的竞争意识及对抗能力，才能在体育竞赛中获胜。同时，竞争激烈、表现精彩的体育竞赛能够吸引更多的观众前来观看，由此可以产生良好的社会效益和经济效益。随着世界体育竞赛水平的提高，其竞争性更趋于紧张、激烈、精彩。竞争性是体育竞赛最显著的特征之一。

（二）公平性

公平性是指参赛者必须在条件和机会均等的情况下进行竞赛，不允许有任何不平等的现象存在。为使竞赛得以顺利进行，必须建立相应的结构体系和运动机制，并对所有参与竞赛活动的人和整个竞赛环境提出严格的制约条件，以达到竞赛的公平与合理。竞赛规则和竞赛规程对竞赛行为和竞赛条件就有着严格的限制和明确的规定；竞赛机构工作的严肃性和裁判员执法的公正性、一致性，是保证体育竞赛公平性的又一重要条件。公平性是体育竞赛与自发游戏和个体自身运动行为之间的一个主要区别。

（三）社会性

社会性是指参赛者所取得的成绩必须在特定的竞赛场合，按照国际和国内体育竞赛规则的要

求和在裁判员确认的情况下，才会被社会所承认。体育竞赛是超越国家、民族之上的人民之间的隆重聚会，其竞赛项目、竞赛结果必然要得到全世界和全社会的认同。同时体育竞赛是社会文化生活的一个组成部分，任何体育运动项目及其竞赛只有得到社会公众的承认和参与，才具有继续生存和发展的生命力。当前，体育竞赛频繁，体育竞赛更加国际化，各国在组织体育竞赛特别在竞技体育竞赛的规格和标准上都十分重视符合国际奥林匹克运动的统一要求，这是现代体育竞赛的一个重要特征。

（四）随机性

随机性是指体育竞赛的过程与结果具有明显的不确定性。体育竞赛的过程充满着动态的变化，这些变化往往又是无法预料的。各种直接对抗类竞赛项目的竞赛过程尤其如此。比赛的双方根据对手的状况不断、及时地采取相应的技术、战术，扬长避短，攻其不备，使比赛跌宕起伏、精彩纷呈、胜负难料。即使是比赛结果能准确、客观测量的竞争类竞赛项目，如田径、游泳等，其比赛结果也有很强的不确定性。曾有专家研究表明：世界和我国居年度首位的田径、游泳运动员，在当年度举行的大赛中，冠军的获得率只有70%。竞赛过程和结果的随机性、不确定性，是体育竞赛的真正魅力所在。为比赛过程所吸引，对比赛结果的预测、期盼，是广大观众、球迷热衷于观看、参与比赛的重要心理动力。

第二节　体育竞赛的价值

一、竞技价值

竞技运动的目的就是最大限度的发挥个人和集体的潜力，在竞赛中取得最优异的成绩。专家研究表明，在一般的运动训练中，运动员的机体能力只能发挥至70%左右。而在激烈地竞赛中，运动员的机体能力最大可发挥至90%以上。运动员经常参加高水平的体育竞赛，使机体不断受到一定强度的刺激，运动员的竞技水平将会迅速得到提高。

二、社会价值

（一）促进人类和平

古代奥运会的诞生和现代奥运会的复兴，都是人民渴望和平，厌恶战争的结果。人类希望减少敌对，消除战争，加强了解，增进友谊。当前，“和平与发展”是世界的主旋律，人类为了满足“竞争”的天性，体育赛场就成了人类文明竞争和情感发泄的场所，同时，也为人们相互交流营造了理想的氛围。体育竞赛的竞争替代了战争，成为没有死亡、富于人道理性的竞争。不同肤色、不同民族、不同国度的人们谁也不愿自动放弃体育场上的争夺，体育精神风靡全球，其和平、文明价值不可估量。这正应验了：体育竞赛是战争时期的和平，是和平时期的战争。

（二）参与政治活动

现代奥林匹克之父顾拜旦男爵在倡导现代奥运会时就规定了国际奥委会不受任何政治势力左右的独立性和中立性，“奥运会是为人类的精神服务的”。但在现实生活中，体育竞赛与政治的关系却非常密切。体育活动常常作为外交的一种特殊渠道，参与政治活动。中国的“乒乓外交”促进了中国和美国的关系正常化，为世界和平做出了巨大贡献；而1980年和1984年美国、苏联相互抵制对方举办的奥运会（第二十二届莫斯科奥运会、第二十三届洛杉矶奥运会），不但使许多优秀的运动员失去了大显身手的机会，更使奥运精神受到玷污。当前，政治制度及其需要仍然影响着竞赛活动的发展，但奥运精神通过体育竞赛必会为建立一个更加和平美好的世界做出更大的贡献。

三、经济价值

体育产业与竞技体育、群众体育构成了现代体育运动。近些年来，我国的体育产业得到不断发展、完善，已经成为国民经济的组成部分。举办体育竞赛需要投入，但高水平的体育竞赛，高水平运动员的精彩表演会吸引更多的观众前来观看，这不仅可以获得丰厚的门票收入，还刺激了旅游等第三产业的发展。同时，电视转播、广告宣传、商家赞助等都是十分可观的收入。现代奥运会的发展就是证明：1896 年，第一届奥运会就是靠发行纪念邮票筹集了 40 万德拉克才办成的；1984 年美国商人尤伯罗斯承办第二十三届奥运会取得了巨大的成功，同时还获得了 2.5 亿美元的可观利润；1988 年汉城奥运会韩国获得 4.67 亿美元的巨款。当前，围绕现代体育竞赛的商业活动是多领域、多渠道、多层次的，高水平体育竞赛的健康发展，不仅有助于人类精神文明的建设，而且也能为一个国家和地区创造良好的经济效益。

四、教育价值

（一）培养人的公平竞争意识

体育竞赛从竞赛规则的制定到临场的判罚直至最后成绩的认定，都体现着公平和民主的精神。在日常生活中有的人往往对公平、平等的理解就是平均主义，他们要求的实际上是获得的平等，是终点的平等；体育竞赛使人们认识到的平等则是机会的均等，要求的是大家站在同一起跑线上的平等，谁能最先到达终点则需要付出巨大的、艰辛的劳动。竞技场上人人机会均等，不同肤色、民族、国度、信仰的人凭真本领参加比赛。社会重视比赛的过程，社会更承认比赛的结果。充满生机的竞技场，优胜劣汰，永远给新秀提供机会，鼓励其奋进，促使他们形成公平竞争的意识，促使他们获得公平竞争的成功。同时体育竞赛还教会人们不违反规则的公平竞争的方法。

（二）检查运动训练的效果

过去国外曾有人说过，中国人是“练出来的”，欧美人是“赛出来的”。没有通过比赛表现出来的运动成绩，只能反映训练的实力，而不是社会认可的成绩。比赛是训练的一面镜子。经常参加各类体育竞赛，从中获得反馈信息，才能更加了解自己，才能有针对性地进行训练，从而解决在比赛中出现的问题。这样才能达到最佳的训练效果和比赛效果。

（三）培养人的进取心

奥林匹克运动有一句著名的格言：“更快、更高、更强。”一个多世纪以来，人们在这句格言的激励下，在体育竞赛场上顽强拼搏，向竞赛的最高目标奋进，使奥运精神生生不息；在人生的征途中永不言败，不断地战胜自我，超越自我，使生命更加绚丽辉煌。体育竞赛不但激励着参赛者们积极进取的优良品质，同时对观众也有着同样的激励作用和教育作用。

五、生活价值

随着人民生活水平的不断提高，体育运动已越来越成为人们生活中的组成部分。体育竞赛以其活动的竞争性、表现的精彩性、获胜的随机性、形式的多样性，深受人们喜爱。人们在参与体育运动和体育竞赛时身体承受一定的负荷，机体得到锻炼，从而促进了体质的增强。

体育竞赛还具有很高的观赏性。人们在观看精彩体育比赛及优秀运动员完美的表演时，会自然感受到美的享受和生活的美好，产生人类的自豪感，会更加热爱人生，会生活得更加充实，更加丰富多彩。

第三节　体育竞赛与体育竞赛项目的分类

一、体育竞赛的分类

（一）依据不同的比赛标准

1. 依据参赛者的年龄

可分为儿童比赛、少年比赛、成年人比赛、老年人比赛等。

2. 依据参赛者的行业

可分为职工运动会、农民运动会、军队运动会、学生运动会等。

3. 依据比赛所包含项目的数量

可分为综合性比赛、单项比赛等。

4. 依据比赛的组织形式

可分为集中组织的（赛会制）比赛和分散组织的（主客场制、通讯赛）比赛等。

（二）依据不同的比赛规模和不同的比赛任务

1. 依据比赛的规模对比赛进行的分类

基层单位比赛：学校、厂矿、街道、机关等组织的比赛。

地区性比赛：按行政区划组织的区、县、市、省级比赛。

全国性比赛：包括全国性综合运动会、单项运动会，全国性行业、部门运动会等。

国际比赛：包括地区性国际比赛及组合式国际比赛。

洲际比赛：如亚运会、非运会、北美加勒比海运动会等。

世界大赛：包括奥运会、世界锦标赛及世界杯赛。通常2~4年1次。另外还有多项目的系列大奖赛及某些项目的特定比赛。

2. 依据比赛的性质、任务对比赛进行的分类

综合运动会：不同参赛国家、地区或行业竞技运动实力的综合较量。一般是项目多、规模大，大多一年或几年举办一次。

冠军赛或锦标赛：一定范围、一定规模的单项比赛。一般是规模较小，竞技水平高。

对抗赛：由两个或两个以上单位联合举办的对抗性比赛。以促进强化训练，提高专项水平为主要目的。

邀请赛：由一个单位主办，邀请其他单位参加的比赛。通常依主办者竞技发展的需要（或准备参加洲级、世界级大赛，或重点提高某一项目的竞技水平）而举办。

选拔赛：为选拔高一级比赛的参赛选手而组织的比赛。

等级赛：按竞技水平或运动等级分别定期举行的比赛，如甲、乙级联赛等。

友谊赛：为互相观摩、学习，提高运动水平，促进友谊和团结而组织的比赛。

表演赛：为举行庆祝或纪念活动，或宣传运动项目发展状况而组织的比赛。参赛者重在演示运动技巧，而不过分追求取胜。

达标赛：为争取达到对运动水平的特定要求而组织的比赛。有优秀运动员争取通过大赛参赛标准的达标赛，也有群众性体育活动中争取达到各种体育锻炼标准、各种考试标准的达标赛。

二、体育竞赛项目的分类

（一）依据运动成绩评定方法分类

不同运动项目竞赛的结果是运用不同的评定方法予以确定的，这些不同的评定方法又都反映着各个项目本身固有的特点，因此，依运动成绩的评定方法建立体育运动项目的分类体系，对于竞赛规则的制订与改进以及竞赛活动的组织进行都有着积极的作用。

依据运动成绩的评定方法可以将体育竞赛项目分为测量类、评分类、命中类、制胜类和得分类（图1－1）。

1. 测量类竞赛项目

测量类竞赛项目的运动员在比赛中所表现出来的运动水平高低可以客观而准确地予以测量。其项目有田径、游泳、自行车、划船、举重、射击、射箭、速度滑冰等。测量指标包括速度指标，距离指标（远度与高度），重量指标与环数指标。其中，电子测时系统的研制与应用大大地提高了竞速项目成绩判定的准确性。

2. 评分类竞赛项目

此类项目是由裁判员根据比赛规则确定的标准和方法对运动员在比赛中的成绩给予评分，按分数的高低排列比赛名次的竞赛项目。在水上、陆上、冰上、雪上多种场地进行比赛的技能主导类表现难美性项目都属于此类。其项目有：竞技体操、艺术体操、技巧、跳水、武术、花样游泳、花样滑冰等。

3. 命中类竞赛项目

命中类项目是比赛中计算命中对方防守的特定目标区域的次数，命中次数多者为胜的竞赛项

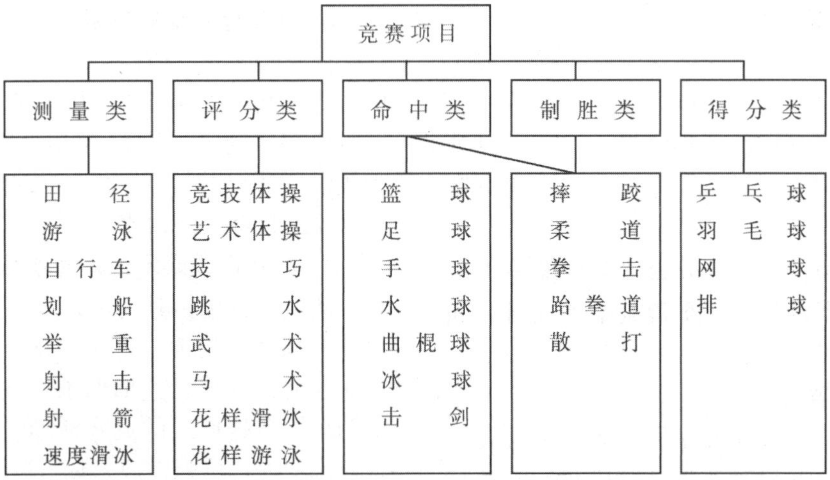

图1－1　依据运动成绩的评定方法对竞赛项目分类

目。篮球的球筐，足球、手球、冰球、水球、曲棍球的球门，以及击剑、拳击选手身上的有效得分区都属计分的目标区域。

4. 制胜类竞赛项目

此类项目评定运动成绩的方法特殊。在一般情况下，与命中类项目一样，比赛中命中对手设防的特定区域即可得分，最后按得分多少决定胜负。但若在比赛过程中出现如拳击中将对手打倒在地上定时不起或柔道中的一本胜利等情况时，则可判为绝对胜利，也就不再去计算比较双方命中得分的情况了。其项目有摔跤、柔道、拳击、跆拳道、散打等。

5. 得分类竞赛项目

隔网比赛的乒乓球、羽毛球、网球及排球均属得分类竞赛项目。依据比赛中得分多少（表现为比赛中的一方首先获得规定的取胜分）判定比赛的胜负。比赛中的得分手段既包括运动员主动进攻，将球击落命中于对方设防的特定区域，又包括对方自己失误的送分。

（二）依据竞赛方法学分类

经研究各种竞赛项目用作比较的参照系发现，运动竞赛优选过程的比较方式有两种形态，一种是以时空参数作为参照系的“静态”比较方式；一种是以参赛对手互为参照系的“动态”比较方式。因此，依据竞赛过程比较方式的不同形态，体育竞赛项目可以分为两大类（图1－2）。

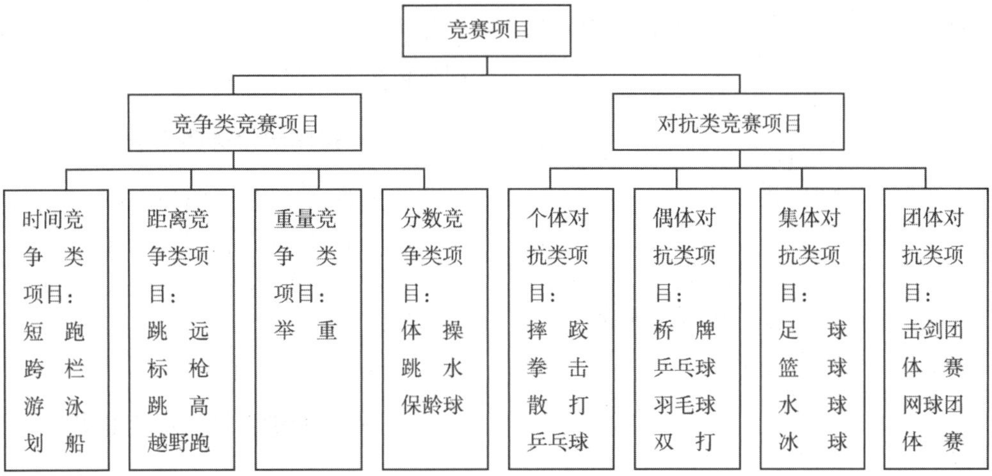

图1－2　依据竞赛方法学对竞赛项目分类

1. 竞争类竞赛项目

此类项目即是尽可能使参赛者在不受外界干扰的条件下，充分发挥自身能力去夺取某些时空参数，以获得时空参数的大小来遴选优胜、排列名次的项目，如田径、举重、体操、跳水等竞赛项目。

竞争性竞赛项目又可以分为“时间竞争类项目”“距离竞争类项目”“重量竞争类项目”和“分数竞争类项目”四大类。

2. 对抗类竞赛项目

此类项目即是让参赛者在尽可能的机会均等的条件下，相互之间捉对较量，以比赛的胜负来区分高下、确定名次的项目，如篮球、足球、拳击、摔跤等竞赛项目。

对抗性竞赛项目又可以分为“个体对抗类项目”“偶体对抗类项目”“集体对抗类项目”和“团体对抗类项目”四大类。

（三）我国现行体育竞赛项目的分类

围绕突出奥运战略，国家体育总局于1994年开始相继成立了各运动项目管理中心，进行分散管理，各负其责。在制定的竞赛制度中，重点项目与一般项目区别对待；竞技体育项目与群众体育项目区别对待；受条件限制和普及程度不同的项目区别对待；机械、智能的项目与体能的项目区别对待，把全国目前开展的70多个运动项目分为四大类并按类别主次顺序安排竞赛次数和规模。

1. 奥运会比赛中的重点项目

此类项目包括田径、游泳、跳水、体操、举重、射击、射箭、击剑、柔道、国际式摔跤、赛艇、足球、篮球、排球、乒乓球、羽毛球、速度滑冰、短道速滑，共18项。每项每年安排两次全国最高水平的比赛（即锦标赛、冠军赛），一次青年比赛，一次少年集训比赛。

2. 奥运会一般项目

此类项目包括花样游泳、水球、艺术体操、自行车、皮划艇、帆船、帆板、拳击、现代五项、马术、网球、手球、曲棍球、棒球、垒球、花样滑冰、冰球、冬季两项、高山滑雪、越野滑雪、跳台滑雪，共21项。每项每年安排1~2次全国最高水平的比赛及一次青年比赛。

3. 非奥运会比赛项目

此类项目包括有技巧、武术、滑冰、蹼泳、中国式摔跤、国际象棋、中国象棋、围棋、跳伞、航空模型、滑翔、航海模型、摩托艇、摩托车、无线电，共15项。每项每年安排一至两次全国最高水平的比赛，一次青年比赛。

4. 群众性或娱乐性体育项目

此类项目包括有高尔夫球、保龄球、地掷球、台球、毽球、轮滑、汽车、汽车模型、伞翼滑翔和业余电台等项目。根据条件或项目的发展，不定期组织多种形式的竞赛活动，以适应广大爱好者锻炼智力，增强体质，促进国际交往的需要。

在以上四类竞赛次数的规定中，一、二、三类项目还可根据本项目发展的需要，组织多层次、多种形式的辅助性竞赛作为补充。

第四节　体育竞赛的奖励制度

奖励制度是体育竞赛中的一个重要组成部分。奖励可直接激励运动员专业水平的发挥和教练员对专业知识的探索与创新。奖励制度包括决定名次办法和录取名次数额两个方面。

一、综合性运动会的奖励办法

（一）奖牌总数排名方法

按各参赛者所获得金、银、铜牌总数排列名次。金牌数多者，名次列前；若金牌数相同，则银牌数多者，名次列前；若金、银牌数相同，则铜牌数多者，名次列前。

（二）团体总分排名方法

按参赛单位男女合计所获各单项前8名（或前6名）的名次，按9、7、6、5、4、3、2、1（或7、5、4、3、2、1）累计总得分，总分多者，名次列前；若总分相同，则依次按获得第一名多者，名次列前，以此类推。

（三）我国综合性运动会的奖励

在竞技体育系列的综合性运动会中，各项目

竞赛录取前8名给予奖励；在群众体育系列的综合性运动会中，录取前6名给予奖励。

二、单项运动会的奖励办法

在正式比赛和非正式比赛中，无论是队或个人，均录取前6名给予奖励或根据参赛人数来确定录取名次。团体总分的录取办法与综合性运动会相同，破最高纪录则按世界、亚洲、全国等不同等级顺序，授予带有不同标志的破纪录奖章、证书及其他物质奖励。

为鼓励运动员以良好的品质参加体育竞赛和裁判员公正执法，保持竞赛中良好的纪律和赛风，我国在各类体育竞赛活动中均开展个人和集体的体育道德风尚奖评选活动，由大会授予物质奖励。评奖比例个人奖一般为15∶1（含裁判员）；集体奖8个队以下评1个队，9到16队评2个队，16队以上评3个队。

思考题

1. 体育竞赛的定义是什么？有哪些构成因素？

2. 体育竞赛有哪些价值？简述教育价值现实意义。

3. 综合性运动会是如何进行奖励的？单项前8名如何计分？

4. 我国竞技体育、群众体育、体育产业的作用以及基本现状？

5. 为什么说体育专业的学生更应具有法律和公平竞争意识？

第二章 体育竞赛的组织与管理

第一节 体育竞赛组织管理的定义

体育竞赛组织管理是遵循体育竞赛的规律，通过对竞赛项目、时间、人员、经费等条件的合理安排，以达到完成竞赛目的的工作过程。

体育竞赛组织管理一般分为竞赛前的工作、竞赛进行中的工作和竞赛结束的工作。体育竞赛组织管理的成功与否将直接关系到竞赛能否顺利进行与能否达到举办竞赛的目的。

第二节 体育竞赛组织管理的目标

体育竞赛组织管理的根本目标是建立公开、公平、公正的竞争机制，为参赛者提供展示运动水平和能力的平台，从而完成竞赛的任务。

体育竞赛组织管理的目标如下。

一、以公开、公平、公正的原则制定并执行竞赛规程、竞赛规则，保障参赛者和主办者的权益。

二、提供安全、完备、性能良好的场馆、设备等竞赛环境，保证参赛者的安全和竞赛的顺利进行。

三、进行科学合理的竞赛编排，为竞赛工作提供良好的服务，既要保证竞赛的质量，又要提高竞赛的观赏性。

四、建立严谨、周密的竞赛成绩统计和公布系统，确保竞赛成绩统计的准确性和竞赛成绩公布的时效性。

第三节 体育竞赛项目的设立与选择

国家体育总局制定并发布了《关于设立正式开展的体育项目管理办法》，其“正式开展的体育项目”指的是奥运会比赛项目、单项世界锦标赛比赛项目及洲际比赛项目和我国开展较为普及的群众性比赛项目和民族传统性比赛项目。我们在设立体育项目和举行体育竞赛活动选择竞赛项目时要符合以下的条件。

一、设立的体育项目必须是得到国际体育组织承认的或是在我国已经开展3年以上的；选择的竞赛项目可以是“正式开展的体育项目”，也可以是受到人们喜爱，有一定普及程度的“非正式开展的体育项目”。

二、有完整的竞赛规则和裁判法。

三、拥有一定数量的参赛者及教练员和裁判员和管理人员队伍。

四、竞赛经费（包括自筹经费）要能保证比赛的正常举办。

五、是健康文明的、不含迷信色彩和有悖人道的体育项目。

第四节 体育竞赛的组织与实施

一、竞赛前的工作

（一）确定组织方案

本单位体育竞赛计划的安排和有关方面的竞

赛任务是确定组织方案的重要依据。

1. 竞赛的名称和目的任务

竞赛的名称和任务应根据竞赛的内容、性质、时间和规模来确定，同时要结合当时的形势和中心任务。现在有些比赛有赞助商赞助，在比赛冠名等方面要考虑到他们的利益。

2. 竞赛的规模和时间

竞赛项目和参赛者的多少直接关系到比赛场馆的需求和时间的长短。在比赛之前竞赛组织部门要根据竞赛项目的设立，对参赛者的数目要有充分的预计，以便确定竞赛的天数。

3. 拟订竞赛的组织机构

拟订和建立竞赛的组织机构是体育竞赛组织工作的重要环节。机构设置要合理、精练，职能划分要明确，要保证竞赛任务的圆满完成。

各种竞赛的组织机构一般采用“组织委员会制”（简称：组委会）。组委会是在主办单位的领导下，由各方面代表组成，负责组织和领导竞赛的全部工作。组委会下设办公室、竞赛、新闻宣传、行政后勤、安全保卫等职能部门。

各职能部门的工作范围如下。

（1）组织委员会：是竞赛组织工作的最高领导机构。其职能有：审议批准下设各机构的负责人及人员名单（包括确定仲裁委员、裁判长等）；审议批准竞赛活动的各项实施方案以及裁决竞赛工作中出现的重大问题。

（2）办公室：是竞赛组织工作的综合办事机构。其职能有：拟定竞赛有关文件，组织会议（包括开幕式、闭幕式），联络调控，文档管理以及接待等工作。

（3）竞赛处：是竞赛组织工作的业务机构。其职能有：制订竞赛规程、组织报名、编排比赛日程、编印秩序册以及比赛进行中的组织管理工作和比赛结束后的工作。

（4）新闻宣传处：是竞赛组织工作的宣传机构。其职能有：准备宣传材料、组织新闻传播、召开新闻发布会、思想教育和环境的布置等工作。

（5）行政后勤处：是竞赛组织工作的保障机构。其职能有：进行财物管理，负责场地器材、食宿、卫生、交通等工作的实施。

（6）安全保卫处：任务是负责竞赛工作中的安全工作。其职能有：制订安全保卫计划，落实对竞赛设施生活设施的安全检查和保卫，维持赛场秩序和及时处理突发事件等工作。

大型竞赛活动还可根据需要增设接待处、场地器材设备处、电子技术处、集资处等机构；一般规模较小的竞赛活动或基层单位组织的竞赛，可以将新闻宣传并入办公室，将安全保卫并入后勤，组委会下设办公室、竞赛组和后勤组就可以了。

4. 经费预算

经费预算是执行经费开支的重要依据。各职能机构要根据本部门的需要，并本着勤俭节约的精神，对自己的每一项经费开支进行认真的预算，制定经济计划和严格管理的办法。经费预算可以留有一定的余地，以保证竞赛活动的顺利进行。

（二）制订竞赛规程

竞赛规程是根据竞赛计划而制订的有关体育竞赛的具体政策与规定。它是体育竞赛的指导性文件，也是竞赛组织者和参加者进行工作和比赛的法律性文件。因此，举行任何一项竞赛活动，首先必须制订竞赛规程。

1. 制订竞赛规程的依据

（1）依据体育竞赛计划

竞赛规程是多年度或本年度竞赛计划的延伸，它的内容要与竞赛计划的安排相适应。其内容可以根据现时的情况进行修正和补充，但不能脱离计划的安排。

（2）依据竞赛的目的和任务

竞赛规程的所有内容都是为了使竞赛活动得以顺利进行、圆满结束；都是为了使竞赛活动达到竞赛的预期目的。

（3）依据竞赛的客观条件

竞赛规程的制订要充分考虑本次竞赛的经费开支、场地设施、社会及本单位的需求和参赛者等有关人员的实际情况，同时也要与国际、国内有关竞赛的规律和要求相结合。

2. 制订竞赛规程的原则

（1）完整性原则

竞赛规程是管理竞赛和参与竞赛的法律性文件，制订竞赛规程时必须注意其完整性。竞赛规程的条文要规范，条款要清楚。防止出现内容遗漏、条款没有说明清楚的现象，以免给以后的竞赛工作带来麻烦。

（2）可行性原则

竞赛规程的内容既要考虑达到竞赛的目的，完成竞赛的任务，又要考虑到财力、人力、物力的开支、使用和时间的安排。同时竞赛项目安排是否合理、运动员的技术水平等也都是其考虑的范围。既要考虑到竞赛内容的竞技性，又要考虑到竞赛内容的群众性和娱乐性。竞赛规程的制订要做到切实可行。

（3）公平性原则

竞赛规程是所有参与竞赛活动的人们共同遵守和执行的规范和准则，其内容应使大家在客观条件相同的前提下进行公平竞赛。竞赛规程在制订时要充分考虑到各方面的实际情况，保证公平竞争。规程一经确定，竞赛各方必须严格执行。如有的细节确实需要进行修正、补充，也必须经组委会及竞赛部门审议批准后方可执行。

（4）连续性原则

竞赛规程中的时间安排、竞赛办法等内容，对于运动员训练周期的安排、运动水平的发挥都有着一定的关系。正规的、每年都要举行的比赛，竞赛规程不要做大的改动，以保持规程的连续性；基层比赛的规程一般也不要有大的改动，以保证竞赛的群众性、连续性。

3. 竞赛规程的内容

竞赛规程一般有下面的内容组成，各单位在制订竞赛规程时可以根据各自的具体情况对其内容进行取舍和补充。

（1）竞赛名称

根据竞赛的任务、性质和内容确定竞赛名称。名称要用全称，如中华人民共和国第十届运动会；××杯足球赛。在竞赛的文件、会标及宣传材料等方面，名称要统一。

（2）目的任务

根据竞赛活动的要求，简要说明举办竞赛的目的和任务。例如，增强人民体质，普及全民健身运动；交流教学训练工作经验，提高运动水平；奥运会选拔赛等。

（3）主办单位和承办单位

注明竞赛主办单位和承办单位，如“全国足球甲级联赛”由中国足协主办，由各主场会员协会组成的联赛赛区委员会承办；“××杯三人足球赛”由××公司主办，由××公司承办。

（4）时间和地点

竞赛时间要明确比赛开始至比赛结束的年、月、日，如有的比赛安排有预赛、决赛的，要分别写明预、决赛的开始时间和结束时间。写明举办竞赛的具体地点。

（5）竞赛项目和组别

要明确竞赛设置的项目，如田径比赛共设哪些项目以及所用器械的规格等。明确竞赛分哪些组别，各组设立哪些项目、要求等。

（6）参加办法

①参加单位、人数和运动员资格

明确哪些单位可以参加比赛，规定各单位领队、教练、工作人员人数和运动员人数；规定运动员的参赛资格和标准（如代表资格、运动等级、运动成绩等）。

当前，社会性比赛、系统内比赛举办较多，对运动员参赛资格的要求各不相同。特别是系统内、单位内的比赛，要对运动员的资格加以严格规定、审查，防止以假替真，给比赛的结果造成混乱。

②报名、报到时间和报名规定

明确规定报名的开始与截止时间；规定报到的时间与报到须知。有的竞赛要明确每项比赛可以报几名运动员参加，每名运动员可以参加几项比赛等参赛的有关规定。有的竞赛的抽签时间和地点也可以在这里注明。

③对服装、器材的要求

明确规定服装的套数、颜色、号码尺寸；比赛器材的规格标准等。

（7）竞赛办法

①确定比赛采用的规则。可以根据竞赛的不同性质对现行的规则作一定的修改和补充，但必须在竞赛规程中写清楚。

②确定竞赛采用的竞赛制度。如循环赛、淘汰赛，或是混合赛等。若比赛分阶段进行，要写清楚各阶段的竞赛制度、两阶段比赛的衔接办法、

成绩计算和名次排列。

③具体的编排原则和方法。如循环赛编排采用哪种轮转方法；单淘汰赛设立几名种子，怎么确定种子等。

④明确计分方法和确定名次的方法。各种不同竞赛项目有不同的计分方法；接力、破记录如何加倍计分；排列名次的方法以及积分相同时如何判定名次的方法；团体总分如何计算等。

⑤比赛中违反规定的处罚方法。如弃权的处理、违纪的扣分等。

（8）录取名次与奖励

规定竞赛录取名次和奖励的办法。包括对团体奖、单项技术奖、道德风尚奖等的奖励名额和各种奖项的奖励内容（奖杯、奖旗、奖状、奖章及奖金等）。

（9）裁判员

如需参赛单位选派裁判员的，要写明人数、等级及报到时间、学习时间。

（10）其他事项

对有关经费、交通、食宿等问题进行说明。

（11）未尽事宜，另行通知。为了方便今后对竞赛规程的修改和补充。

（12）规程解释权的归属单位。确定对竞赛规程如有疑问，由谁来进行解释。

附件：中华人民共和国第十一届运动会竞赛规程总则

举办第十一届全国运动会是为了进一步促进我国群众体育和竞技体育协调发展，展示我国改革开放三十年来的丰硕成果，为社会主义经济建设服务。运动会要坚持贯彻落实科学发展观，本着团结协作、统筹协调、科学规范、节俭效能的原则，赛出风格、赛出水平，努力办成隆重、热烈、精彩、和谐的高水平体育盛会，为我国体育事业的发展和全面建设小康社会、构建社会主义和谐社会作出积极的贡献。

一、竞赛日期和地点

2009 年在山东省举行。

二、竞赛项目

游泳（跳水、水球、花样游泳）、射箭、田径、羽毛球、棒球、篮球、拳击、皮划艇（激流回旋）、自行车、马术（速度赛马）、击剑、足球、体操（艺术体操、蹦床）、手球、曲棍球、柔道、现代五项、赛艇、帆船（帆板）、射击、垒球、乒乓球、跆拳道、网球、铁人三项、排球（沙滩排球）、举重、国际式摔跤、速度滑冰、短道速度滑冰、花样滑冰、自由式滑雪、武术（套路、散打）。

各竞赛项目的小项设置按照国家体育总局统一审定的各项目竞赛规程规定执行。

三、参加单位

解放军、各省、自治区、直辖市、新疆生产建设兵团、香港特别行政区、澳门特别行政区、各行业体协具有组成代表团的资格。

四、运动员资格

（一）中华人民共和国公民。

（二）经医务部门检查证明身体健康合格。

（三）运动员注册规定

1. 各代表团运动员必须按照《全国运动员注册与交流管理办法（试行）》（体竞字［2003］82号）的规定进行注册，获得国家体育总局颁发的《全国体育竞赛运动员注册证》，并参加 2008 和 2009 年度全国比赛或国际比赛方可参加第十一届全国运动会的比赛。

2. 运动员第十一届全国运动会的代表资格以 2008 年度注册期内注册的代表单位为准。

3. 各代表团须按照《全国运动员注册与交流管理办法（试行）》的规定办理第十一届全国运动会运动员注册手续。

五、参加办法

（一）各代表团参加比赛的运动队人数和各项目直接参加决赛阶段的人数按照各项目竞赛规程有关规定执行。

（二）山东省可以直接参加足球、篮球、排球（不含沙滩排球）、手球、曲棍球、棒球、垒球、水球项目决赛阶段的比赛。

（三）凡被选派参加亚洲和世界重大比赛的运动员，比赛时间与该项目预赛有冲突的，经国家体育总局批准后，运动员方可以直接参加决赛阶段的比赛。

（四）各代表团团部工作人员（含团长、副团长）数量规定：（略）。

（五）各代表团运动队医生数量按照下述比

例配备：略。

六、竞赛办法

（一）执行由国际各单项体育组织或全国各单项体育协会审定、并且第十一届全国运动会各项目竞赛规程明确规定的竞赛规则。

（二）在第十一届全国运动会决赛中，除部分有纪录项目按照规则规定，确实无法认定名次而允许并列外，其他项目须排出名次，不出现并列。

（三）按照各项目竞赛规程规定进行预赛，并按各项目竞赛规程规定的录取标准或录取名额参加决赛。

（四）预赛的裁判员和仲裁委员由各运动项目管理中心根据竞赛规程、规则的规定自行确定；决赛的裁判员和仲裁委员由各运动项目管理中心提出建议名单，报国家体育总局统一审定。

七、兴奋剂检查和性别检查

八、奖励和计分办法

（一）足球、篮球、排球（不含沙滩排球）、手球、曲棍球、棒球、垒球、水球项目奖励前12名，如果参加决赛的队数不足12队的，按照实际参赛队数奖励；其他项目有11名（含11名）以上运动员（队）参加的，奖励8名；8名至10名的，奖励6名；5名至7名的，奖励3名；3名至4名的，奖励1名；2名（含2名）以下的，不进行比赛。

（二）各项目获得比赛前3名的，分别颁发金、银、铜牌；获得奖励名次者分别颁发证书。

（三）足球、篮球、排球（不含沙滩排球）、手球、曲棍球、棒球、垒球、水球项目获得前3名的队，分别按2枚金（银、铜）牌进行统计。

（四）获得足球、篮球、排球（不含沙滩排球）、手球、曲棍球、棒球、垒球、水球项目前12名的，分别按26、22、20、18、16、14、12、10、8、6、4、2分进行统计；获得其他项目前8名的，分别按13、11、10、9、8、7、6、5分进行统计。不足录取名额的计分，按各项目相应名次的分值进行统计。

（五）并列名次的计分办法：

比赛名次并列时，将名次并列的下一个（或几个）名次空出，空出名次的分值与获得名次的分值相加后的平均数，作为并列名次的所得分值。如果第八名并列，则继续按照上述原则进行统计。

（六）运动员在第二十九届夏季奥运会和第二十届冬季奥运会上获得前8名成绩，将分别计入运动员第十一届全国运动会注册的代表团奖牌总数和总分内。统计办法为：

单人项目：每获1枚金（银、铜）牌，按照2枚金（银、铜）牌进行统计；每获1个名次，分别按照26、22、20、18、16、14、12、10分进行统计。

两人项目：每获1枚金（银、铜）牌，每人按照1枚金（银、铜）牌进行统计；每获1个名次，每人分别按照13、11、10、9、8、7、6、5分进行统计。

两人以上项目（足球、篮球、排球、手球、曲棍球、棒球、垒球、水球项目除外）：每获1枚金（银、铜）牌，每人按照1枚金（银、铜）牌进行统计；每获1个名次，每人分别按照13、11、10、9、8、7、6、5分进行统计。如同一代表团在同一比赛项目中有2名或2名以上运动员，则该代表团只按照2枚金（银、铜）牌和26、22、20、18、16、14、12、10分进行统计。

足球、篮球、排球、手球、曲棍球、棒球、垒球、水球项目：每获1枚金（银、铜）牌，每人按照1枚金（银、铜）牌进行统计；每获1个名次，每人分别按照13、11、10、9、8、7、6、5分进行统计。

（七）运动员在第二十九届夏季奥运会上每创造一项奥运会项目世界纪录，增加1枚金牌和13分计入运动员第十一届全国运动会注册的代表团奖牌总数和总分内。

（八）两次计分具体统计办法

1. 单人项目：每获1枚金（银、铜）牌，按照1枚金（银、铜）牌统计给运动员原输送单位；每获1个名次，分别按照13、11、10、9、8、7、6、5分统计给运动员原输送单位。

2. 两人项目：每获1枚金（银、铜）牌，每人按照0.5枚金（银、铜）牌统计给运动员原输送单位；每获1个名次，每人分别按照6.5、5.5、5、4.5、4、3.5、3、2.5分统计给运动员原输送单位。

3. 两人以上项目：只计分数，不计奖牌。每获1个名次，每人分别按照6.5、5.5、5、4.5、4、3.5、3、2.5分统计给运动员原输送单位。如一个输送单位在同一比赛项目中有2名或2名以上运动员，则计入该输送单位的分数最多不得超过所获名次的满分。

（九）设“创超世界纪录奖”和“体育道德风尚奖”，办法另定。

九、公布代表团名次

（一）公布各代表团奖牌榜。具体办法是：金牌多者名次列前；金牌相同，银牌多者名次列前；金、银牌数相同，铜牌多者名次列前；金、银、铜牌数相同，名次并列。

（二）公布各代表团总分榜。具体办法是：总分高者名次列前；总分相等，名次并列。

（三）闭幕式上，将公布获得奖牌榜和总分榜各前12名的代表团，并进行颁奖。

十、报名和报到

十一、代表团团旗

各代表团自备，颜色自定，规格为2×3米。代表团团旗除标明规程规定的代表团名称外，不得出现其他标志。

十二、比赛服装要求按照各项目竞赛规程、规则及其他有关规定执行。

十三、本竞赛规程总则的内容由国家体育总局负责解释。

（三）组织编排工作

1. 了解和熟悉情况

学习竞赛规程和竞赛规则，了解竞赛的内容、形式、时间安排、比赛单位、组别、项目、参赛办法、奖励及计分方法。并要掌握竞赛的场地器材情况和裁判员的人数、水平等情况。同时准备有关用具，绘制各种比赛用表。

2. 检查报名情况，审查报名资格

检查报名是否逾期，检查各单位报名是否符合竞赛规程的规定。正规比赛，报名截止时间一到，即不接受任何报名。群众性的、基层的体育竞赛则要注意检查有无漏报、错报的情况，一经发现，要尽快与报名单位取得联系，及时给以补报和改正，以便让更多的人参与竞赛活动。要严格审查运动员的参赛资格，若有疑问，及时了解清楚，尽快作出处理，以保证竞赛的顺利进行。

3. 编排号码对照表，统计各类参赛者的人数，填写竞赛表格和卡片

编排运动员姓名号码对照表，号码顺序可以按各队报名的先后顺序排定，也可以按组委会规定的顺序排定。

进行各项统计工作，如田径比赛需统计各单位参加人数；各项目的运动员人数和运动员兼项人数等。以便掌握情况，为编排工作做准备。

按要求填写各种竞赛表格和卡片，卡片填写好经过核对后，按项目归类，以备编排时用。

4. 编排竞赛秩序和制定竞赛日程

（1）编排竞赛秩序首先根据竞赛规程的规定和不同的竞赛项目及场地器材的情况，计算出比赛的需用时间。球类竞赛项目要计算场数和轮数；田径、游泳等竞赛项目则计算比赛单元、比赛场次。然后遵循各项竞赛的的编排要求和编排方法将竞赛项目和参赛者安排到比赛的具体位置上，编排时通常是采用抽签的方法把参赛者定位或分组定位。各体育竞赛项目的不同，其抽签的实施方法也各不相同。竞赛秩序编排后，还要确定具体的比赛时间、地点、道次等，并在此基础上制定出竞赛日程。

（2）编排和制定竞赛日程时要考虑到各参赛者竞赛时间、场地的机会均等（如：白天、晚上；室内、室外等）；要考虑到比赛的密度、强度及休息时间的合理安排；要考虑到各项目的交叉和衔接（如：球类团体赛和各单项比赛的安排；田径、游泳比赛中的兼项）；要考虑到比赛的精彩程度（各比赛项目预赛、决赛的安排要错开）。

（四）编印秩序册

竞赛秩序册是组织完成一次竞赛活动的综合性的完整文件。竞赛秩序册是竞赛的组织者组织管理比赛的依据，也是教练员、运动员、裁判员参加比赛的依据。既是比赛的时间表，项目安排表，又是比赛的成绩册。竞赛秩序册要在比赛开始前发给参赛者。

竞赛秩序册一般有以下内容。

1. 封面。封面内容有比赛名称、时间、地点、主办单位、协办单位、赞助单位等。封面上要印有运动会会徽和“秩序册”3个大字。

2. 目录。按顺序排列秩序册的所有内容。

3. 竞赛规程和补充规定，是组织和参加竞赛的指导性文件。

4. 竞赛组织委员会成员名单和办事机构成员名单；各单项竞赛委员会、仲裁委员会成员名单和裁判长、裁判员名单。

5. 各代表队名单。按有关规定顺序排列，内容有队名、领队、教练、医生和运动员名单。运动员名单内容有号码、姓名、出生年月日、身高、体重、民族和参赛项目等。

6. 大会活动日程，包括运动员、裁判员报到的时间、训练的时间；组委会会议及裁判长、领队、教练员联席会议和有关抽签的安排；竞赛安排；比赛结束及离开时间；有关注意事项。

7. 竞赛日程。具体明确各个比赛项目、各场比赛的时间、地点、比赛队、服装要求等。

8. 各项竞赛分组。田径、游泳等竞赛项目需要分组分道。

9. 比赛成绩表。绘制各种成绩表格，根据比赛的结果进行填写。

10. 参赛各类人员统计表。

11. 最高纪录或最好成绩。公布以往比赛最高纪录或最好成绩，如田径比赛，可将单位纪录、省、市、国家和世界纪录及创造者列表公布，以便与比赛中的成绩进行对照。

12. 比赛场地平面图。

（五）检查竞赛场地和器材

赛前必须对场地和器材进行细致的检查，发现有不符合竞赛标准的要及时解决。如：场地是否平坦，灯光是否符合要求，足球网是否有漏洞等。

（六）组织裁判员学习、安排赛前训练

竞赛前要组织裁判员学习，统一判罚尺度，保证严肃、认真、公正、准确地执行任务。有的比赛需要安排赛前适应性训练的，要考虑到各种不同场地、不同时间的机会均等。

（七）召开组委会及联席会议

召开组委会会议或裁判长、领队、教练员联席会议。由组委会成员介绍竞赛活动的组织工作情况；裁判长明确执行的规则及要求；听取意见和解决有关问题（如更换运动员、运动员号码错误等）；组织抽签，确定参赛者的分组定位。

二、竞赛进行中的工作

（一）全局一致、各方协调

竞赛活动是一项综合性工程，组织竞赛、临场管理、宣传报导、后勤保障、医护保卫等工作缺一不可。竞赛的组织者要与竞赛的各个环节保持信息的畅通，要深入赛场，掌握最新动态，加强各方面的协调配合，不断改进工作，保证对竞赛全局的控制。一旦出现问题，立刻进行解决，切实保证比赛的圆满完成。

（二）加强临场管理

临场管理是组织好体育竞赛的关键环节，它直接影响比赛的顺利进行。裁判员需要公正执法；运动员需要规范职业道德；工作人员需要做到热情服务。对临场比赛中的技术问题、对违反体育道德的现象、对不负责任的工作态度以及对场地器材、饮食卫生、安全保卫中可能出现的隐患和问题都要及时发现，尽快地给予解决。竞赛组织者要提倡、表彰精神文明，鼓励拼搏进取，同时对违规违法的人或事要坚决、严肃处理，不得循私，不得延误时间，不得影响比赛。

（三）完成成绩统计和处理工作

任何项目的竞赛都要对比赛的全过程及每个阶段的成绩做出准确的统计和记录，以此作为录取名次，决定比赛结果的依据。同时也便于成绩公告和汇编成成绩册。有的项目还要把上一阶段的比赛成绩作为下一阶段比赛编排分组的依据，必须尽快完成。成绩的统计和处理工作一定要做到准确、快捷。

（四）做好成绩公告

每项比赛结束后，各单项竞赛部门要将该项的比赛成绩尽快送交给大会竞赛部门，再由大会

竞赛部门将各项成绩汇总，准确、快捷地印制、发送当日的成绩公报，使参加竞赛的单位、运动员和观众及时了解竞赛的进程和结果，以便进行分析研究，宣传报道。

三、竞赛结束的工作

（一）排定名次，做好颁奖工作

比赛结束，竞赛部门要尽快核对各项比赛的成绩，排定名次，交裁判长在闭幕式上宣布。要根据竞赛规程的规定提前准备好奖品及奖金，以便在闭幕式进行颁奖。精神文明奖可在比赛进行中就开始评选，比赛结束时其评选活动也应结束，并和其他奖项同时颁发。

（二）印发竞赛成绩册

竞赛组织者要对比赛的成绩进行审查核对，准确无误后装订成册，尽快发给各参赛单位。球类项目比赛的成绩可以在竞赛秩序册中记录下来，但如田径、游泳等项目的各赛次的成绩以及最后比赛的结果就需要有一本完整的成绩册。

（三）做好总结工作

竞赛活动结束以后，竞赛有关部门要对竞赛工作做一个全面、认真的书面总结，肯定成绩，找出不足，提出建议。总结上交给主办单位。同时要将竞赛的各种文件、记录表格、原始成绩等一起归类存档，以便今后查阅和工作。

第五节 大型综合性体育竞赛的计划与组织

一、举办综合性体育竞赛的意义

（一）促进体育事业的发展

1. 综合性体育竞赛比赛项目多、规模大、影响大。可以集中反映一个地区的体育水平、工作成绩、运动队伍精神文明建设成果。对体育的宣传力、推动力大，容易引起各级党政领导的重视和群众的关心。

2. 人民群众通过媒体宣传以及观看和参与各类比赛，提高了对体育的兴趣，激发了他们参加体育活动的积极性，尤其是青少年和儿童。

3. 改善体育设施条件。承办过综合性体育竞赛的地区都要增添体育设施，改善了群众体育锻炼条件。

（二）取得好的社会效益、经济效益

1. 承办城市或单位可以通过运动会的召开，大力开展做“文明市民”、建设“文明城市”等教育活动，树立良好的社会风气，促进社会主义精神文明建设。

2. 通过准备综合性体育竞赛，可以改造公共设施，整顿市容，加速市政建设。

3. 促进内外交流，推动经济的发展。综合性体育竞赛期间可以召开展销会，提高产品的知名度，为经济发展拓宽道路。

4. 通过有计划的培训和实际工作锻炼，培养一大批体育活动的组织工作人才，同时，也提高了体育管理水平。

二、综合性体育竞赛的组织

（一）明确工作任务

1. 以竞赛的总体部署及各项体育方针、政策为依据，对外部环境和内部条件进行调查和分析，准确、合理地确定竞赛目标和任务。

2. 合理地利用人力、物力、财力，制定周密的竞赛计划，力求使整个竞赛工作有条不紊地进行，产生整体效应。

3. 根据竞赛的规模、种类、形式与条件，对竞赛过程做出妥善的组织安排，使竞赛中的各项工作相互衔接、平衡协调、有条不紊。

4. 尽可能调动社会支持竞赛的积极性，最大限度地提高竞赛效益。

（二）做好组织编排工作

综合性运动会参加的单位多、项目多、人数

多、场馆多、赛程长，各个项目、各类竞赛又有各自的特点和要求，因此，编排工作极为重要。组织编排工作应遵循以下原则。

1. 以竞赛规程为依据，统筹兼顾，顾全大局。

2. 掌握各项比赛的规律，合理安排比赛时间。

3. 充分使用比赛场馆，协调意见，及时处理。

（三）有关的注意事项

1. 制定报名表要全面；审核报名表要仔细。

2. 受理报名后，要尽快进行各个项目的运动员及随队人员的男、女人数统计汇总，以使大会各部门掌握确切的人数。

3. 编印竞赛秩序册、成绩公告、成绩册。

竞赛秩序册要分总、单册，美观大方；成绩公告要做到：准确迅速、全面扼要、先后有序；总成绩册要包括所有大、小项目优胜者的成绩，单项成绩册要记录本项目中所有参赛者的各项成绩。

4. 颁奖仪式应隆重庄严，组织有序，要设计制作好奖品。

第六节　趣味性体育竞赛的创编与方法

一、创编的原则

（一）目的性原则

趣味性体育竞赛不仅具有娱乐性、趣味性，而且还要起到锻炼身心、增强体质的作用。因此，创编趣味运动会时，竞赛形式要和竞赛的目的相一致。

（二）针对性原则

在创编趣味性体育竞赛活动时，应从参加竞赛人员的实际情况出发，即他们的年龄、性别、文化程度、体能状况、兴趣爱好等实际情况，有针对性地去创编，使每名参与者均能从参与中体验到乐趣。

（三）健康性原则

趣味性体育竞赛的内容、活动方式以及动作的选择都应有利于锻炼身体、娱悦身心，而不能有损于身体健康或容易造成身体伤害。在创编趣味性体育竞赛活动时，一定要针对参与者的具体情况及场地、器材条件，预先估计并尽量排除可能产生的不安全因素，使创编出的趣味体育竞赛活动有良好的安全性。

（四）科学性原则

趣味性体育竞赛的内容、组织形式等各方面都应有科学性，充分体现生动活泼、富有浓厚趣味性、消遣性、竞争性及表现力和吸引力。

二、创编的步骤

（一）素材的收集与选择

趣味性体育竞赛活动素材的收集与选择是创编工作的基础。资料的收集既可以体育活动内容作为材料，又可吸收生活、工作、艺术、军事等方面的内容，充实、移植到趣味性体育竞赛活动中，使活动内容和形式丰富多彩、变化无穷。

（二）构思与设计

根据趣味性体育竞赛活动的需要、目的和活动对象的年龄、爱好，按照选择和创编趣味体育活动的原则，在收集和整理活动素材的基础上，通过组织者的创造性思维活动来构思和设计趣味体育活动。

1. 构思思路

（1）从活动参与者的具体条件和所要表现的能力，考虑趣味体育活动形式和动作；（2）依据活动参与者的人数、场地、器材、时间等客观条件，对已选定的活动形式和动作设计进行必要的修正和具体化；（3）对活动前的分组、队形准备、场地布置、裁判规则等形成一个完整的构思。

2. 设计过程

（1）活动的内容

设计创编一项活动，通常以一项运动的基本动作为主，配以一个辅助动作，或以某种体育项目的器材为主，模仿动物的动作。因此，根据活动对象改变活动方式，对于提高参与者的兴趣，使其身心愉悦都是很有利的。同时，还要注意活动的对抗性和竞争性。

（2）活动的规则

为使趣味性体育竞赛活动顺利进行，应制定切实可行的规则。对活动的动作、活动范围、形式等做出明确的规定。规则是评定活动胜负的依据。规则要符合参与者的智力发展水平，使他们有充分发挥才能和特长的余地。

（3）活动的组织形式

创编趣味性体育竞赛活动还应考虑到组织形式和方法。因此，活动的队列、队形设计十分重要。好的队列、队形设计能增加活动的趣味性，使之妙趣横生。

（4）活动的成文和配图

趣味性体育竞赛活动的书写顺序通常是：名称、器材、方法、规则和要求、适合对象等。活动的图示便于人们理解，是补充说明。图示主要包括活动的起止界限、游戏动作、场地尺寸等，一般采用符号和线条图两种。

（5）活动的检验和修改

趣味性体育竞赛活动设计的初步方案确定后，要依据主客观条件，对初步确定的方案进行修正和具体化，对活动前的场地、器材、裁判和规则等方面也要进行修正，形成完整的构思。

三、创编的方法

创编趣味性体育竞赛活动要善于观察、勤于思考、深入钻研，可以对原有的体育游戏、生活游戏、日常行为进行模拟、加工，也可以独立设计，创编新的趣味体育活动。其创编方法有以下几种。

（一）模拟法

趣味体育来源于生活，有些来自于对动物行为动作的模仿。模仿法是根据儿童原有的游戏形式、动物的动作，进行再创造，使之更新颖、更全面、更具有趣味性和娱乐性。

（二）故事法

依据人们好表现、喜模仿、喜欢有情节性的游戏特点，将趣味体育活动编成短小的故事，一步步展开，使参与者有身临其境之感。从活动中感受到活动的情趣和快乐。

（三）改造法

对原有的体育游戏素材、生活游戏进行改造，使联系手段多样化。增添趣味性，加大难度，结合娱乐要求简化有关规定和动作等，都是改造的内容。

（四）提炼法

此方法有别于模仿法，是对原有的游戏、娱乐活动进行“去粗取精”与“沙里淘金”，并在此基础上使娱乐活动所表现的内容有新意，使参与者真正在游戏活动的过程中身心愉悦、充满欢声笑语，达到休闲消遣的目的。

思考题

1. 体育竞赛组织管理的定义？
2. 体育竞赛组织管理的目标有哪些？
3. 编写一个完整的竞赛规程。
4. 从哪些方面加强比赛的临场管理？
5. 趣味性体育竞赛的创编原则有哪些？

第三章 体育竞赛方法

体育竞赛方法是指从比赛的开始、比赛进行直至比赛结束的过程中，为合理比较参赛者的运动水平，公正排定参赛者的比赛名次所采取的组织和编排方式。这种组织编排及完成竞赛的方法，我们又称它作竞赛制度，简称“赛制”。

研究和掌握体育竞赛方法是竞赛组织者和竞赛参加者的需要；每一个体育工作者和热爱体育运动的人们也都应该熟悉和了解体育竞赛的方法。

第一节 体育竞赛方法的分类和原则

一、体育竞赛方法的分类

在体育竞赛中常用的竞赛制度有：循环赛制、淘汰赛制、佩奇赛制、混合赛制和扩展赛制等（图3-1）。在组织竞赛时，组织者应根据比赛的目的和任务，以及参赛者数目、时间长短、场地条件及训练水平等实际情况来考虑选用哪一种赛制，以便使比赛顺利进行和圆满结束。

二、体育竞赛方法的基本原则

体育竞赛方法的基本原则就是运用体育赛制的基本要求。

（一）参赛者应该获得最大限度机会均等的条件

参赛者在竞赛中“机会均等的条件”包括两个方面的内容：一方面是通过竞赛规程的制定、竞赛制度的选择、科学合理抽签及编排等技术操作，尽量使参加竞赛的各方都能在机会均等、同等条件下进行比赛；另一方面是规则内容要适用于参赛的各方，同时，裁判员对各方的执法尺度也应是完全一致的。只有建立在符合规则精神基

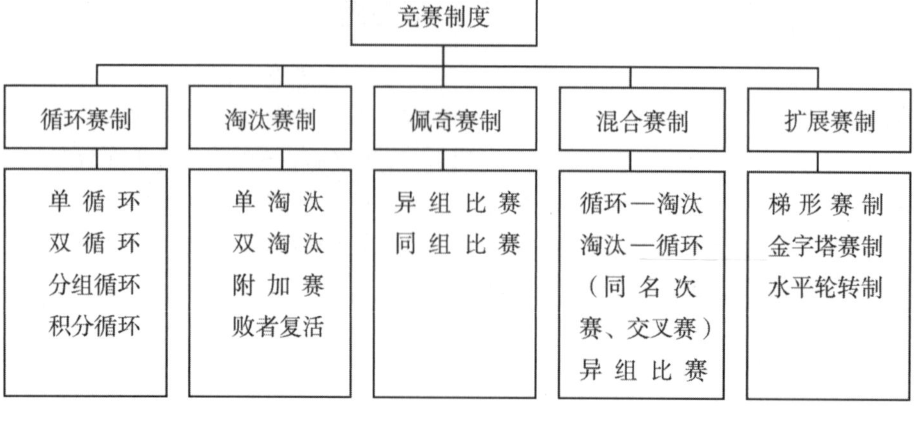

图3-1 竞赛制度分类

础上的一致才是公平合理，才是机会均等。当然，做到绝对的机会均等也是有困难的，但竞赛组织者要为参赛者提供最大限度的机会均等的条件。

（二）竞赛的结果应该基本符合参赛者的运动水平

一次竞赛的结果，参赛者成绩和名次的排列，应该基本符合参赛者的运动水平，这是进行体育竞赛基本的和必要的前提。运动水平高的参赛者获得最后的优胜，这是体育竞赛的正常结果，也是普遍的规律。机会均等原则也是对竞赛结果合理性的保证。当然，竞赛结果除了受技术水平影响以外，还受到心理、环境、临场发挥、裁判、观众等多方面因素的影响，经常会出现意料不到的情况。我们在前文中已经提到，竞赛过程和结果的随机性，正是体育竞赛的最大魅力所在。

第二节　循环赛制

循环赛制（简称循环赛）是指所有参赛者（队或人）相互之间都轮流进行比赛，最后按照其在循环比赛中得分的多少排定名次的竞赛方法。循环赛包括有：单循环赛、双循环赛、分组循环赛和积分循环赛等。

一、循环赛的特点

（一）比赛场次多，接触对手多，有更多的互相学习、实战锻炼的机会。

（二）最后排定的名次基本符合各队的实际运动水平，偶然性小。

（三）不足的是：比赛的时间长，占用场地多，参赛者数量多时不易采用；最后几轮的比赛可能会由于一些因素（为保存实力、人际关系等），出现消极比赛现象。

二、单循环赛

所有参赛者相互之间都轮流比赛一次，最后按其在同一循环比赛中得分的多少排定名次的竞赛方法，称作单循环赛。

（一）场数和轮数的计算

两个参赛者相互比赛一次，称作一场比赛。计算循环赛比赛总场数，主要是便于根据实际比赛场数的多少，计划好比赛场地和时间、人力、物力的安排。

单循环比赛场数的计算方法是：（$X=$比赛场数，$N=$参赛者数）

单循环比赛场数 $X=N(N-1)\div 2$

例如：8 个队参加单循环赛，比赛的总场数是 $8\times(8-1)\div 2=28$ 场

所有参赛者都比赛完一场（包括轮空者），称作一轮比赛。计算循环赛的轮数，主要是根据不同项目比赛一轮所需要时间的不同（如足球比赛 1～2 天比赛 1 轮，乒乓球比赛则 1 天可以比赛 2～3 轮），来安排比赛日程。

比赛轮数的计算方法是：（$Y=$轮数，$N=$参赛者数）

当参赛者是双数时，比赛轮数 $Y=N-1$；当参赛者是单数时，比赛轮数 $Y=N$。

例如：8 个队参加单循环比赛时，比赛轮数是 $8-1=7$ 轮。5 个队参加单循环赛时，比赛轮数是 5 轮。

（二）制定竞赛日程

1. 编排比赛秩序表

（1）比赛轮次的安排

单循环赛轮次的安排方法具有可变性的特征，不同项目可以根据自己的特点和需要，采用各种不同的轮转编排方法。经常采用的编排方法有：

①逆时针轮转法

若参赛者为双数，一般都采用此法来编排各轮的比赛。如 6 队参加比赛，先选出 1、2、3、4、5、6 个位置号（序号），其第一轮比赛先将 1、2、3 号自上而下依次写在左侧，再将 4、5、6 号自下而上与 3、2、1 号对应写在右侧，然后用横线分别将左右两个对着的号码连接起来，即为第一轮的比赛顺序（表 3－1）。

将第一轮比赛表中的 1 号固定不动，其余号码按逆时针方向（如箭头所示）轮转一个位置，即为第二轮比赛秩序，以后各轮次比赛秩序以此类推。

表 3－1　6 个队单循环赛秩序表

第一轮	第二轮	第三轮	第四轮	第五轮
1－6（0） ↙　↑	①－5	①－4	①－3	①－2
2－5 ↓　↑	6（0）－4	5－3	4－2	3－6（0）
3－4 →	2－3	6（0）－2	5－6（0）	4－5

若参赛者为单数，则在最后一个数后补个“0”，各轮次仍按以上方法进行轮转，遇到“0”的参赛者，则这轮“轮空”休息，没有比赛。

②顺时针轮转法

若参赛者是单数，如仍按逆时针轮转将会出现一些因轮空休息而带来的不合理现象，会造成其中某一队连续多次遇到的对手，都是前一轮轮空的队，使该队以劳待逸，疲于应付。例如：有 7 个队参赛时，6 号队在 7 轮比赛中，后 4 轮比赛全部与前一轮刚轮空休息的队进行比赛（表 3－2），这对 6 号队在体力上是不公平的。如果是 5 个队参赛，4 号队将遇到这种情况；如果是 9 个队参赛，8 号队也将遇到这种情况。

表 3－2　参赛队与轮空队比赛轮转表

第一轮	第二轮	第三轮	第四轮	第五轮	第六轮	第七轮
1－0	1－7	1－6	1－5	1－4	1－3	1－2
2－7	0－6	7－5	⑥－4			
5－3	4－2	3－0				
3－6	2－5	0－4	7－3	⑥－2		
5－0	4－7					
4－5	3－4	2－3	0－2	7－0	⑥－7	
5－⑥						

克服这一不合理现象的方法是采用顺时针轮转法（表 3－3），其第一轮比赛与双数队相同，只在最后一个数后补“0”。第二轮是固定“0”号不动，其余号码按顺时针方向转动一个位置，各轮次以此类推。还可以采用固定右上角“0”号不动，其他号则用逆时针轮转来进行编排。

表 3－3　5 个队单循环赛秩序表

第一轮	第二轮	第三轮	第四轮	第五轮
1－0 ↑　↘	2－0	3－0	4－0	5－0
2－5 ↑　↓	3－1	4－2	5－3	1－4
3－4 ←	4－5	5－1	1－2	2－3

③“大轮转、小调动”法

根据某种需要，如开幕式、闭幕式、节假日或东道主的特别需要等，可以在某种有规律性的轮转方法基础上，把部分比赛顺序加以调动。这种调动方法是多样化的，但必须有其内在的规律。在做比赛调整时，必须将整个轮次一起调整，决不能只将某轮次中的一场比赛调整到另一轮次中进行。例如：有6个队参赛，在安排比赛顺序前各队已排定位置，为使实力相当的各队在最后一轮比赛，使整个竞赛气氛达到最高潮，可以先排出最后第五轮的比赛顺序，再按逆时针轮转依次排出第四、三、二、一轮的比赛顺序（表3-4）。

表3-4　“大轮转、小调动”单循环赛秩序表

第一轮	第二轮	第三轮	第四轮	第五轮
1-3	1-5	1-6	1-4	1-2 ↙ ↑
5-2	6-3	4-5	2-6	3-4 ↓　↑
6-4	4-2	2-3	3-5	5-6 →

④贝格尔轮转法

贝格尔轮转法是目前在国际和国内的正式排球比赛中都普遍采用的一种方法。

贝格尔轮转法编排时（第一轮编排与逆时针轮转法相同），如果参赛者是双数，将参赛者的序号分为两半（如参赛者是单数时，则在最后的单数后加“0”，以补成双数），前一半序号从1号开始，自上而下依次写在左侧，后一半的序号自下而上依次写在右侧，然后用横线将左右两个相对着的号码连接起来，这就是第一轮的比赛顺序。第二轮编排时，将第一轮右上角的号码（最大的一个号数或者是“0”）移到左上角；第三轮再将左上角的号码移到右上角。也就是第一轮时在右上角的最大的号码（或是“0”）要根据轮次的改变而左右移动，即在1、3、5等单数轮次时这个号码应在右上角；在2、4、6等双数轮次时这个号码应在左上角。

第二轮进行轮转时，“1”朝逆时针方向移动，“1”移动几个位置，要根据参赛者数目的不同，按照规定的、不同的间隔数进行移动（表3-5）。编排时，最大的号码（或“0”）应该先于“1”移动到所在的位置，然后“1”再移动。当“1”进行间隔移动时，凡遇到最大号数（或“0”）时应该越过，不作间隔数计算。最后一轮时，必定是最大的号码（或“0”）在右上角，“1”在右下角。下面是8支队采用“贝格尔轮转法”编排的秩序表（表3-6）。

表3-5　“1”移动位置的间隔数

参赛队数	4队以下	5~6队	7~8队	9~10队	11~12队
间 隔 数	0	1	2	3	4

表3-6　8支队采用“贝格尔轮转法”编排的秩序表

轮次　一	二	三	四	五	六	七
1-8（0）	8（0）-5	2-8（0）	8（0）-6	3-8（0）	8（0）-7	4-8（0）
2-7	6-4	3-1	7-5	4-2	1-6	5-3
3-6	7-3	4-7	1-4	5-1	2-5	6-2
4-5	1-2	5-6	2-3	6-7	3-4	7-1

用贝格尔轮转法进行编排，可以使每一个号码在编排中的前后位置排列上达到最大限度的均等，使一些竞赛进行得更加合理。在对抗性比赛中，号码的前后位置是不容忽视的重要内容，例如：篮球规则规定“在秩序册中队名列前的队（主队）有权选择球篮和球队席”；排球规则规定“如果两队穿着运动服装颜色相同，在秩序册上队名列前的队要更换服装”；击剑规则规定“第一个被叫到的运动员应该站在主裁判的右侧”；棋类比赛中规定“号次在前的选手先行走棋”等等。

⑤其他特殊轮转法：单循环比赛的顺序安排除上述常用的方法外，有的竞赛项目有其固定和特殊的编排方法。也可以根据比赛的实际需要，采用合理的方法，如足球比赛中一组3个队进行单循环赛，并规定录取前两名的队参加下阶段比赛时，可以按以下顺序进行编排（表3－7）。若第一轮2、3队赛成平局时，则可以按常规的轮转法安排顺序。

表3－7　足球3队单循环赛顺序法

第一轮	第二轮	第三轮
1－0	1－2、3胜队	1－2、3负队
2－3	2、3负队－0	2、3胜队－0

足球采用这一方法安排比赛，一方面使每场比赛对广大观众都有吸引力，另一方面也尽量避免出现消极比赛的现象。因为第二轮由每一轮之胜队对轮空队比赛，其结果最多只能明确一个出线队，另一个出线队必须在最后一场比赛结束方能确定。这样使第三场比赛仍具有悬念。

（2）参赛者定位

单循环赛根据参赛者数编排好轮次后，应将各参赛者安排进入比赛秩序表里，其定位方法有两种：

①抽签的方法。在对参赛者的实力情况不了解，或竞赛规程规定必须进行抽签时采用。抽签时，首先按参赛者数做好相应数目的号签，在号签上写上位置号。然后由参赛者随机进行抽签，抽到号码后即对号入座，排入秩序表内的相应比赛位置上。

②将上一次比赛的名次作为各参赛者进入秩序表的号码：第一名为1号、第二名为2号、第三名为3号，以此类推，分别对号入座，排入秩序表内的的相应比赛位置上。

2. 制定竞赛日程表

比赛秩序表编排好后，把各轮次的比赛制定成竞赛日程表印发给参赛者（表3－8）。在制定竞赛日程表时应注意做到公平、合理，在场地（室内、室外等）、时间（白天、晚上等）和比赛间隙的休息时间等方面的安排上，力求各参赛者最大限度的机会均等。

表3－8　全国体院足球教学训练交流比赛日程表

序号	日期	时间	组别	比赛队	场地	备注
1	5月3日	8:30	一	广州体院（浅）－北体大（深）	1	
2	5月3日	8:30	二	西安体院（浅）－成都体院（深）	2	
…						

（三）单循环赛成绩记录表

比赛成绩记录表的内容有比赛单位名称、比分（双方比赛结果）、积分、积分相等时排定名次的方法、名次（表3－9）等。体育竞赛项目众多，计算成绩的方法也各不相同，但都必须在竞赛规程中将计分方法、确定名次的方法做明确的规定。特别是要把在有多个参赛者积分相同的情况下如何最后确定名次的方法说明清楚。

表 3－9 篮球比赛成绩记录表

比分 队名 / 队名	一队	二队	三队	四队	积分	得失分率/%		名次
						相互间	全部比赛	
一队								
二队								
三队								
四队								

三、双循环赛

所有参赛者相互之间都轮流比赛两次，最后按其在两个循环比赛中的得分多少排定名次的竞赛方法，称作双循环赛。

双循环赛的场数和轮数，均为单循环赛的一倍。双循环赛比赛轮次表的编排与单循环赛相同，只要排出第一循环的轮次表，第二循环再重复赛一次。也可重新抽签排定比赛位置。第二循环的比赛如何进行，应在竞赛规程中明确规定。

四、分组循环赛

当参赛者数量较多、比赛时间较短时，可以安排比赛分阶段进行。在第一阶段或多个阶段中把参赛者分成若干小组进行单循环赛，按其在小组循环比赛中的得分多少排定名次的竞赛方法，称作分组循环赛。

分组循环赛时，为了使分组合理，各组运动员的实力接近，一般采用“确定种子”分组或“蛇行排列”分组的办法。

（一）确定种子分组

“种子”即公众承认的运动成绩优秀者。种子的资格，竞赛组织者可以依据参赛者在上届比赛的名次或实际的运动水平来确定。种子的数目一般是组数的倍数。分组时首先将种子抽签平均分到各组中去，然后再抽签确定其他参赛者的组次和位置。例如：16 支队参加比赛，分 4 组，设 4 名种子。先将 4 名种子随机抽签分入 4 个组，再将其他 12 支队随机抽签平均分入 4 组（签牌分为 4 组，每组有 3 个相同的签号）；如 8 名种子，则先将种子随机抽签分入 4 个组（如果需要，种子也可以分批抽签：先抽前 4 名种子，再抽后 4 名种子），其他队再随机抽签进入各组。若 8 名种子的顺序是按照运动水平依次排列的，则可以用蛇形排列的方法将种子分入各组。

（二）蛇行排列分组

蛇行排列分组是将参赛者按照上届比赛的名次或参赛者实际运动水平从高至低依次排列，再依次衔接进行分组，这样分组各组的运动水平最为接近。例如：16 个队分成 4 组，其蛇形排列分组的方法如下（表 3－10）。

表 3－10 蛇行排列分组表

第一组	第二组	第三组	第四组
1	2	3	4
8	7	6	5
9	10	11	12
16	15	14	13

（三）确定名次

若分组循环赛的以后阶段比赛仍都采用单循环赛进行，则以最后阶段循环比赛的成绩排定名次。若比赛采用混合赛制，则以最后阶段所采用赛制的比赛成绩排定名次。

五、积分循环赛（瑞士赛）

积分循环赛又称瑞士赛、积分编排制。是依据参赛者在比赛中的积分，逐轮编排比赛顺序，最后以参赛者积分的多少排定名次的竞赛方法。在棋牌类竞赛项目中经常采用。

（一）积分循环赛的特点

1. 比赛的场数和轮数较单循环赛要少，并且场数和轮数的安排比较灵活。

2. 比赛结果的偶然性小，名次排列较合埋、准确，并能较妥善解决比赛中经常出现的“平局”问题。

3. 比赛过程中除第一轮外，其他各轮都由积分相同者、相近者编对比赛，对抗性强，争夺激烈。

（二）场数和轮数的计算

积分循环赛的比赛场数 = 参赛者数 ÷2 × 轮数

例如：比赛有 16 名选手，赛 5 轮，共要进行 16 ÷2 ×5 =40 场比赛。

积分循环赛的比赛轮数一般为单淘汰赛轮数的一倍。可根据比赛的时间长短、录取名次的多少，适当增减 1 ~2 轮，一般不要少于 7 轮。积分循环赛的轮数最好是单数，轮次的多少必须在比赛开始前确定并且公布。

（三）比赛顺序的安排

比赛开始前，先给参赛者编号，所编号码可按技术水平高低排定或自然排定。第一轮比赛的对手原则上是以强对弱，可以分为强组和弱组，互相抽签确定对手。参赛者最好是双数。

第二轮及其以后各轮比赛，根据参赛者比赛所得积分，由高到低按顺序抽签编排：首先积分相同者编对，其次积分相近者编对。已经相遇赛过的对手不再互相比赛，同单位的参赛者避免过早相遇。编对时，按单数轮次小号在前，双数轮次大号在前的秩序排列。

（四）先后手的确定

在棋牌比赛中，先后手（谁先走棋，谁后走棋）是十分重要的。参赛者之间执先的局数应尽量相等。

比赛的先后手一般由参赛者双方抽签决定。单数轮次小号先抽，双数轮次大号先抽。

比赛的先后手也可用自然调节的方法。即先后手次数不等者相遇时，多后者执先；先后手次数相等者相遇时，则抽签决定先后手。

（五）积分循环赛的运用

1. 积分循环赛的最后名次是按照所获得的分数来确定的，所以这种竞赛方法只限于按获胜场、局、分来判定比赛胜负的体育项目。

2. 各轮比赛（除第一轮外）都是与上一轮比赛积分相同或相近的对手进行比赛，这就要求采用这种竞赛方法的项目，根据各自项目不同的特点，制定出相对合理的计分方法。

3. 如果参赛者是单数时，可由承办单位“补双”。补上者，一般只记成绩，不计名次。另外还可以在第一轮将较弱的 3 个参赛者进行单循环赛。循环赛后计算他们相互比赛所得分数的一半，以便使他们的得分与其他参赛者的得分拉平。以后各轮均由得分接近的较弱的 3 个参赛者进行单循环赛。

六、循环赛编排时的注意事项

（一）编排时，参赛者进入比赛顺序的序号抽签和进入各组的分组抽签应尽量由参赛者亲自参加，以免对抽签的结果有所异议；若技术代表、竞赛部门代为抽签，则要注意公开、公平、公正。抽签结果确定后要尽快通知参赛者。

（二）循环赛必须按轮次的顺序逐轮进行。

每一轮次的比赛，必须全部结束，方可进入下一轮的比赛，这样才能使各参赛队的比赛进度保持一致。不可以在前一轮比赛尚未全部结束前，让下一轮某场次的比赛提前进行。即使因某种特殊原因，需要调整比赛时，也必须将整个轮次的所有比赛与另一轮次的所有比赛一起对调。否则会造成比赛队休息时间的不均等，还有可能提供一些被利用的“机会”，干扰比赛的结果。

（三）注意各队在每场比赛结束后，有基本均等的休息时间。不同运动项目的比赛，场与场之间每队最低限度的休息时间是不相同的。其中足球的间隙时间最长；排球、篮球、手球等次之；乒乓球等小球项目则较短。编排时应注意保证各队的间歇时间，尽可能使比赛双方休息的时间相近，以防造成恢复体力时的不均等待遇。

（四）编排时，对比赛条件、场馆、观众、时间的安排要统筹兼顾，使各队基本上达到条件均等。在安排比赛秩序时，各轮次都应有势均力敌、精彩激烈的比赛场次，将比赛逐步推向高潮。

第三节　淘汰赛制

淘汰赛制（简称淘汰赛）是指所有参赛者按照排定的顺序进行比赛，胜者进入下一轮，负者退出此赛，直至产生最后一名获胜者（冠军）的竞赛办法。淘汰赛包括有：单淘汰赛、双淘汰赛和交叉淘汰赛等。

一、淘汰赛的分类和特点

（一）淘汰赛的分类

1. 参赛者严格按照比赛秩序表的顺序，一对一进行比赛，胜者进入下一轮，负者退出比赛，直到最后产生冠军。这种形式多在球类、摔跤、拳击等对抗类竞赛项目的竞赛中采用。

2. 按一定的顺序，让参赛者逐个逐批进行比赛，可以在不同时间、不同地点用及格赛、预赛、复赛、决赛来淘汰差的，决出优胜名次。这种形式多在田径、游泳、举重等竞争类竞赛项目的竞赛中采用。

（二）淘汰赛的特点

1. 可以在较短的时间内，较少的场地条件下，安排大量的参赛者进行比赛。

2. 比赛具有强烈的竞争性，激烈精彩。

3. 不足的是：参赛者学习、交流、锻炼的机会少；排定的名次有限；比赛的结果有一定的偶然性。

二、单淘汰赛

参赛者失败一次即退出比赛，比赛直至产生最后获胜者的竞赛方法，称作单淘汰赛（又称单败淘汰赛）。

（一）场数和轮数的计算

单淘汰比赛场数 = 参赛者数 − 1

例如：有 32 人参加单淘汰赛，共要比赛 31 场。

单淘汰的比赛轮数 = 所选择的作为号码位置数的 2 的乘方数的指数

单淘汰比赛的轮数与比赛中为参赛者选择的号码位置数有直接的关系。不论参赛者有多少，其选择的号码位置数必须是 2 的乘方数，所选定的号码位置数是 2 的几次方，比赛轮数就是几轮。例如：有 16 人参加比赛，选择的号码位置数是 16，16 是 2 的 4 次方，那么就有 4 轮比赛；有 32 人参加比赛，选择的号码位置数是 32，32 是 2 的 5 次方，那么就需要进行 5 轮比赛。

（二）选择号码位置数和分区

1. 选择号码位置数

进行单淘汰比赛时，要给每个参赛者编上一个号码，安排一个比赛位置。单淘汰赛参赛者的号码位置数，必须是 2 的乘方数。常用的号码位置数是：$2^3=8$、$2^4=16$、$2^5=32$、$2^6=64$、$2^7=128$。例如：8 人参加比赛，8 恰好是 2 的乘方数，则选择 8 为号码位置数，每人 1 个号码，1 个位置，比赛 3 轮结束（图 3－2）。

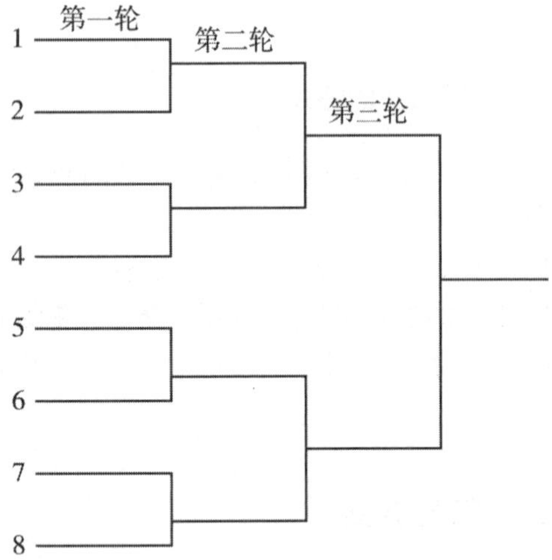

图 3-2　8 人单淘汰赛秩序表

若参赛者的人数不是 2 的乘方数，则选择最接近参赛者数的 2 的乘方数为号码位置数。

例如：13 人参加比赛，则选择 16 为号码位置数，比赛 4 轮结束；28 人参加比赛，则选择 32 为号码位置数，比赛 5 轮结束。

2. 分　区

单淘汰比赛时要把号码位置分成几个相等的部分，称为“分区”（图 3-3）。把全部号码位置分成两半，每半区称作 1/2 区，又称作上半区、下半区；再把上半区和下半区各分成两半，每个区称作 1/4 区；再把每个 1/4 区分成两半，每个区称作 1/8 区。以此类推。

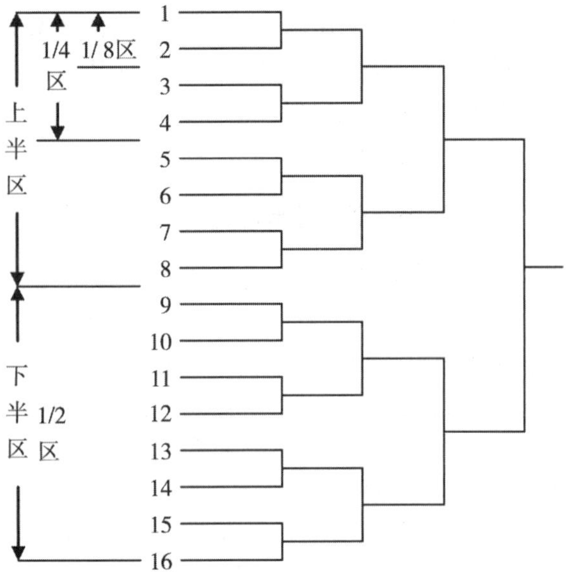

图 3-3　单淘汰赛分区表

（三）种子定位

1. 查表定位

单淘汰比赛时，如果参赛者数恰好是 2 的乘方数，那就可以选择与参赛者数相同的数为号码位置数，使每个参赛者都有一个号码位置，两两相对进行比赛。但为了避免水平高的参赛者过早相遇、过早淘汰的不合理现象，在比赛前就必须设立“种子”，种子资格可依据上届比赛的成绩或实际的运动水平确定；种子的数目应根据参赛者数目的多少来决定，一般也是 2 的乘方数；种子的序号按照其运动水平的高低依次排定。种子要公平、合理地分布到比赛的各个区中去，种子的号码位置，可以查“种子位置表”确定（表 3-11）。

表 3-11　种子位置表

1	256	129	128	65	192	193	64
33	224	161	96	97	160	225	32
17	240	145	112	81	176	209	48
49	208	177	80	113	144	241	16
9	248	137	120	73	184	201	56
41	216	169	88	105	152	233	24
25	232	153	104	89	168	217	40
57	200	185	72	121	136	249	8

“种子位置表”的查法：按比赛所设种子数目，从表中依次逐行由左向右取出小于或等于比赛号码位置数的号码，这些号码就是种子定位的号码。例如：有 120 人进行单淘汰赛，必须选用 128 个号码位置。若设 8 名种子，则可从表中依次取出小于或等于 128 的 8 个号码位置：1、128、65、64、33、96、97、32，这些就是种子所在位置的号码。

2. “跟种子”定位

除了查表给种子定位外，还可按照种子排位的高低，采用“跟种子”的方法将全部种子定位（图 3-4），其结果与查“种子位置表”的种子定位是一致的。

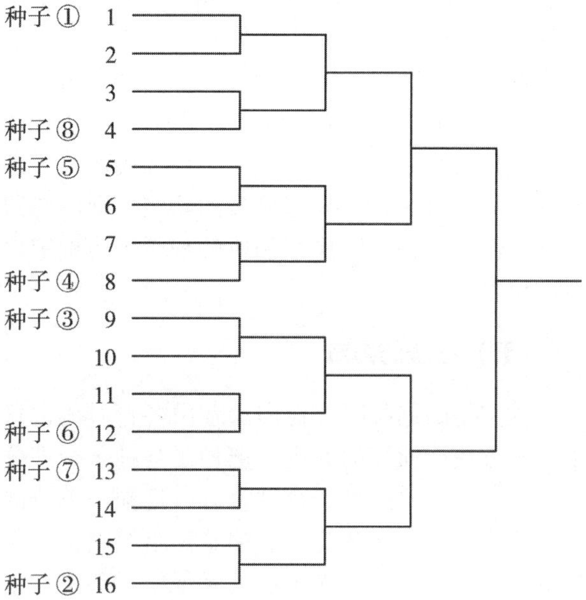

图3－4　“跟种子”定位表

如果设立4名种子，“跟种子”定位方法首先将1号种子定位在上半区的顶部1号位置，将2号种子定位在下半区的底部16号位置。其次是将3号种子“跟”2号种子定位在下半区的顶部9号位置，将4号种子“跟”1号种子定位在上半区的底部8号位置。如果设立8名种子，那就再将5号种子“跟”4号种子定位在同一1/4区的顶部5号位置，将6号种子“跟”3号种子定位在同一1/4区的底部12号位置，将7号种子“跟”2号种子定位在同一1/4区的顶部13号位置，将8号种子“跟”1号种子定位在同一1/4区的底部4号位置。若选择的号码位置数是64、128、256，种子的数目再多一些，也可以按照“跟种子”的规律进行种子定位的。

3. “种子分级分批”定位

在实际运用中，“跟种子”定位方法有一定的局限，一是种子的排序比较复杂，再是种子的定位过于死板。现在在实际运用中普遍采用在“跟种子”定位方法基础上发展起来的“种子分级分批”定位的方法。

“种子分级分批”定位时，1号种子和2号种子的号码位置不变，3号种子和4号种子则随机抽签定位在8号和9号位置上，5号、6号、7号、8号种子也是各自随机抽签定位在4号、5号、12号、13号位置上。这使得种子的定位更加合理、方便。

（四）轮空和抢号

1. 轮　空

当选择的号码位置数大于实际参赛者数目时，就会多出一些号码，空着没有参赛者进入。这就出现了“轮空”。轮空就是指在第一轮的比赛中有的参赛者没有对手，休息一轮。例如：13人参加比赛，选择16为号码位置数，就会有3名参赛者在第一轮没有比赛，轮空（图3－5）。轮空号码的位置，可以查“轮空位置表”（表3－12）确定。

轮空数＝号码位置数－参赛者数

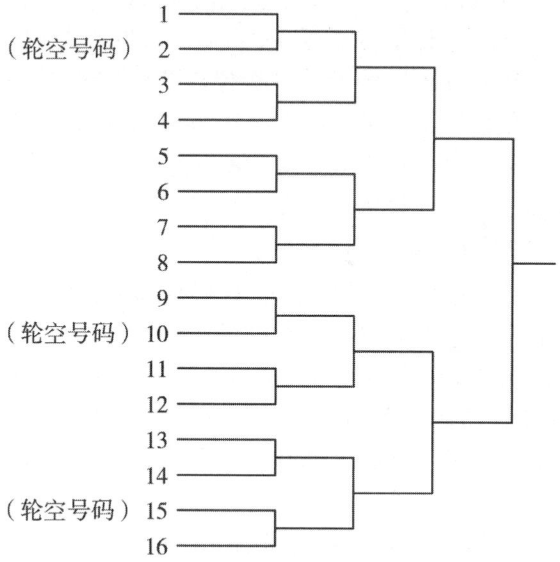

图3－5　13人单淘汰赛轮空号码位置表

表3－12　轮空位置表

2	255	130	127	66	191	194	63
34	223	162	95	98	159	226	31
18	239	146	111	82	175	210	47
50	207	178	79	114	143	242	15
10	247	138	119	74	183	202	55
42	215	170	87	106	151	234	23
26	231	154	103	90	167	218	39
58	199	186	71	122	135	250	7

6	251	134	123	70	187	198	59
38	219	166	91	102	155	230	27
22	235	150	107	86	171	214	43
54	203	182	75	118	139	246	11
14	243	142	115	78	179	206	51
46	211	174	83	110	147	238	19
30	227	158	99	94	163	222	35
62	195	190	67	126	131	254	3

"轮空位置表"的查法：选择最接近参赛者数的、较大的2的乘方数为号码位置数。并用该数减去参赛者数，得出的就是轮空数。然后按轮空数目，依次逐行由左向右取出小于比赛号码位置数的号码，这些号码就是轮空的号码。例如：有120人进行单淘汰赛，必须选用128个号码位置，128－120＝8，即有8个位置没有参赛者。从表中依次取出小于128的8个号码位置：2、127、66、63、34、95、98、31，第一轮比赛这些号码位置是空的，与之相邻的参赛者则第一轮轮空。

2. 抢　号

当选择的号码位置数小于实际参赛者数目时，就出现了参赛者多，号码位置不够的情况，这样就需要在第一轮比赛前，安排一定场次的预选赛，将多出的参赛者淘汰，使实际参赛的人数与号码位置数相符，使每人都有一个号码位置。这就出现了"抢号"。

例如：19名参赛者选择16为号码位置数，有3名参赛者没有比赛的号码位置，就必须有6名参赛者先进行3场预选赛，争夺3个号码位置，负者淘汰，胜者"抢"得号码位置，进入正式比赛。"抢号"比赛不算入比赛轮次。

抢号场数＝参赛者数－号码位置数

抢号的位置就是轮空的位置，抢号位置也可以查轮空表获得。

例如：上例中的3个抢号位置数查表可得，是2、15、10。实际上，抢号＝轮空。

3. "种子优先、序号在前的种子优先"轮空

采用"种子优先、序号在前的种子优先"轮空的方法，其轮空的位置与查"轮空位置表"是一致的。例如：有4个轮空位置（见"跟种子定位表"，图3－4），那么第1个轮空位置应在上半区顶部1号种子旁边的2号位置，第2个轮空位置应在下半区底部2号种子旁边的15号位置，第3个轮空位置应在下半区顶部3号种子旁边的10号位置，第4个轮空位置应在上半区底部4号种子旁边的7号位置。如有更多的轮空，则按"跟种子定位"的种子顺序在相应的种子旁边确定轮空的位置。

（五）抽签的方法

抽签是确定参赛者在淘汰赛中各自号码位置的一种方法。抽签的原则：把种子与种子合理分开，把同一单位的种子合理分开；把同一单位的参赛者均匀分布在各个区。抽签是组织编排工作中的重要环节之一，在可能的情况下，参赛者自己参加抽签。一般比赛的抽签工作，通常由技术代表、竞赛部门代抽。

在体育竞赛中，采用不同的竞赛方法，以及竞赛的规模和规格的不同，抽签的具体实施方法也有很大区别。尤其是个人项目竞赛的抽签，不但在理论上较复杂，而且在实践中，也是一项难度很大的工作。要做好淘汰赛个人竞赛项目的抽签工作，不但要熟悉抽签的理论，还要通盘熟知抽签的各项准备工作和具体实施方法。

1. 拟定抽签方案

竞赛规程中对竞赛办法的规定和各参赛单位的报名情况，是研究抽签方案的两个重要依据。因此，在接受报名和审核报名单的基础上，开始进行以下的工作：

（1）在对参赛者进行资格审查后，统计出各个比赛项目的参赛者有多少，以供确定具体的抽签方法和编排方案。

（2）确定比赛的号码位置数和"轮空"或"抢号"的位置。

（3）确定种子数量和名单。

（4）研究分区方案和抽签顺序及方法。根据参赛者数目情况，制定出相应的分区控制表。然后可依各参赛单位在竞赛规程中的排列顺序、报名时间的先后、种子数目的多少、参赛者的多少或单位字头的笔划数等方法，来确定抽签的顺序。

2. 准备抽签所需的用具

（1）抽签用的“签卡”：包括“号签”，上面书写位置号或组号；“名签”上面书写参赛者姓名、单位及在队内的技术序号；“区签”，包括上、下半区、1/4区和1/8区，该签在抽区时可反复使用。但“号签”和“名签”，应每位选手一张。

（2）抽签记录表：种子抽签和非种子抽签定位时，应将抽签结果当场记录在抽签记录表上，它是进行编排赛序的依据，也是核对抽签结果的惟一凭据。

（3）分区控制表：每个项目都有其单独使用的分区控制表，正式抽签前应将分区控制表事先填好，便于根据表上人数依次抽签。

（4）其他：存放签卡的小盒和盘子等。

3. 抽签人员分工

（1）主签员：抽签的主要负责人，负责实施抽签，一般由裁判长担任。

（2）号签员：与主签员配合进行具体抽签，掌握各种区签、名签与号签。

（3）复核员：掌握抽签控制表，记录种子抽签进位和非种子进区情况，负责向主签员提示对一些选手需要进行的不同控制。

（4）记录员：记录各项抽签结果。

（5）公告员：负责当场的宣告和公告工作。

上述抽签工作人员，可根据竞赛规模大小而定。

4. 抽签和实施方法

（1）种子的抽签与进位：按种子的号码位置抽签进入，也可以按种子实力水平排列顺序，直接将全部种子定位。

（2）非种子的抽签与定位：按抽签方案确定的顺序，将各单位参赛者先分区，后定位。各单位的参赛者要分批进行抽签：如先抽该单位1、2号运动员，分别进入上、下半区的一个1/4区；再抽该单位的3、4号运动员，分别进入没有1、2号运动员的另外两个1/4区；再将5~8号运动员分别抽入没有1~4号运动员的另外四个1/8区，以此类推。

（3）控制平衡与复核检查：为使各单位的运动员都能合理分开，抽签时需要进行必要的控制来保持平衡；抽签后要检查种子是否合理分开，同单位运动员是否合理分开。

（六）附加赛

单淘汰赛最后的胜者为冠军，负者为亚军，两场半决赛的负者为并列第三名，四场1/4决赛的负者为并列第五名。当有的比赛需要决出第三名，有的比赛甚至要决出1~8名时，就需要进行附加赛。附加赛是单淘汰赛的延伸，以便扩大录取优胜名次的范围。

附加赛场次的增加，是根据比赛所需决定名次的多少。一般决出1~8名的单淘汰比赛，增加附加赛的比赛表格如下图3-6。

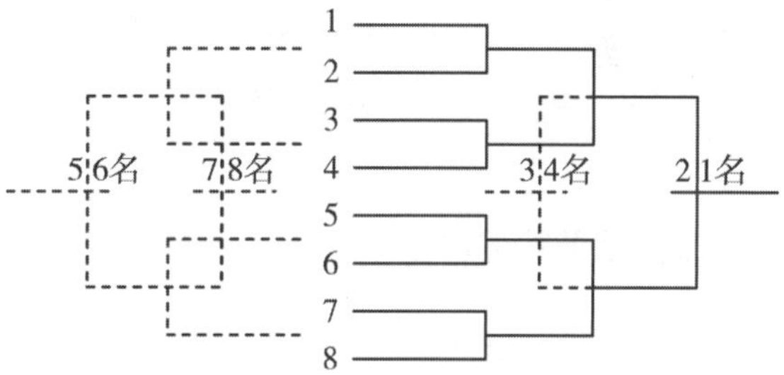

图3-6　单淘汰赛加附加赛秩序表

表中比赛的胜者以实线向右方移动，负者以虚线向左方移动，最后比赛决出1~8名。增加附加赛时，并不增加比赛的轮数。采用单淘汰赛增加附加赛时，比赛场数的计算是：

比赛场数=轮数×参赛者数÷2=轮数×首轮场数

例如：8人进行比赛，决出1~8名。比赛场数=3×8÷2=3×4=12场。

三、双淘汰赛

参赛者失败两次，即退出比赛，比赛直至产生最后获胜者的竞赛方法，称作双淘汰赛（又称双败淘汰赛）。双淘汰赛有多种形式，常用的有冠亚军淘汰赛、两败淘汰赛。

（一）场数和轮数的计算

双淘汰比赛的场数是：2×参赛者数-3

双淘汰比赛的轮数是：胜方轮次与单淘汰相

同，即比赛所选择的号码位置数 2 的乘方数的指数；负方轮次是：2 的乘方数的指数 ×2 –2。

例如：8 个人进行双淘汰赛时，胜方需比赛 3 轮，负方需比赛 4 轮，共比赛 13 场（图 3 –7）。

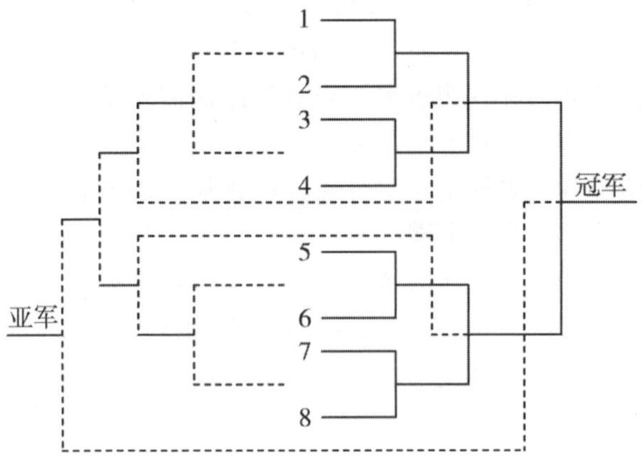

图 3 –7　双淘汰赛秩序表

（二）冠亚军淘汰赛

冠亚军淘汰赛，即比赛的全胜者为冠军，负一场者为亚军。

（三）两败淘汰赛

是在冠亚军淘汰赛的基础上，安排全胜者与负一场者再比赛一场，若全胜者获胜，则比赛结束，若负一场者获胜，则还需要再加赛一场，直至其中一人两败被淘汰。

以上双淘汰的比赛秩序表采用不交叉排列法，是为了遵循上下半区的运动员不跨区比赛，直到决赛才相遇的原则和解决同单位运动员不要过早相遇的问题。国内很多体育书籍中介绍有一种双淘汰赛交叉排列法（图 3 –8），这种方法没有很好地解决上述的两个问题。

在体育竞赛中，不论采用哪一种双淘汰赛方法，都要在竞赛规程里写清楚，以避免在比赛进行中或者确定冠亚军时出现争议。

四、交叉淘汰赛

将上一阶段比赛中不同名次的选手互相交叉进行比赛，胜者继续比赛，负者即被淘汰，称做交叉淘汰赛。

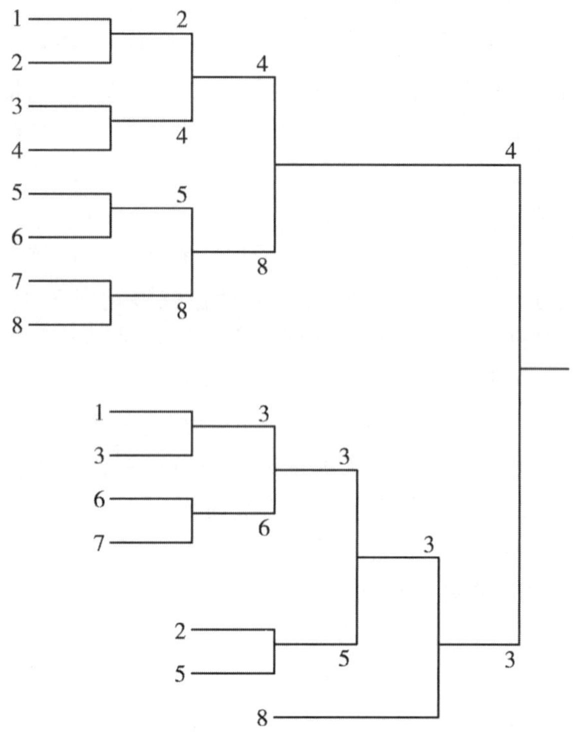

图 3 –8　双淘汰赛秩序表

常见于第一阶段比赛将参赛者分成 A、B 两组进行单循环赛，决出小组全部名次；第二阶段 A、B 组的前 2 名进行交叉比赛，即 A 组第一对 B 组第二，B 组第一对 A 组第二进行交叉比赛（图 3 –9），两场比赛的胜者决出冠、亚军，负者被淘汰（或者负者决出 3 ~4 名）。

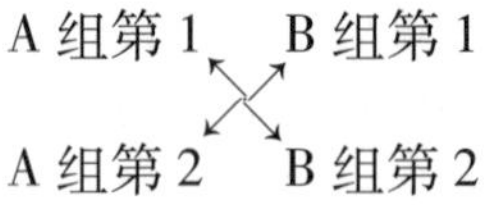

图 3 –9　交叉比赛秩序

五、败者复活赛

目前，在国际柔道、跆拳道、摔跤等项目的比赛中，经常采用败者复活赛制。败者复活赛制实质上是淘汰赛和败者复活赛的结合，即参加比赛的运动员先进行单淘汰赛，在此基础上再进行第二阶段的复活赛。败者复活赛又分为单败复活赛和双败复活赛两种。

（一）单败复活赛

单败复活赛即是所有参加比赛的运动员首先进行单淘汰赛，除争夺冠亚军者，其余有资格复活的运动员再进行复活赛，争夺其余的名次。

1. 单淘汰赛

单淘汰赛排序表号码数的选择，一定要是2的乘方数。例如：有7人参加比赛，号码数应是8；有13人参加比赛，号码数应是16；有27人参加比赛，号码数应是32位，以此类推。

将参加比赛的运动员按单数和双数分在A、B两区，按一定的排列规律进行排列。柔道等项目比赛的单淘汰赛的排列顺序，有别于乒乓球等其他项目的排列方法，是采用大、小号交叉排列的办法，并有其特定的规律，这种排列顺序为轮空号和种子位置号的合理有序的排列，打好了基础。图3－10是16人单淘汰比赛秩序表。

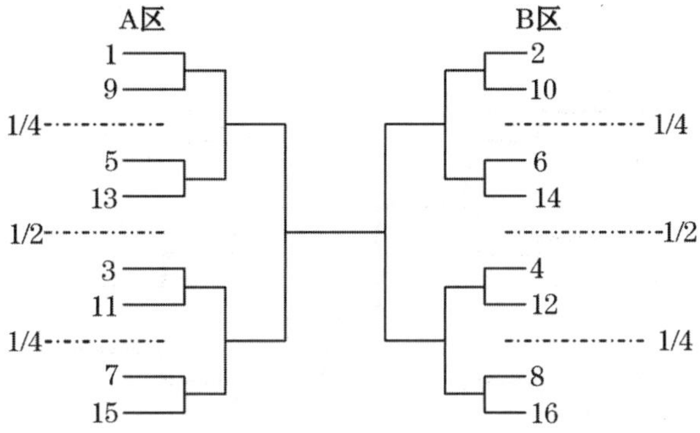

图3－10　16人单淘汰比赛秩序表

（1）排列定位

①将参加比赛运动员分为A区和B区，单数号码排在A区。

②按先将数字小的号码按顺序分别排在1/2和1/4区首位的原则依次排列，即：1号占1/2区上半区的首位；3号占1/2区下半区的首位；5号占1/4区下半区的首位；7号占1/4区下半区的首位。4个小区的首位位置都被占据以后，余下的号则依据号码的大小，按上述规律，占据各小区下面的号码位置，进行排列。

③还有一个简便的号码位置排列方法，就是在占据各小区首位号码的数字上加8，即是下边相邻的号码数。例如：1+8=9，3+8=11。如果是32人参加比赛则加16（图3－11），如果是64人参加比赛则加32。以此类推。

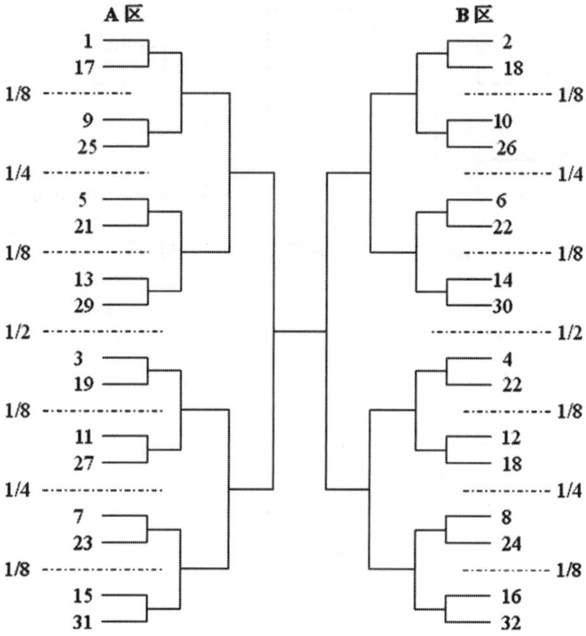

图3－11　32人单淘汰比赛秩序表

④双数号码排列在B区，其方法与单数号码的排列方法相同。另外还有一个简单的方法是，即依据已排好的单数号码的排列来排列双数号码，具体办法是在左右相对称的位置加1。例如：和A区1号相对称的B区位置加1即等于2。和A区11号相对称的B区位置加1，即等于12。以此类推。掌握了上述方法，就可以很方便地进行号码排列了。

（2）轮空号的设置

如参加比赛的人数不足16人时，则从最大号码数开始依次取消。如15人参加比赛，则取消16号，8号第一轮轮空（图3－12）；如14人参加比赛，再取消15号，7号第一轮轮空（图3－13）；如13人参加比赛，则再取消14号，6号第一轮轮空。以此类推，从而使轮空号均匀分布在各小区。

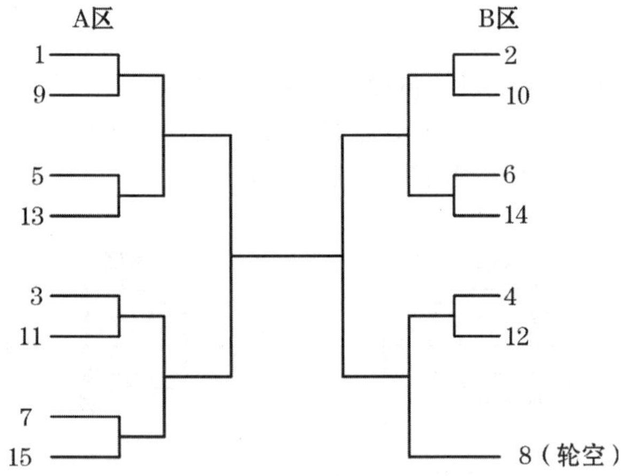

图 3－12　15 人单淘汰比赛秩序表

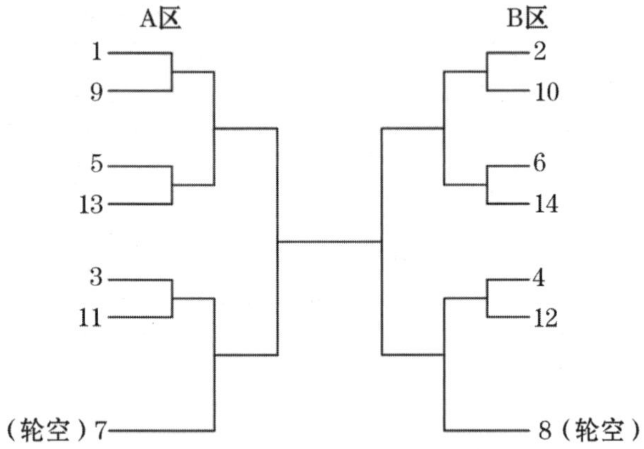

图 3－13　14 人单淘汰比赛秩序表

（3）种子位置的定位

根据种子优先轮空的原则和轮空号设置的规律，种子应占据第一轮轮空号的位置。例如：有 13 人参加比赛，1 号种子应占据 8 号位，2 号种子应占据 7 号位置，3 号种子应占据 6 号位置。以此类推（图 3－14）。

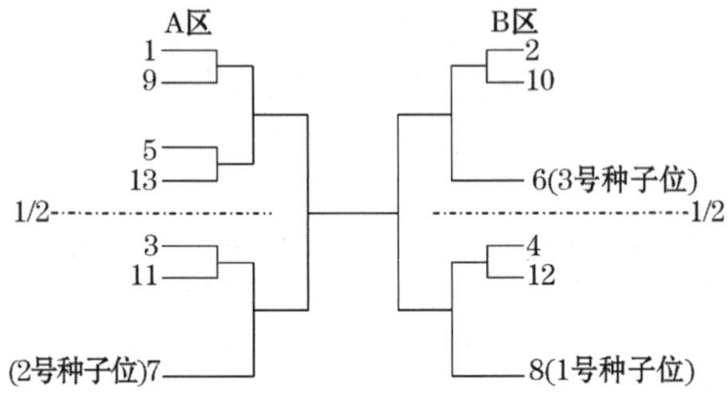

图 3－14　种子位置定位表

另一种定位方法是：种子只规定小区区域，而不规定具体号码位置，其具体号码位置则由抽签决定。例如：有 13 人参加比赛，1 号种子放在 B 区的下半区，具体号码位置抽签定位；2 号种子放在 A 区的下半区，具体号码位置抽签定位；3 号种子放在 B 区的上半区，具体号码位置抽签定位。以此类推。

2. 败者复活赛

败者复活赛是指在单淘汰赛中失败的运动员，有资格复活的可以再次参加比赛，获取名次。

参加比赛的运动员先分为 A、B 两区进行单淘汰赛以后，A 区的第一名和 B 区的第一名即争夺该级别的冠军。和 A 区、B 区的第一名进行过比赛而又输掉的运动员，有资格再进行复活赛。复活赛按分区、按轮次、以阶梯形式的方法进行排列，确定 3 名以后的名次（图 3－15、图 3－16）。

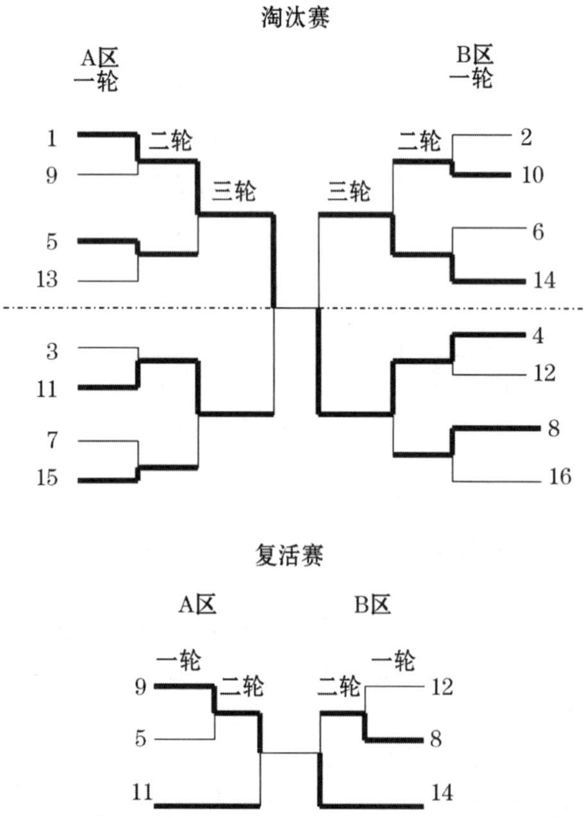

图 3－15　16 人单淘汰赛及复活赛秩序表（粗线条为胜者）

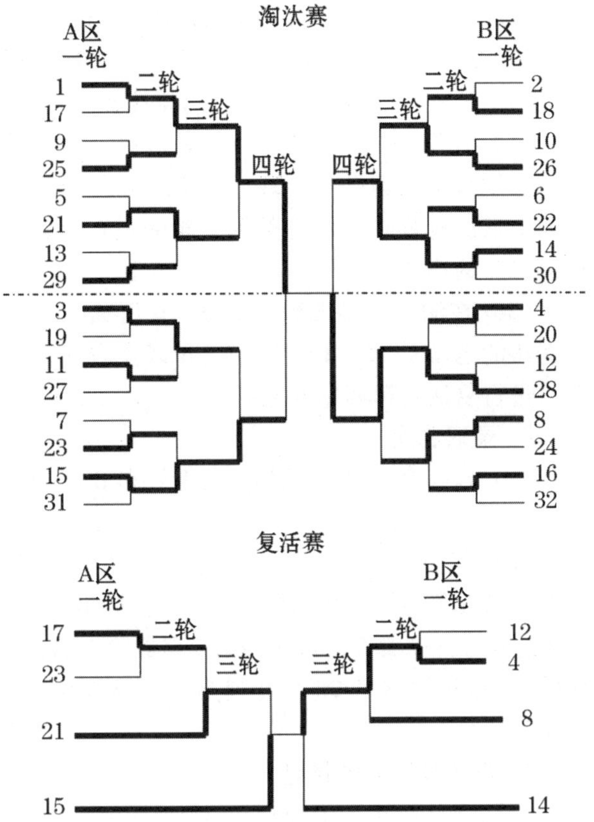

图 3－16　32 人单淘汰赛及复活赛秩序表（粗线条为胜者）

（1）复活赛编排

图 3－15 中负于 A 区第 1 名 1 号的 9、5、11 号和负于 B 区第 1 名 4 号的 12、8、14 号分区、按轮次以阶梯形式排列进行复活赛。

图 3－16 中负于 A 区第 1 名 1 号的 17、25、21、15 号和负于 B 区第 1 名 28 号的 12、4、8、14 号分区、按轮次以阶梯形式排列进行复活赛。

（2）录取名次

①图 3－15 淘汰赛中 A 区的第 1 名 1 号和 B 区的第 1 名 4 号争夺冠亚军；复活赛中 A 区的 9 号和 B 区的 14 号并列第 3 名；A 区的 11 号和 B 区的 8 号并列第 5 名；A 区的 5 号和 B 区的 12 号并列第七名。

②图 3－16 淘汰赛中 A 区的第 1 名 1 号和 B 区的第 1 名 28 号争夺冠亚军；复活赛中 A 区的 15 号和 B 区的 4 号并列第 3 名；A 区的 21 号和 B 区的 14 号并列第五名；A 区的 17 号和 B 区的 8 号并列第七名。

③国际比赛中的第 3 名、第 5 名、第 7 名均为并列。

④我国全运会、城运会不允许名次并列，必须决出名次。因此，以上名次并列的运动员之间必须再进行一场比赛，以决出名次的前后。

3. 单败复活赛的特点

（1）在比级别比赛中只要输掉一场比赛，即失去争夺冠军的机会，所以竞争紧张、激烈。

（2）输给 A 区和 B 区第 1 名的运动员可以获得复活继续比赛的机会，使比赛结果合理。

（3）复活者分布区域不均衡，所以最后的名次，具有一定的偶然性。

（二）双败复活赛

双败复活赛是在单败复活赛的基础上发展起来的一种竞赛办法，其单淘汰赛的排列方法和单败复活赛中的单淘汰赛的排列方法完全相同。不同的地方在于复活赛。

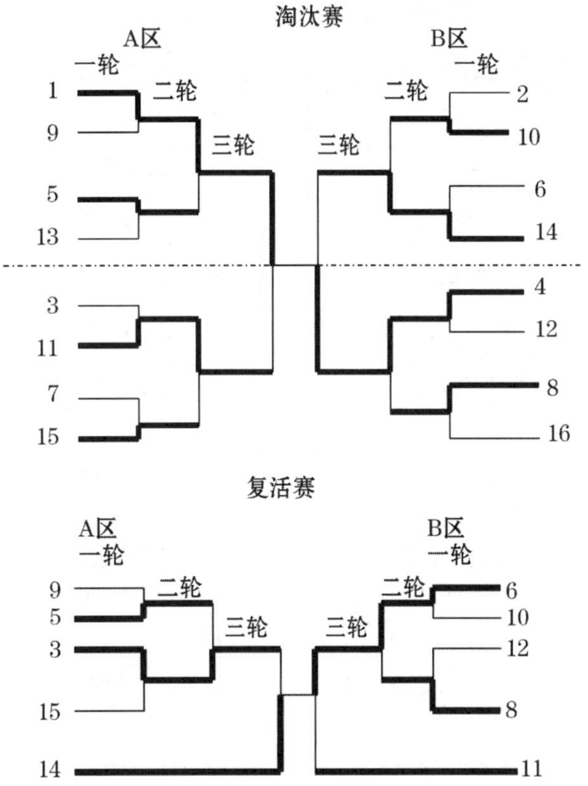

图 3－17　16 人单淘汰赛及复活赛秩序表（粗线条为胜者）

1. 复活赛编排（图 3－17）

（1）在淘汰赛中，被 A、B 区的第一名 1、4

号和第二名11、14号在第一轮和第二轮分别淘汰的运动员9、5、3、15号和6、10、12、8号，分区自上而下依次排列，在复活赛第一轮的位置上，进行首轮比赛。

（2）在淘汰赛中第三轮被淘汰的运动员11、14号，A、B两区左右交换位置，进行复活赛第三轮的比赛。

2. 录取名次

（1）淘汰赛中A区的第1名1号和B区的第一名4号争夺冠亚军。

（2）复活赛中A区的14号和B区的6号并列第3名或争夺第3名和第4名；A区的3号和B区的11号并列第5名或争夺第5名和第6名；A区的5号和B区的8号并列第7名或争夺第7名和第8名。

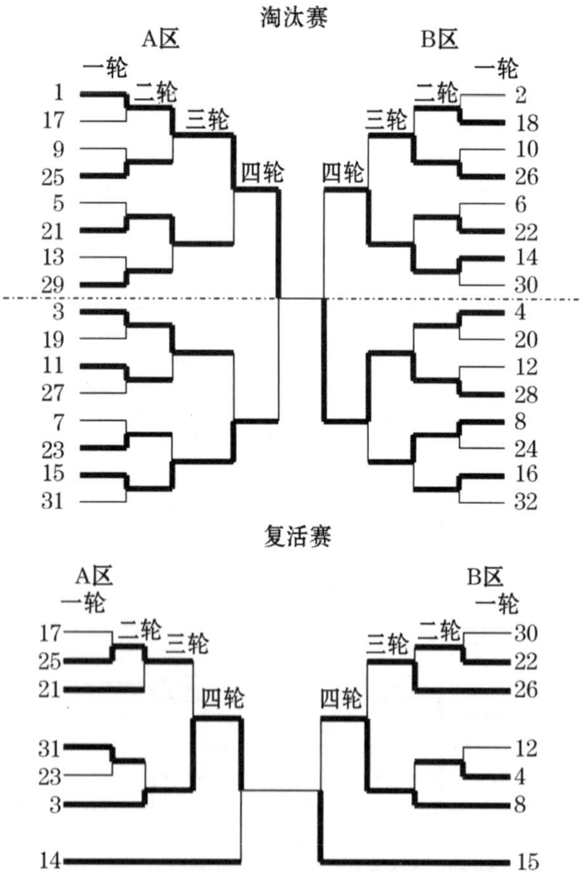

图3－18 32人单淘汰赛及复活赛秩序表（粗线条为胜者）

1. 复活赛编排（图3－18）

（1）在淘汰赛中，被A、B区第一名和第二名在第一轮和第二轮分别淘汰的运动员17、25、31、23、30、22、12、4，分区自上而下依次排列在复活赛第一轮的位置上，进行首轮比赛。

（2）在淘汰赛第三轮被A、B区第一名和第二名分别淘汰的运动员，21、3、26、8号分区自上而下依次排列在复活赛的第二轮的位置上，进行第二轮的比赛。

（3）在淘汰赛第四轮，被A、B区第一名分别淘汰的运动员15、14号，A、B区左右交换位置，进行复活赛第四轮的比赛。

2. 录取名次

（1）淘汰赛中A区的第1名1号和B区的第1名28号争夺冠军赛。

（2）复活赛中A区的3号和B区的15号并列第3名或争夺第3名和第4名；A区的14号和B区的8号并列第5名或争夺第5名或第6名；A区的25号和B区的26号并列第7名或争夺第7名和第8名。

3. 双败复活赛的特点

（1）在单淘汰赛中分别和A区、B区的第一名和第二名比赛过而又输掉比赛的运动员可以获得参加复活赛的资格，并分区、按轮次以阶梯形式排列进行复活赛。

（2）双败复活赛运动员复活人数增多，使比赛结果更加合理。

六、淘汰赛编排时的注意事项

单、双淘汰赛的抽签工作结束后，要对全部比赛的场次进行编排，即确定全部比赛的日期、时间和场地，这是一项十分重要和细致的工作。如何在规定的时间内，科学合理地在一定数量的场地上，按一定的秩序进行比赛，是需要经过认真考虑的。淘汰赛在编排时要注意：

（一）在球类个人项目的淘汰赛中（如羽毛球、乒乓球等）由于竞赛项目和场次多，而且各单项比赛需要交叉进行，编排时容易出现重场、漏场和连场等问题，因此要注意全面检查，反复核对，杜绝差错。

（二）无论是单淘汰赛或双淘汰赛，比赛都应逐轮进行，以保持比赛进度一致。当遇到有

“抢号”场次时，应提早安排；遇到“轮空”场次时，则“轮空”后的一场比赛，可适当推后一些进行，这样可以保证运动员有足够的时间休息。

（三）安排好队和个人单项比赛的“决赛”。一项球类竞赛的“决赛”是整个比赛的最高潮，应安排在观众最多的时间和竞赛最后进行，而且最好是单独进行。为了确保比赛的效果，各项决赛的具体时间可以在决赛前再确定，不一定在赛前就排定，要尽量保证有更多的观众观看比赛。

（四）凡属有兼项比赛的球类项目的淘汰赛中，编排方案应立足于假设选手在任何一个项目中的任何一场比赛中都有望取胜，以此来编排每个选手可能出现的最大比赛强度和极限量。注意不能突破规则和规程规定的该项目比赛的极限量。对于在一段时间中，可能进行两场或更多场次比赛的竞赛项目，选手在相邻两场比赛之间，应保证得到不少于规定的休息时间，同时也要避免过长的休息时间。

（五）对于一个场馆内安排若干个比赛场地的小球个人项目竞赛，特别要注意科学、合理地使用比赛场地。场地设置的数量不宜频繁变动。一般是随着比赛进程逐步减少场地的数量，避免忽多忽少。比赛场地的安置，要便于四周观众观看，不能过多集中在某一侧。

（六）淘汰赛的比赛秩序表同时可以作为比赛日程表和比赛成绩表使用（图3－19）。

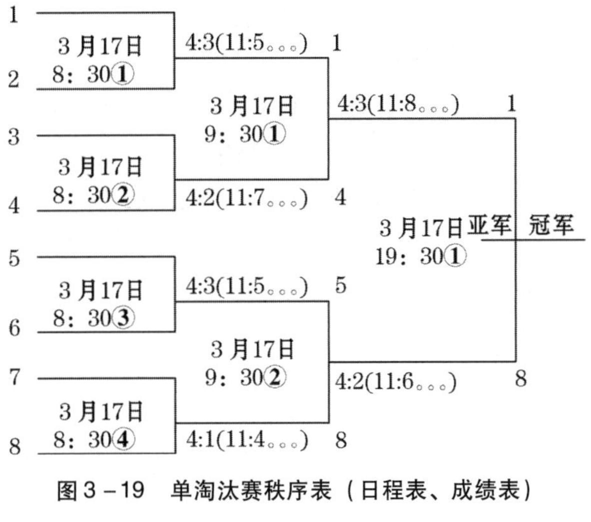

图3－19　单淘汰赛秩序表（日程表、成绩表）

（七）本节单淘汰赛制竞赛方法过去主要在乒乓球单项比赛中运用。目前，在一些羽毛球大型比赛及网球比赛中也有广泛的运用。

第四节　佩奇赛制

佩奇赛制（简称佩奇制）是一种应用于整个竞赛的某一阶段（往往用于决赛阶段）的小范围内的具体竞赛方法。佩奇制一般只涉及到四个队的名次，不可用来组织一次完整的比赛。

一、佩奇制的特点

（一）激励参赛者在前一阶段比赛中力争第一，以便使自己在佩奇制的比赛里处于有利的位置，争取最后比赛的好名次，对避免消极比赛有一定的意义。

（二）进入佩奇制的参赛者，都有1～2次争取冠军的机会，减少了比赛结果的偶然性。

二、佩奇赛制的运用

（一）异组比赛

第一阶段参赛者分成A、B两个小组进行比赛，确定小组名次；第二阶段由A、B两个小组的第1、2名，共4支队采用佩奇制，决出全部比赛的1～4名（图3－20）。

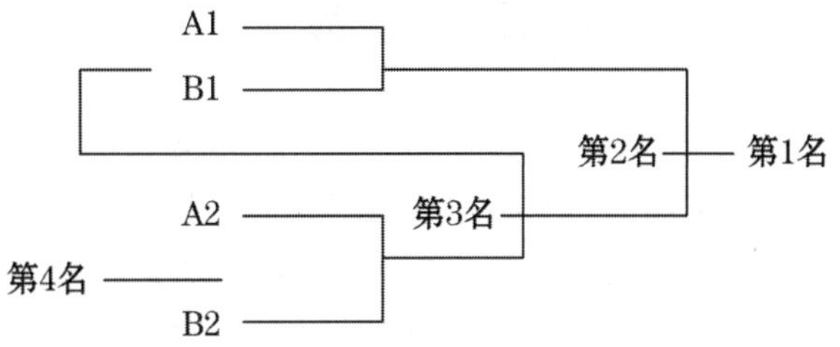

图3－20　佩奇制比赛秩序表（异组）

（二）同组比赛

第一阶段参赛者为一组进行比赛，确定小组

名次。第二阶段由小组赛的前 4 名采用佩奇制，决出全部比赛的最后名次（图 3 －21）。

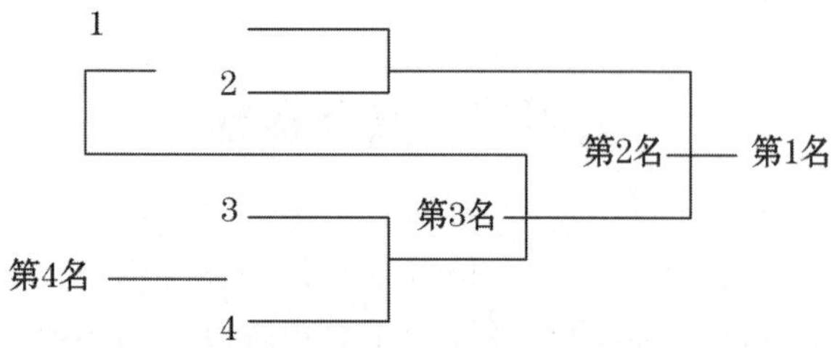

图 3 －21　佩奇制比赛秩序表（同组）

佩奇制一般多用于垒球等球类项目。第九届全国运动会的排球、乒乓球、羽毛球等多项比赛的决赛阶段也都采用了佩奇赛制。

第五节　混合赛制

混合赛制（简称混合赛）是循环赛制与淘汰赛制、佩奇赛制等在比赛中交叉使用的竞赛方法。比赛分两个或多个阶段进行，每一阶段所采用的赛制有所不同。

一、混合赛制的特点

混合赛综合了循环赛和淘汰赛的优点，弥补了两者的不足，有利于参赛者相互交流，最大限度地减少比赛胜负的偶然性。同时，随着比赛的进程，比赛逐渐进入高潮，精彩激烈。

二、先循环赛后淘汰赛

先采用循环赛，然后再采用淘汰赛是体育竞赛中最常用的一种混合赛竞赛方法。由于参赛者较多，考虑到比赛结果的合理性和时间、场地等实际情况，首先安排参赛者进行分组循环赛，排定各小组的比赛名次，然后再根据竞赛规程的要求，录取规定的小组名次进入下一阶段的淘汰赛，决出全部比赛最后的名次。例如：世界杯足球赛决赛阶段的比赛，第一阶段 32 支队分成 8 个小组进行单循环赛，然后录取每小组的前 2 名，共 16 支队进入第二阶段的淘汰赛，最后决出全部比赛的 1 ~4 名。

先循环赛后淘汰赛可分为两个阶段或三个阶段进行，具体编排方法可查阅本书第四章的“篮球”和“排球”部分。

三、先淘汰赛后循环赛

这种混合赛在比赛中很少采用。往往在参赛者很多，又想使比赛结果相对更加合理时运用。例如：某一地区进行象棋选拔赛，报名数百人，第一阶段进行单淘汰赛，当比赛还剩下 8 ~16 人时，为使选拔的结果更加合理，选出的选手更强、更全面，则可以进行单循环赛，决出全部比赛最后的名次。

四、混合赛决赛阶段的竞赛方法

混合赛最后阶段的比赛为决赛，经常采用的方法如下。

（一）同名次赛

如上一阶段比赛分成 2 组，则由 2 组的第 1 名相互比赛，决出 1 ~2 名；由 2 组的第 2 名相互比赛，决出 3 ~4 名；以此类推，决出其他的名次。这种同名次赛也可采用“佩奇赛制”。

如上一阶段比赛分成 4 组（或更多组），则由 4 组的第 1 名采用单循环赛或其他竞赛方法进行比赛，决出 1 ~4 名。

（二）交叉赛

如上一阶段比赛分成 A、B 两组，则每组的前 2 名进行交叉比赛，即 A 组第 1 对 B 组第 2，B 组第 1 对 A 组第 2 进行比赛，两场胜者决出 1 ~2 名，两场负者决出 3 ~4 名；每组的 3、4 名，5、6 名也按照上述方法相互进行交叉比赛，决出其余的名次。

如上一阶段比赛分成 4 组（或更多组），则要在竞赛规程中就明确规定相互交叉比赛的对手和位置。当上一阶段比赛结束，进入决赛阶段的参赛者即进入规程中所指定的位置进行比赛，最后决出比赛名次。有的比赛规定了一定的位置，由取得相关名次的参赛者抽签进入。

（三）分段赛

将上一阶段各组比赛的1、2名（或1、2、3名）分成一组进行比赛，决出所有名次；也可以将各组其他名次分段进行分组比赛，决出其余的名次。

五、混合赛编排时的注意事项

（一）采用先循环赛后淘汰赛时，分区和定位的方法

1. 在竞赛规程中明确规定第一阶段各组第一名、第二名在第二阶段比赛时的分区和号码位置，第一阶段比赛结束后各队按照规程规定对号进入自己的位置。编排时第一阶段同组的队要按照成绩依次分在上、下半区；每上、下半区和1/4区的参赛者实力要接近。

2. 在竞赛规程中不明确规定第一阶段各组第1名、第2名在第二阶段比赛时的分区和号码位置时，组织者要按照每上、下半区和1/4区的参赛者实力接近；第一阶段比赛的第1名、第2名（第3名）合理分布在不同的区；同单位参赛者分在不同的区等原则，在第一阶段比赛结束后，进入第二阶段比赛的参赛者重新抽签决定第二阶段比赛时的上、下半区和号码位置。

3. 当第一阶段所取名次的数目不是2的乘方数时，可以在下一名次中录取成绩最好的队补齐。例如：第一阶段有6组，每组取前2名参加第2阶段比赛的淘汰赛，则只有12支队，这就需要在6组的6支第3名的队中选取4支成绩好的队，补足为16支队，才可以进行第二阶段的淘汰比赛。补取的方法要在竞赛规程中写明。

（二）佩奇赛制只涉及到4个队的比赛名次，一般都在比赛的决赛阶段采用

第六节　扩展赛制

扩展赛制是指比赛可以无限期地延续下去，不受时间跨度影响的一种竞赛方法。它适用于一些体育运动俱乐部内部的休闲类比赛（如网球等比赛）和学校、单位内部的比赛。扩展赛制包括有：梯形赛制、金字塔赛制、水平轮转赛制等。

一、扩展赛制的特点

（一）竞赛可以无限期地进行下去。但组织者可以根据参赛者的实际情况，规定一个期限，或者定期公布领先的参赛者及比赛情况。

（二）每名参赛者的比赛场次不受限制，对比赛的管理要求不高。

（三）没有一名参赛者会被淘汰。但选择比赛对手的随意性较大，比赛的最后排名可能不十分准确。

二、梯形赛制

梯形赛制是常见的一种扩展赛制。它的编排格式像一个梯子，每个参赛者在梯子上有自己的位置。其目标是战胜梯位比自己高的对手，使自己的梯位逐级上升（图3－22）。

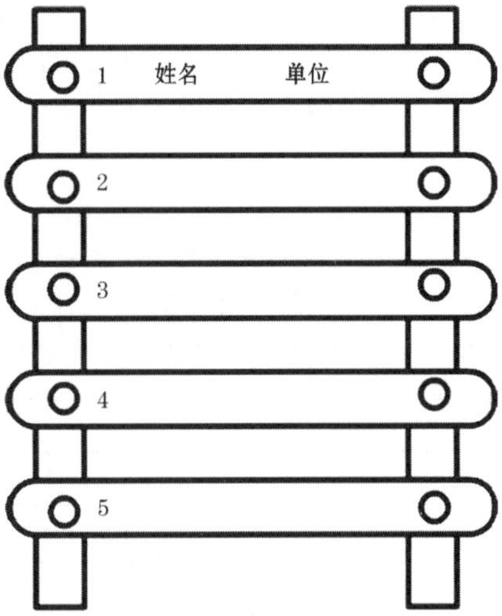

图3－22　梯形赛制

梯形赛制的方法如下。

（一）比赛开始前，参赛者随机抽签把自己安排进入梯子的一个梯位。也可以按照参赛者水平的高低，从上至下或从下至上进行梯级排位。

（二）比赛开始后，参赛者向高出自己1～2级的选手挑战，如获胜则互相交换位置。挑战者不得连续向同一对手挑战，也不得主动向低于自己梯位的选手挑战。

（三）比赛前规定，到一定的时间比赛结束或公布暂时领先者，谁的梯位在上则名次在前。

（四）编排时可采用木制材料，两竖木做梯架，相隔一段距离钉上钉子。在木头梯级上写上参赛者的姓名和开始时的梯位，并在梯级左右各打一个眼。比赛开始后，梯位则随着参赛者的胜负，上下进行移动。

三、金字塔赛制

金字塔赛制又分金字塔赛制（图3－23）和王冠形赛制（图3－24）。

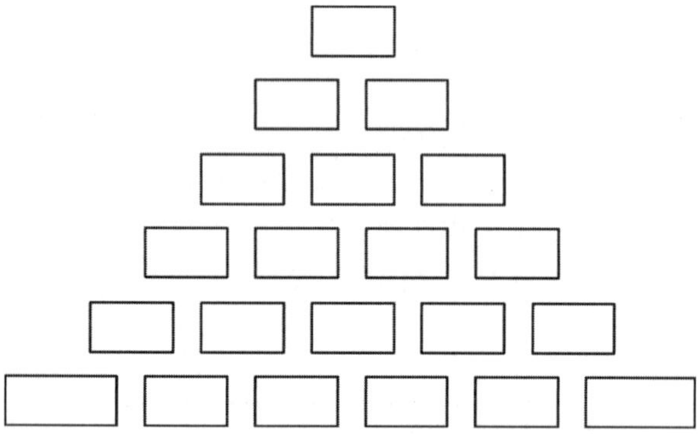

图3－23　金字塔赛制

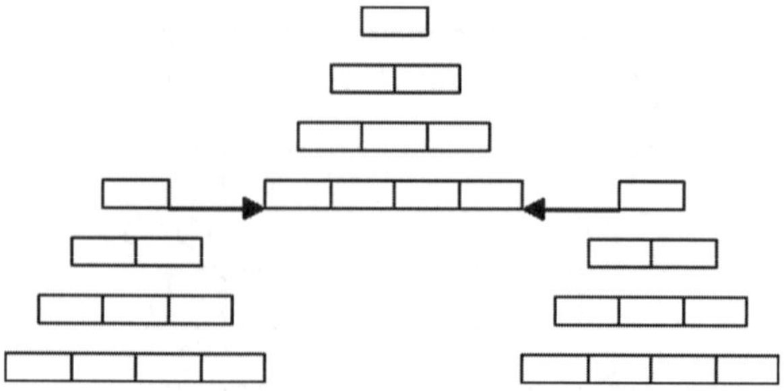

图3－24　王冠形赛制

金字塔赛制的方法：比赛前，参赛者随机抽签或按参赛者的实际水平将其安排到金字塔的一个格子内。比赛开始后，参赛者可以纵向，也可横向向其他参赛者挑战，获胜后互相交换位置，在规定的时间内，以在金字塔内的位置高低排定名次。

四、水平轮转赛制

水平轮转赛制在竞争性的、短期的乒乓球、羽毛球训练和比赛中经常采用，并且很容易组织。

水平轮转赛制的方法：比赛开始前，参赛者随机抽签或按参赛者实际水平确定场地和对手。当第一轮比赛结束后，每一个获胜者都向一个方向移动到自己的下一个场地，所有的失利者则向相反的方向移动到自己的下一个场地，然后再与同一场地的对手比赛（表3－13）。几轮过后，水平高的参赛者就相对集中在一边，水平较低的参赛者就相对集中在另 边，比赛的名次就清楚了。这也可以达到让水平相近的参赛者进行比赛的目的。

表3－13　水平轮转赛制

轮次	第一台	第二台	第三台		第四台	第五台
1	1	4	3	获胜←	9	5
	10	7	8	失败→	2	6
2	1	3	2		5	6
	4	10	7		8	9
3	3	2	5		6	9
	1	4	10		7	8
4	3	4	8		7	9
	1	2	5		6	10
5	2	5	6		9	10
	1	3	4		8	7

第七节　顺序赛制

顺序赛制（简称顺序法）是参赛者按照规定

的顺序依次进行比赛的竞赛方法。

一、顺序法的特点

（一）参赛者运动水平基本相同，对抗性强，竞争激烈。

（二）比赛所用时间较长，参赛者数多时不宜采用。

二、比赛的方法

（一）分组比赛

将参赛者分为若干组，分别依序进行比赛，按预赛、复赛、决赛等比赛阶段的成绩确定名次；以客观标准（时间、距离、重量、命中环数等）评定运动成绩的项目，也可以通过一次比赛就决定比赛名次，如100米、200米跑等。

（二）不分组比赛

是在同一比赛时间内不能有2人或2人以上同时进行比赛的项目中采用。如跳高、跳远等。

第八节　轮换赛制

轮换赛制（简称轮换法）是参赛者在同一时间内，按照规定的轮换顺序，进行不同项目比赛的竞赛方法。如在竞技体操中各队按各单项分组进行比赛，比赛完一个项目后，各组依次轮换，再进行其他项目的比赛。

轮换法比赛是比赛所用的时间较短，但各参赛者轮换的顺序不同，造成的比赛环境也不同，对比赛会产生一定的影响。

思考题

1. 选用体育竞赛方法有哪些基本原则？

2. 什么是循环赛和淘汰赛？它们各有什么特点？

3. 单循环赛和单淘汰赛轮数、场数如何计算？

4. 画出6队单循环赛的比赛秩序表和8名队员单淘汰加附加赛的比赛秩序表。

5. 16支队进行混合制比赛，分两（或三）个阶段进行，决出1～16名，如何编排？要比赛多少轮？多少场？

6. 57名队员进行单淘汰比赛，决出1～8名，请写出8名“种子”的号码位置和“轮空”的号码位置。要比赛多少轮？多少场？

7. 写出篮球、排球、足球的计分方法和排定名次的方法（要写清楚在几队积分相同的情况下如何排定名次）。

第四章 球类运动竞赛组织编排

第一节 篮 球

篮球运动1891年起源于美国，1896年篮球传入中国。1936年男子篮球被列为第十一届奥运会正式比赛项目，1976年女子篮球被列为第二十一届奥运会正式比赛项目。篮球比赛通常采用的竞赛方法是循环赛制和混合赛制。举办单位可以根据比赛任务、参赛队数、比赛时间及场地等情况，选择合适的竞赛方法。

一、篮球比赛的组织编排

（一）美国NBA篮球联赛

有30支队参加比赛，比赛分常规赛、季后赛两个阶段进行。

参加比赛队分成东部联盟和西部联盟，每联盟各15支队。东部联盟又分成大西洋赛区、中部赛区和东南赛区，每赛区各5支队；西部联盟又分成太平洋赛区、西南赛区和西北赛区，每赛区各5支队。

常规赛：采用主客场制。每支队分别与同联盟同区的每支球队赛4场；与同联盟不同区的10支队中的4支队赛3场，与另外的6支队赛4场；与不同联盟的15支队各赛2场，每支队共比赛82场。

季后赛：季后赛首先在东、西联盟内部进行。联盟中每个赛区常规赛积分最高的队直接进入季后赛，在联盟常规赛中成绩最好的另外1支队与前面的3支球队成为季后赛的种子队。另外4个季后赛名额将从11支队在常规赛中排名在前的队中产生，而不考虑球队在赛区的排名。季后赛采取淘汰制，3轮比赛都采用7场4胜制。常规赛比赛胜率高的球队将获得先打2个主场，再打2个客场，最后打1场主场的安排。东、西部联盟冠军参加的NBA总决赛采用7场4胜制，主客场则根据2，3，2原则排定。

（二）世界篮球锦标赛

有16支队进入决赛，比赛分3个阶段进行。

第一阶段：16支队分成4组，每组4支队进行单循环赛，决出各组的1～4名。

第二阶段：第一阶段每组前2名共8支队分成2组，每组后2名共8支队分成2组。4组分别进行单循环赛，决出各组的1～4名。

第三阶段：前8名2组中的1、2名对1、2名，3、4名对3、4名进行交叉比赛，决出全部比赛的1～8名；后8名的2组用同样的方法决出全部比赛的9～16名。

（三）奥运会篮球赛

有12支队进入决赛，比赛分三个阶段进行。

第一阶段：12支队分成A、B两组，每组6支队进行单循环赛，决出各组的1～6名。

第二阶段：A、B两组的前4名共8支队分成C、D两组，每组4支队进行单循环赛，决出各组的1～4名。

第三阶段：C、D两组的1、2名进行交叉比赛，决出全部比赛的1～4名；C、D两组的3、4名进行交叉比赛，决出全部比赛的5～8名；第一阶段A、B两组的5、6名进行交叉比赛，决出全部比赛的9～12名。

二、篮球比赛排定名次的方法

在循环赛中球队的名次按球队在同一循环比赛中的积分多少排定。篮球比赛胜一场得 2 分，负一场得 1 分，弃权得 0 分，积分多者名次列前。若遇两队或两个以上的队积分相同，则依照以下顺序排定名次。

（一）两队积分相同，则两队之间的胜者名次列前。

（二）如果两队之间在比赛中的积分和得失分率相同，则两队在本组内所有比赛的得失分率高者名次列前。

（三）两个以上队积分相同，再次排列中只考虑积分相同队之间的比赛成绩，成绩好者名次列前。

（四）如果再次排列后仍有球队积分相同，只考虑仍相同的队之间比赛的得失分率，得失分率高者名次列前。

（五）如果仍有球队积分相同，则以这些队在本组内所有比赛的得失分率确定，得失分率高者名次列前。

（六）如果在任何阶段，用上述准则将众多积分排列相同的队减少到仅有两个队排列相同时，则 1 和 2 款中的程序将自动适用。

（七）如果经过减少仍有两个以上队排列相同，则 3 款程序开始重复运用。

（八）得失分率 = 得分 ÷ 失分。

三、附　件

（一）竞赛规程（摘要）

1. 2004 ~ 2005 中国男子篮球甲 A 联赛竞赛规程

一、竞赛办法

有 14 支队参加，比赛分三个阶段进行。

第一阶段（常规赛）：分为南、北两区，每区 7 支队，采用本区进行主客场四循环和另区进行主客场双循环，按总积分排出 14 支队的名次和在本区的常规赛 1 ~ 7 名。

北区：北京、辽宁、吉林、山东、河南、陕西、新疆。

南区：上海、江苏、浙江、福建、广东、云南、八一。

第二阶段（分区决赛）：第一阶段常规赛各区的前 4 名，进行主客场制的交叉赛（常规赛名次列前的队多一个主场），采用 3 场 2 胜制，决出各区的冠、亚军及 3、4 名（见下图）。

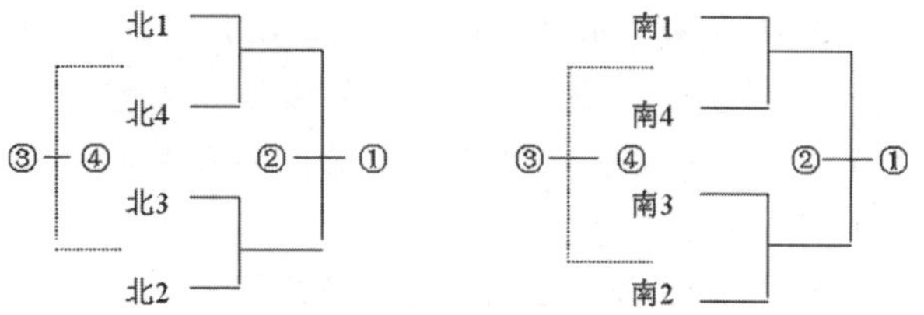

南、北区决赛秩序表

第三阶段（总决赛）：第二阶段各区决赛的 1 ~ 4 名，共 8 支队进行主客场制交叉淘汰赛（分区决赛名次列前的队多 1 个主场，取得获胜场次后不再比赛（见下图）。1/4 决赛采用 3 场 2 胜制，半决赛和总决赛采用 5 场 3 胜制（1/4 决赛和半决赛的负队不再进行比赛）。

总决赛胜队为本次联赛第一名，负队为第二名。半决赛的负队（即 3、4 名队）和 1/4 决赛的负队（即 5、6、7、8 名队），常规赛名次列前的队名次列前。

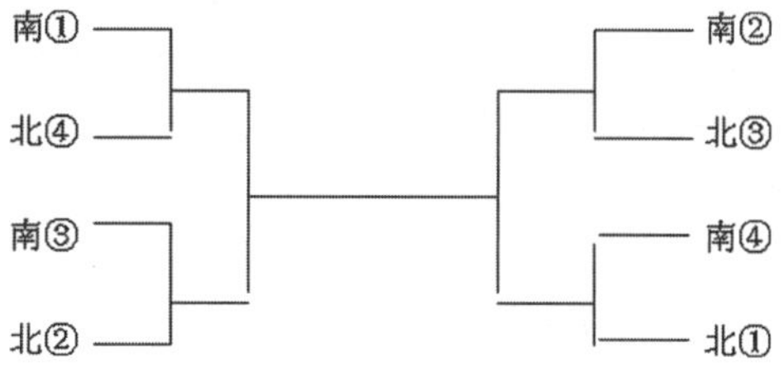

总决赛秩序表

二、竞赛规则及特殊规定

（一）采用中国篮球协会审定的 2004 年《篮球规则》和国际篮联的规则解释。

（二）采用 4 × 12 分钟的比赛方式，其中第一、二节和第三、四节中间休息 2 分钟，第二、三节中间休息 10 分钟。

（三）每队在第四节和每一决胜期最后 2 分

钟各增加1次30秒短暂停。

（四）中篮后和第四节及决胜期最后2分钟内所有需要掷界外球恢复比赛的暂停，均在记录台一侧前场罚球线延长线和中线之间掷球入界（位于前场端线掷球入界除外）。

（五）在比赛临近结束时，某队获得一次掷界外球，当：

1. 比赛时间不足0.3秒（含0.3秒），比赛不再进行；

2. 时间还有0.4~0.7秒（含0.7秒），场内的队员将掷进场的球直接拍或触及（如空中接力），使球进入球篮中篮方有效；如双手持球后再投篮，中篮无效。

2. 中国大学生三人篮球竞赛规程

一、竞赛规则

（一）场地

标准的半个篮球场地（14×15米），或按半场比例适当缩小（长度减2米，宽度减1米），地面坚实，场地界线外有1.5~2米的安全地带。

（二）工作人员及其职责

设1~2名裁判员和1名记录员。裁判员是比赛中唯一的宣判和终决的人员，负责在记录表上签字，监管计20秒违例。记录员兼管计时、计分。记录两队累积的分数（包括投篮和罚球的得分）、全队及个人犯规次数以及比赛时间，并按规则要求宣布比赛进行的时间、比分，同时兼计特招运动员的上场时间。

（三）除下列特殊规则外，比赛均按照当年最新国际篮球规则执行

1. 比赛时间：

全场比赛时间为10分钟（上下半时各5分钟）。比赛中场休息时间为1分钟，比赛双方各有一次暂停机会，时间为30秒，但不允许在每节的最后一分钟要求暂停。每半节比赛仅剩一分钟时计时员宣布时间。只有暂停及遇有球员受伤情况下方可停表。比赛双方均不得通过各种手段有意拖延比赛时间，否则，裁判员有权处以一次技术犯规处罚。

2. 比赛开始，双方以掷硬币的形式选取发球权。

3. 比赛开始和投篮命中后，均在发球区（中圈弧线后）掷球入场，算做发球。

4. 每次投篮命中后，由对方发球。所有犯规、违例及界外球均在发球区发球，发球队员必须将球传给队友，不能直接投篮或运球，否则处以违例。

5. 守方防守而获得进攻资格时，必须迅速将球运（传）出三分线外（队员双脚出三分线），方可组织反攻，否则判违规。

6. 24秒违例的规则改为20秒。双方争球时，争球队员分别站在罚球线上跳球。

7. 比赛中，每个队员允许3次犯规，第4次犯规罚出场。任何队员被判夺权犯规，则取消该队比赛资格。

8. 每个队前5次犯规中，凡对正在做投篮动作的队员犯规：如投中，记录得分，对方个人及全队犯规次数，不追加罚球，由守方发球；如投篮不中，仍由攻方继续发球。

9. 每个队出现第六次犯规，如被侵犯队员没有投篮动作或已作出投篮动作但没有得分，则执行两次罚球，并在第二次罚球时抢篮板，如两罚皆中，由犯规方发球；如被侵犯队员已作出投篮动作且得分，则追加罚球一次，不论罚中与否，均由犯规方发球。

10. 只能在死球的情况下进行替换。比赛中，队长是场上唯一发言人。

11. 比赛时间终了，以得分多者为胜方。如出现平局，执行一对一依次罚球，即每队指定3人按顺序并以此为循环参加罚球，但不必3人均罚，在罚球过程中只有出现某队领先1分时即为胜方，比赛结束。

12. 在比赛中不允许扣篮、抓篮框和篮网。

3. 2008年全国青年篮球联赛竞赛规程

一、竞赛办法

（一）第一、二阶段：各组进行双循环制比赛，排出小组名次。

（二）比赛采用中国篮球协会审定的2006年《篮球规则》，并执行以下特殊规定：

1. 比赛分四节，每节10分钟。每节全队累计5次犯规后执行罚球。第一、二节之间休息2分钟，上、下半时之间休息8分钟。

2. 每节上场队员自由组织，但每队必须保证

有10名队员各自上场时间不少于5分钟。如有违犯，判该队0:2告负。

3. 第一、三节必须采用全场防守（包括全场人盯人紧逼防守或全场区域紧逼防守）；第二、四节自由选择防守方式。

4. 前场篮板球加分：每节某队前场篮板球累计男队已达4次、女队已达3次后，该队每抢到1个前场篮板球，加1分。只进行单节累计。

（三）男队使用7号、女队使用6号比赛用球（中国篮球协会审定、赛区提供）。

（四）各阶段运动员在赛前一天参加身体素质、技术测验。测验项目第一阶段为：多组变距折返跑，内、外线投篮（内线投2分、外线投3分），菱形运球突破上篮；第二阶段为：急停跳投，双脚起跳摸高，梯形滑步。测验项目标准、办法按《全国篮球身体素质、技术测验手册》执行。每个赛区的身体素质、技术测验工作由中心派出的身体素质、技术测验组长负责。

二、决定总名次的办法

总名次根据总分排定，总分多者名次列前。如总分相等，比赛名次在前者列前。总分＝比赛得分＋测验得分；

（一）比赛得分＝（队数－名次）×70%

（二）测验得分＝（队数－名次）×30%

三、奖励办法

（一）第一阶段各赛区身体素质、基本技术测验个人总分获前8名的运动员给予奖励（办法另定）。

（二）第二阶段获A组前6名队伍的主教练员给予奖励（办法另定）。

（三）第二阶段A组评选出“最佳得分”、“最佳三分球投手”、“最佳篮板球”、“最佳助攻”、“最佳抢断”、“最佳扣篮”、“最佳盖帽”等奖项前3名的运动员，分别给予奖励。

（二）表　格

篮球比赛记录表

比赛名称：	日期：	时间：	主裁判员：
比赛编号：	地点：		副裁判员：

甲队：________________

暂停：　　　全队犯规

①□②□　上半节①1234②1234

①□②□　下半节①1234②1234

□□□决胜期

队员证号码	队员姓名	号	上场队员	犯规 1	2	3	4	5
			4					
			5					
			6					
			7					
			8					
			9					
			10					
			11					
			12					
			13					
			14					
			15					
教练员								
助理教练员								

乙队：________________

暂停：　　　全队犯规

①□②□　上半节①1234②1234

①□②□　下半节①1234②1234

□□□决胜期

队员证号码	队员姓名	号	上场队员	犯规 1	2	3	4	5
			2					
			3					
			4					
			5					
			6					
			7					
			8					
			9					
			10					
			11					
			12					
			13					
			14					
			15					
教练员								
助理教练员								

比分：上半节①甲__②乙__③甲__乙__

　　　下半节①甲__②乙__③甲__乙__

　　　决胜期　甲__　　　乙__

累积分

甲		乙		甲		乙		甲		乙		甲		乙	
	1	1			41	41			81	81			121	121	
	2	2			42	42			82	82			122	122	
	3	3			43	43			83	83			123	123	
	4	4			44	44			84	84			124	124	
	5	5			45	45			85	85			125	125	
	6	6			46	46			86	86			126	126	
	7	7			47	47			87	87			127	127	
	8	8			48	48			88	88			128	128	
	9	9			49	49			89	89			129	129	
	10	10			50	50			90	90			130	130	
	11	11			51	51			91	91			131	131	
	12	12			52	52			92	92			132	132	
	13	13			53	53			93	93			133	133	
	14	14			54	54			94	94			134	134	
	15	15			55	55			95	95			135	135	
	16	16			56	56			96	96			136	136	
	17	17			57	57			97	97			137	137	
	18	18			58	58			98	98			138	138	
	19	19			59	59			99	99			139	139	
	20	20			60	60			100	100			140	140	
	21	21			61	61			101	101			141	141	
	22	22			62	62			102	102			142	142	
	23	23			63	63			103	103			143	143	
	24	24			64	64			104	104			144	144	
	25	25			65	65			105	105			145	145	
	26	26			66	66			106	106			146	146	
	27	27			67	67			107	107			147	147	
	5	5			45	45			85	85			125	125	
	6	6			46	46			86	86			126	126	
	28	28			68	68			108	108			148	148	
	29	29			69	69			109	109			149	149	
	30	30			70	70			110	110			150	150	
	31	31			71	71			111	111			151	151	
	32	32			72	72			112	112			152	152	
	33	33			73	73			113	113			153	153	
	34	34			74	74			114	114			154	154	
	35	35			75	75			115	115			155	155	
	36	36			76	76			116	116			156	156	
	37	37			77	77			117	117			157	157	
	38	38			78	78			118	118			158	158	
	39	39			79	79			119	119			159	159	
	40	40			80	80			120	120			160	160	
	41	41			81	81			121	121			161	161	

能力比分：　　　甲队__乙队__

优先队：________________

记录员：________________

计时员：________________

计时员：________________

主裁判员：________________

副裁判员：________________

球队主权队长名单________________

第二节　排　球

排球运动1895年起源于美国，20世纪初传入中国。1964年第十八届奥运会排球被列为正式比赛项目。排球比赛通常采用的竞赛方法是循环赛制和混合赛制。举办单位可以根据比赛任务、参赛队数、比赛时间及场地等情况，选择合适的竞赛方法。

一、排球比赛的组织编排

（一）世界排球锦标赛

有24支队进入决赛，比赛分3个阶段进行。

第一阶段：24支队分成6组，每组4支队进行单循环赛。决出各组的1~4名。

第二阶段：第一阶段每组前2名共12支队，加上其他12支队中成绩最好的4支队共16支队，分成2组进行单循环赛，决出各组的1~8名。

第三阶段：第二阶段2组中的前4名共8支队，进行单淘汰赛加附加赛，决出全部比赛的1~8名。

（二）世界杯排球赛

有12支队进入决赛，比赛分两个阶段进行。

第一阶段：12支队分成A、B两组，每组6支队进行单循环赛，决出各组的1~6名。

第二阶段：A、B两组的前3名共6支队，组成C组进行单循环赛，决出全部比赛的1~6名；A、B两组的后3名共6支队，组成D组进行单循环赛，决出全部比赛的7~12名（第一阶段的比赛成绩带入第二阶段，第一阶段相互比赛过的队在第二阶段不再比赛）。

（三）奥运会排球赛

有12支队进入决赛，比赛分两个阶段进行。

第一阶段：12支队分成A、B两组，每组6支队进行单循环赛。决出各组的1~6名。

第二阶段：A、B组前3名进入前6名的决赛。A3－B2的胜者和A2－B3的胜者对A1和B1进行交叉赛决出全部比赛的1~4名；A3－B2和A2－B3的负者决出5~6名，A4－B4决出7~8名，A5－B5决出9~10名，A6－B6决出11~12名。

（四）第十届全国运动会排球赛

第十届全运会排球赛于2005年10月在江苏省举行。有12支队进入决赛，比赛分两个阶段进行。

第一阶段：12支队分成A、B两组，每组6支队进行单循环赛，决出各组的1~6名（小组赛各组比赛采用《贝格尔轮转法》编排）。

第二阶段：（单淘汰赛加附加赛）：A、B两组前4名共8支队参加1/4决赛、A1－B4、A3－B2、A2－B3、A4－B1；1/4决赛的4个胜队参加半决赛，A1B4胜队－A3B2胜队、A2B3胜队－A4B1胜队；半决赛的2个胜队进行决赛，决出冠亚军；半决赛的2个负队进行比赛，决出3、4名；1/4决赛的4个负队进入5~8名的比赛，A1B4负队－A3B2负队、A2B3负队－A4B1负队，比赛的胜队决出5、6名，比赛的负队决出7、8名。

获得小组赛5、6名的队共4支队进行交叉赛，A5－B6、A6－B5。比赛的胜队决出9、10名，比赛的负队决出11、12名。

二、排球比赛排定名次的方法

在循环赛中球队的名次按球队在同一循环比赛中的积分多少排定。排球比赛胜一场得2分，负一场得1分，弃权得0分，弃权取消全部比赛成绩。积分多者名次列前。

若遇到2队或2个以上的队积分相同，则采用以下办法排定名次。

（一）计算C值，C值大者名次列前。

C值＝A（胜局总数）÷B（负局总数）

（二）计算Z值。如果C值相同，则计算Z值，Z值大者名次列前。

Z值=X（总得分数）÷Y（总失分数）

（三）如果2个队Z值仍然相同，则按他们之间胜负来决定名次。如果3个以上队Z值相同，则按他们之间净胜局数决定，即胜局总数－负局总数=净胜局数

三、附　件

（一）竞赛规程（摘要）

1. 全国中学生排球锦标赛竞赛规程

一、竞赛办法

（一）赛制：竞赛采用小组预赛、半复赛、复赛和决赛四个阶段的比赛。

小组预赛：为第一阶段：根据报名队数确定8个或16个小组，民主协商确定小组种子队，每组为6～8个队，其余各队抽签确定小组位置。各小组采用单循环比赛，决定小组名次。

半复赛：每2个临近小组（1－2、3－4、5－6、7－8）进行交叉赛，决定出临近2个小组12支队伍的名次位置。8个小组将缩编为4个组，即ABCD，每组12队。

复赛：A、C两组编为第一区；B、D两个组编为第二区，分别再进行交叉赛，每区均决定出1～32名的位置。

决赛：第一、二区组的前8名参加交叉决赛，决出本届比赛的前16名的名次；各区的9～24名的16支共32队，进行交叉决赛，决定出本届比赛的17～48名的名次；各区的25～32名球队进行交叉决赛；决出本届比赛的49名以后的名次。

（二）竞赛办法

1. 小组预赛、半复赛阶段采用3局2胜制，复赛和决赛阶段采用5局3胜制。

2. 比赛执行中国排球协会最新审定的《排球竞赛规则》。

（三）排列名次方法

胜一场得2分，负一场得1分，弃权得0分，积分高者名次列前；如积分相等，则计算C值；如C值仍相等，则计算Z值，比值高者名次列前。

二、录取名次及奖励办法

（一）分别录取男、女前8名。前3名的运动队颁发奖杯，获前8名的运动员发成绩证书。

（二）设立精神文明运动队和精神文明运动员奖，并颁发锦旗与证书。

三、未尽事宜另行通知

2. 第十届全国运动会沙滩排球竞赛规程

一、竞赛项目

男子沙滩排球、女子沙滩排球

二、竞赛办法（决赛）

（一）第一阶段

1. 获得决赛资格的男女各24支队伍分为A、B、C、D、E、F共6个小组，每个小组4支队，小组内进行单循环比赛。

2. 如资格排名前6名中没有东道主的队伍，则东道主排名列前的一支队将列为排名第六名，而不管其实际排名位置；原列第六名及其后的队排名将顺序后延。

3. 各小组分组及抽签原则如下：

（1）列资格排名前6名的队按顺序直接进入A、B、C、D、E、F各小组的1号种子位。

（2）资格排名7～9名的队分别抽签进入D、E、F组的2号种子位。

（3）资格排名10～12名的队分别抽签进入A、B、C组的2号种子位。

（4）资格排名13～18名的队分别抽签进入6个小组的3号种子位。

（5）资格排名19～24名的队分别抽签进入6个小组的4号种子位。

4. 小组内积分高的队名次列前。如积分相同，则计算C值（胜局/负局），C值高的名次列前；如C值仍相同，则计算Z值（胜分/负分），Z值高的名次列前。

5. 各小组排名前2名的队直接进入第二阶段，6个小组第三名的队中成绩最好的4个的队也进入第二阶段。

（二）第二阶段

1. 进入第二阶段决赛的男女16支运动队按16排位的单败淘汰赛制对阵，具体抽签原则如下：

（1）应避免第一阶段在同一小组的队伍在第二阶段第一轮直接相遇；

（2）各小组第一名的队抽签进入第二阶段的

1～6号种子位；

(3) 将分别从上下半区小组第1名的队中抽签决定两个队将与小组第2名对阵，其余4个队将与小组第3名对阵；

(4) 进入第二阶段4个小组第3名将分别抽签确定与4个小组第1名对阵；

(5) 各小组第2名的队将抽签进入对阵图中剩余的6个位置。

2. 决赛第二阶段第二轮产生的并列第5名的队，将进行附加赛，决出第5、6、7、8名。

3. 第一阶段24个队的抽签将在赛前技术会议上进行，组委会还将在第一阶段比赛结束后组织一次抽签，确定进入第二阶段16个队的对阵。

4. 决赛阶段第一轮比赛的8个负队将获得并列第9名；第一阶段未能进入第二阶段的2个小组第3名获得并列第17名；第一阶段的6个小组第4名获得并列第19名。

三、录取名次与奖励

（一）录取前8名给予奖励。

（二）设“体育道德风尚奖”，评奖办法由国家体育总局另行通知。

(二) 表　格

排球比赛记分表

比赛名称

城市 场馆 组/阶段 国家代号： 场次

日期 时间

A或B 比赛队 对 A或B

性别：男 □ 女 □ 种类：成年 □ 青年 □ 少年 □

Team line-up：发球顺序 / 发球队员 / 替换队员号码 / 换人比分 / 比分 / 发球轮次 1st 2nd 3rd 4th 5th 6th 7th 8th

SET 1 — SET 4：开始时间：队名 Ⓐ S/R | I II III IV V VI | 分 | 队名 Ⓑ S/R | I II III IV V VI | 分 | 结束时间：

SET 5：开始时间：队名 ○ S/R | I II III IV V VI | 分 | 队名 ○ S/R | 结束时间：| 分 | change side | 队名 ○ 交换场区时得分 | I II III IV V VI | 分

判罚						
W	P	E	D	A/B	局	比分

符号说明：C=主教练 AC=助理教练 T=训练员 M=医生 号码=队员 D=延误

备注

承认比赛

裁判员	姓名	国家	签名
1–			
2–			
记录员			
记时员			

司线员 1 2 3 4

Ⓐ 队长 Ⓑ

比赛结果

队名 Ⓐ Ⓑ 队名

·T·	S	W	P	局时间	P	W	S	·T·
				1 ( )				
				2 ( )				
				3 ( )				
				4 ( )				
				5 ( )				

比赛时间 (min)

开始时间 ..h..min 结束时间 ..h..min 比赛总时间 ..h..min

胜队 3：

A或B 队名 A或B

No	姓名	No	姓名

自由人号码("L")

队的成员 C AC T M

签名

队长 队长

教练 教练

第三节　足　球

古代足球起源于中国，现代足球运动1863年诞生于英国，19世纪末传入中国。1900年第二届奥运会足球被列为正式比赛项目。足球比赛通常采用的竞赛方法是循环赛制和混合赛制。举办单位可以根据比赛任务、参赛队数、比赛时间及场地等情况，选择合适的竞赛方法。

一、足球比赛的组织编排

（一）世界杯足球赛

有32支队进入决赛，比赛分两个阶段进行。

第一阶段：32支队分成8组，每组4支队进行单循环赛，决出各组的1~4名。

第二阶段：每组前2名共16支队进行单淘汰赛加附加赛，决出全部比赛的冠军、亚军和第三名。

（二）奥运会足球赛

男子足球有16支队进入决赛，比赛分两个阶段进行。

第一阶段：16支队分成4组，每组4支队进行单循环赛，决出各组的1~4名。

第二阶段：每组前2名共8支队进行单淘汰赛加附加赛，决出全部比赛的1~8名。

（三）第九届全国运动会足球赛

有12支队进入决赛，比赛分两个阶段进行。

第一阶段：12支队分成3组，每组4支球队进行单循环赛，决出各组的1~4名。

第二阶段：3组的前2名共6支队，再加上3个第三名中成绩最好的2支队，共8支队进行单淘汰赛加附加赛，决出全部比赛的1~8名。（第二阶段各队所在的位置和对手是在第一阶段比赛结束后，按照竞赛规程规定由各队抽签确定）

二、足球比赛排定名次的方法

在循环赛中球队的名次按球队在同一循环比赛中的积分多少排定。足球比赛胜一场得3分，平一场得1分，负一场得0分，积分多者名次列前。若遇两队或两个以上的队积分相同，则依照以下顺序排定名次。

（一）积分相同的队相互之间比赛的积分多者名次列前。

（二）积分相同的队相互之间比赛的净胜球数多者名次列前。

（三）积分相同的队相互之间比赛的进球数多者名次列前。

（四）积分相同的队在同一循环全部比赛中净胜球数多者名次列前。

（五）积分相同的队在同一循环全部比赛中进球数多者名次列前。

（六）仍相同，则以抽签的办法决定名次。

三、附　件

（一）竞赛规程（摘要）

1. 中日少年男子小学生足球赛竞赛规程

一、竞赛办法

（一）第一循环

传统项目学校组：根据传统学校足球赛名次蛇形排列（8支队），分成A、B组，第一阶段进行小组循环赛，第二阶段进行交叉赛决出1~8名。如不足7支队参赛，将采用单循环赛，决出1~6名。

混合组：根据上届中日少年足球赛名次蛇形排列，分成A、B两组，进行小组循环赛；第二阶段进行交叉赛后决出1~6名。

（二）第二循环

待传校组、混合组各组决出1~8名后，传校组1~4名与混合组1~4名同名次进行决赛，决出中日少年足球赛名次。

（三）所有参赛运动队都将进行技能测试，技能测试得分占比赛成绩的30%。

二、决定名次的办法

在第一阶段小组循环赛中，每队胜一场得3分，平局各得1分，负一场得0分。按同一循环全部比赛的积分多少决定小组名次，积分多者名次列前（在第二阶段决赛中，如40分钟比赛为平局，则以互踢点球的办法决定胜负）。如2队或2个以上队的积分相同，则按下列顺序决定名次。

（一）积分相同的队相互之间比赛的积分多者名次列前；

（二）积分相同的队相互之间比赛的净胜球数多者名次列前；

（三）积分相同的队相互之间比赛的进球数多者名次列前；

（四）积分相同的队在同一循环全部比赛中净胜球数多者名次列前；

（五）积分相同的队在同一循环全部比赛中进球数多者名次列前；

（六）如仍相同，则以抽签的办法决定名次。

三、竞赛规则及相关规定

（一）采用国际足联审定的最新《足球竞赛规则》。

（二）比赛时间为每场40分钟，分上、下半场各20分钟，中间休息10分钟。

（三）比赛规定使用4号球。

（四）运动员在比赛第一阶段中被裁判员出示的红牌不带入第二阶段。

（五）因不能克服的原因，造成比赛中断未能恢复比赛，已进行的比赛成绩有效，大会应在24小时内，另选场地补足40分钟比赛（包括罚点球）。

（六）如某队自行弃权，判罚该队所有比赛（包括已赛和未赛场次）以0:3负于对方（超过0:3比分的按原来比分），并将受到进一步处罚。

四、比赛服装

（一）每队必须预备两套不同颜色的服装，守门员服装颜色必须与其他队员与裁判员有明显区别；

（二）运动员比赛服装的号码（上衣后面的高25厘米，前面高10厘米，短裤左腿前号高10厘米）必须为1～20号，并与报名单所填相符，号码不符或无号、重号、零号的均不得上场比赛；

（三）运动员比赛用鞋为足球鞋（皮制足球胶钉鞋），上场运动员必须戴护腿板，不戴护腿板者不得上场比赛。场上队长必须自备6厘米宽，与上衣颜色有明显区别的袖标。

五、录取名次和奖励

（一）录取名次

1. 中日少年足球比赛取前8名（含日本队、绿城队）。

2. 浙江省男子小学生足球比赛取前6名（日本队、绿城队除外）。

3. 浙江省传统体育项目学校足球赛取前8名。

4. 择优选拔浙江省赴日少年足球队。

（二）设“体育道德风尚奖”

六、未尽事宜，另行通知

2. 茵宝杯广州五人足球赛竞赛规程

一、参赛队数：320队

公开组（含大学组）——160队；高中组——112队；初中组——32队；新闻媒体组——8队；女子组——16队。

二、报名

（一）报名额满即止。报名费：高、初中组－250元/队；其他组别280元/队。

（二）每队参赛队可免费获得8套“茵宝”比赛服。

三、竞赛办法

（一）比赛采用4号球，赛场长25～42米，宽15～25米，球门内径高2米，宽3米。

（二）每队限报8人，替换次数不限，采取机动方式，但必须在本方换人区先下后上。

（三）比赛时间：每半场15分钟，中间休息5分钟。

（四）比赛必须穿布面胶鞋（平底或胶粒均可）。

（五）比赛采用单淘汰制，如比赛双方打平，则进行互射点球决胜负。

（六）队员主罚任意球、界外球和角球时，裁判员认为其故意延误开球时间超过4秒将判4秒违例，由对方在原地点罚间接球。

（七）攻方队员主罚任意球，界外球时，防守队员须离球5米距离。

（八）开中点球可直接射门得分，但踢界外球不得直接射门得分。

（九）执行6米罚球点时，除主罚队员外（守方守门员应站在球门线上），功守双方队员必须在罚球区外，并离球至少5米的距离，无须在皮球的假想平行线之后。

（十）被红牌罚出场的队员，不得坐在替补席上，1分钟处罚是计净比赛时间的1分钟。

（十一）不允许冲撞，不允许铲球。

（十二）关于将球传给本方守门员违例的判罚

1. 比赛进行中，当守门员接得皮球后，抛球或踢球给队友，此时球未越过中线或皮球未触及过对方队员，而接受其队友的传球（无论手或脚触球）应判间接球。

2. 守门员开出球门球后，同样的皮球未越过中线或皮球未触及过对方队员，而接受其队友传球（无论用手或脚触及），应判间接球。

3. 守门员不能用手接同队队员用脚的故意回传球，否则判间接球。

4. 守门员无论用手或脚控制球时，持续时间不能超过4秒。

5. 守门员在比赛进行中接得球后，可用手将球掷出，可以直接掷过中线，但掷入对方球门不能算得分。亦可用脚踢反弹球或空中球，可直接踢过中线或射门得分。

6. 守门员可用脚接同队队员直接踢出的界外球。

7. 球门球——当攻方队员将球碰出守方端线，由守方门员在本方罚球区内用手开出此区外，可以将球直接掷过中线，但掷入对方球门不能算得分。

（十三）同一名运动员只能代表一支球队参赛，违者将取消该队比赛成绩，判对方胜。

（十四）参赛队必须提前15分钟到比赛场地，超过比赛时间5分钟仍未到场者当弃权处理。

（十五）各参赛队比赛时必须出示带照片的有效证件给裁判员检查。

四、奖励

（一）各组别比赛前3名的队均给予奖励：

第一名　奖杯一座　奖金：RMB 2000元

第二名　奖杯一座　奖金：RMB 1200元

第三名　奖杯一座　奖金：RMB 800元

（二）体育精神奖（1队）：奖杯1座、8套茵宝套服。

3. 首届“王老吉”杯城市沙滩足球公开赛竞赛规程

一、竞赛办法

（一）比赛采用4号球，赛场长：30米，宽：16米，球门内径高：2米，宽：3米。

（二）每队限报7人，替换次数不限，采取机动方式，但必须在本方换人区先下后上。

（三）比赛时间：每半场10分钟，中间休息5分钟。

（四）比赛不能穿着任何鞋。

（五）比赛采用单淘汰制，如比赛双方打平，则进行互射点球决胜（各罚5人，如仍未分出胜负则抽签决出胜负）。

（六）队员主罚任意球、界外球和角球时，裁判员认为其故意延误开球时间超过5秒将判5秒违例，由对方在原地点罚间接球。

（七）攻方队员主罚任意球，界外球时，防守队员须离球5米距离。

（八）开中点球可直接射门得分，但踢界外球不得直接射门得分。

（九）执行6米罚球点时，除主罚队员外（守方守门员应站在球门线上），功守双方队员必须在罚球区外，并离球至少5米的距离，无须在皮球的假想平行线之后。

（十）被红牌罚出场的队员，不得坐在替补席上，1分钟处罚是计净比赛时间的1分钟。

（十一）不允许冲撞，但允许铲球。

（十二）关于将球传给本方守门员违例的判罚：

1. 比赛进行中，当守门员接得皮球后，抛球或踢球给队友，此时球未越过中线或皮球未触及过对方队员，而接受其队友的传球（无论手或脚触球）应判间接球。

2. 守门员开出球门球后，同样的皮球未越过中线或皮球未触及过对方队员，而接受其队友传球（无论用手或脚触及），应判间接球。

3. 守门员不能用手接同队队员用脚的故意回传球，否则判间接球。

4. 守门员无论用手或脚控制球时，持续时间不能超过5秒。

5. 守门员在比赛进行中接得球后，可用手将球掷出，可以直接掷过中线，但掷入对方球门不能算得分。亦可用脚踢反弹球或空中球，可直接踢过中线或射门得分。

6. 守门员可用脚接同队队员直接踢出的界外球。

7. 球门球——当攻方队员将球碰出守方端线，由守方门员在本方罚球区内用手开出此区外，可以将球直接掷过中线，但掷入对方球门不能算得分。

（十三）同一名运动员只能代表一支球队参赛，违者将取消该队比赛成绩，判对方胜。

（十四）参赛队必须提前15分钟到达比赛场地，超过比赛时间5分钟未到场者当弃权处理。

（十五）各参赛队比赛时必须出示带照片的有效证件给裁判员检查。

（二）表 格

1. 运动员名单

运 动 员 名 单

队名：　　　　　　　　　　日期：

	姓　名	号　码	其　他
队　员			
替　补 队　员			

教练员签字：__________

2. 足球比赛记录

足球比赛记录表

竞赛名称：__________________

比　赛　队__________对__________								
比 赛 地 点__________日期：______年______月______日								
比 赛 场 地								
裁　判　员__________通　讯　处								
第一巡边员__________通　讯　处								
第二巡边员__________通　讯　处								
比 赛 结 果__________队胜。______观众人数______人								
上半时比分______队领先。______总收入								
	______队队员名单				______队队员名单			
	号码	姓名	记录		号码	姓名	记录	
守门员								
上 场 队 员								
替　队 补　员								

第四节　乒乓球

乒乓球运动19世纪末起源于英国，1904年传入中国。1988年第二十四届奥运会乒乓球被列为正式比赛项目。乒乓球比赛通常采用的竞赛方法是循环赛制、淘汰赛制和混合赛制。举办单位可以根据比赛任务、参赛者数目、比赛时间及场地等情况，选择合适的竞赛方法。

一、乒乓球比赛的分类和项目

乒乓球比赛有团体赛和单项比赛。

乒乓球比赛的项目有：男子团体、女子团体、男子单打、女子单打、男子双打、女子双打和混合双打等。

二、乒乓球比赛的组织编排

（一）团体赛

团体赛一般采用循环赛制或混合赛制。

1. 团体赛的方式

（1）世界乒乓球锦标赛（斯韦思林杯、考比伦杯）

①每队可以报3~5名运动员，每次比赛只能从中选派3人出场。

②比赛之前由比赛双方队长抽签决定选择主队（A、B、C）或是客队（X、Y、Z），选择好后，各队即确定3个运动员上场比赛的顺序和位置。其中，主队的A、B队员和客队的X、Y队员各比赛2场；主队的C队员和客队的Z队员只比赛1场。

主、客队运动员比赛出场顺序如下表4-1。

运动员出场比赛顺序排列的原则是：主力队员多得分，主力队员早得分。一般来说主队的A和客队的Y应为各队的主力队员。

③每次比赛采用5场3胜制，每场比赛采用5局3胜制，每局采用11分制。非正式的比赛可将第三场安排为双打比赛。

表4-1　比赛出场顺序表

场次	主队	VS	客队
1	A	——	X
2	B	——	Y
3	C	——	Z
4	A	——	Y
5	B	——	X

④当一个队赢得足够多数场次时，为一次团体比赛结束。

（2）早期的斯韦思林杯赛制（9场5胜制）

一个队由3名运动员组成。比赛顺序如下（表4-2）。

表4-2　九场五胜制比赛出场顺序表

1. A—X	4. B—X	7. B—Z
2. B—Y	5. A—Z	8. C—X
3. C—Z	6. C—Y	9. A—Y

主队：A队员赛第1、5、9场　客队：X队员赛第1、4、7场
B队员赛第2、4、7场　Y队员赛第2、6、9场
C队员赛第3、6、8场　Z队员赛第3、5、7场

（3）早期的考比伦杯赛制（5场3胜制）

一个队由2~3名或4名运动员组成。比赛顺序如下（表4-3）。

表4-3　5场3胜制比赛出场顺序表

1. A—X	3. 双打	4. A—Y
2. B—Y		5. B—X

2. 团体赛的编排

（1）世界乒乓球锦标赛

国际乒联把各国参赛队按水平分成甲、乙、丙三级。

第一阶段：甲级16支队分成两组，每组8支队进行单循环赛，决出各组的1~8名。

第二阶段：①两组同名次的队进行比赛，决出全部比赛的1~16名；②两组的第1、2名采用交叉比赛，决出比赛的1~4名；用同样方法决出5~16名；③2004年第四十七届“世

锦赛”团体赛：两组的第1、2名采用佩奇制比赛，决出团体比赛的1～4名。用同样方法决出5～16名。

（2）第九届全国运动会乒乓球赛

有18支队进入决赛，比赛分两个阶段进行。

第一阶段：18支队分成A、B两组（香港、澳门各在一组），每组9支队进行单循环赛，决出各组的1～9名。

第二阶段：A、B两组的第1、2名采用佩奇制比赛，决出团体比赛的1～4名；小组的第3、4名采用同样方法决出团体比赛的5～8名。

（二）单项比赛

国际比赛中，单项比赛一般都采用单淘汰赛制。每场比赛采用7局4胜制，每局采用11分制。

基层比赛可以采用循环赛制或混合赛制，每场比赛也可以采用3局2胜制。

（三）编排时的注意事项

1. 保持合理的比赛强度

在单项比赛中（每局采用11分制），未经运动员同意，不得安排其在4小时一节的比赛时间内参加7场以上3局2胜制的比赛；或安排其在4小时一节的比赛时间内参加5场以上5局3胜制的比赛；或安排其在一天内参加9场以上5局3胜制的比赛。在团体赛中，未经队长同意，不得安排一个队在一天内比赛5次以上。

2. 保证合理的休息时间

在拟订编排方案时，不能突破国际竞赛规程关于最大限度比赛量的规定，要注意降低运动员在场时间和实际比赛时间的比率。运动员两场比赛之间的休息时间一般为不少于1场和不多于3场的比赛时间。在使用多个场地比赛时，要避免一个运动员在一节比赛时间内跑两个比赛场地的现象。

3. 合理使用比赛场馆

在比赛场馆内，球台最好并列放置。球台的使用量不宜经常变动，若需调整，一般在当天最后一节比赛结束后进行。要合理安排球台的比赛量，在4小时一节的比赛中，一张球台可安排两个团体赛，或12场左右3局2胜的比赛，或9场左右5局3胜的比赛。

4. 安排好团体和各个单项比赛的决赛

男女团体决赛应单独进行，各个单项决赛也最好这样。还可以将混双决赛放在其他4项决赛的前一天晚上进行，可以避免单项决赛的“连场”问题。

三、乒乓球比赛排定名次的方法

在循环赛中球队的名次按参赛者在同一循环比赛中的积分多少排定。乒乓球比赛胜一场得2分，输一场得1分，未出场比赛或未完成比赛得0分，积分多者名次列前。小组名次根据所获得的场次分数决定。若小组的2个或2个以上的队（人）积分相同，他们的名次应根据他们相互间比赛的成绩依照以下顺序决定：

（一）计算比赛场次（队与队之间比赛一场为一次）的胜负比率，比率高者名次列前。

（二）计算比赛场数（相互之间比赛的场数，如：3∶0或3∶2）的胜负比率，比率高者名次列前。

（三）计算局数和分数的胜负比率，比率高者名次列前，直至算出所有名次。

（四）如果已经决出一个或更多队（人）的名次，而其他队（人）仍然积分相同，则将已决出名次的队（人）的比赛成绩删除，再依上述程序进行计算。

（五）如果仍不能确定名次，则由抽签来决定。

（六）团体赛分别依次、场、局、分的顺序计算排定名次。

（七）胜负比率＝胜/负。

四、附　件

（一）竞赛规程（摘要）

2008年全国乒乓球锦标赛竞赛规程

一、竞赛项目

男子团体、女子团体、男子单打、女子单打、男子双打、女子双打、混合双打。

二、参加办法

（一）报名参赛的每一个团体至少应有直拍快攻型打法的男、女运动员各1名（直拍快攻包括使用正胶、生胶、反胶和长胶，男运动员削球可代替直拍快攻打法）。

（二）男、女团体最多可各报5名运动员。

（三）双打项目由本单位的选手配对，在规程规定的双打名额内，不参加团体和单打的运动员可参加双打比赛。

三、竞赛办法

（一）男、女团体赛均采用现行斯韦思林杯的比赛方式。

（二）男、女团体赛分两个阶段进行。第一阶段将参赛队分成8个小组进行循环赛，根据2007年全国乒乓球锦标赛本单位最高的团体赛名次进行抽签；第二阶段由8个小组的第1、2名，第三、四名分别进行淘汰赛加附加赛决出全部名次。

（三）凡获得2008年全国乒乓球锦标赛男、女团体前4名的队将获得直接参加第十一届全运会团体赛决赛阶段比赛的资格。

（四）5个单项比赛均采用淘汰赛，单打项目采用7局4胜制，双打项目除半决赛、决赛采用7局4胜制外，均采用5局3胜制。

（五）比赛执行国家体育总局最新审定的《乒乓球竞赛规则》。

（六）比赛使用中国乒协批准的三星白色乒乓球。

（七）本次比赛将进行水溶性胶水检测，检测呈阳性的运动员，将被取消比赛资格。

四、录取名次与奖励

男、女团体赛均录取前6名，各单项比赛录取前5名（第3、第5名并列）给予奖励。

五、本规程的解释权属国家体育总局乒乓球羽毛球运动管理中心

（二）表　格

1. 团体赛记分表

团体赛记分表

阶段	日期	时间	地点	台号

__________队对__________队

顺序	A/B/C		X/Y/Z		每局比分					比赛结果	裁判员签名
					1	2	3	4	5		
1	A		X								
2	B		Y								
3	C		Z								
4	A		Y								
5	B		X								

比赛结果：__________　获胜队：__________

胜方签名：__________　负方签名：__________

2. 乒乓球单项比赛记分表

乒乓球单项比赛记分表

项　目：______ 轮　次：______ 位置号：______	阶段	组别	时间	台号

局　次	运动员姓名、单位	运动员姓名、单位
1		
2		
3		
4		
5		

比赛结果：______：______　获胜者________

胜方运动员签名：________　负方运动员签名：________

裁判员签名：________

第五节　羽毛球

羽毛球运动1873年起源于英国，20世纪20年代传入中国。1992年第二十五届奥运会羽毛球被列为正式比赛项目。羽毛球比赛通常采用的竞

赛方法是循环赛制、淘汰赛制和混合赛制。举办单位可以根据比赛任务、参赛者数目、比赛时间及场地等情况，选择合适的竞赛方法。

一、羽毛球比赛的分类和项目

羽毛球比赛有团体赛和单项比赛。

羽毛球比赛的项目有男子团体、女子团体、混合团体比赛和男子单打、女子单打、男子双打、女子双打、混合双打等单项比赛。

二、羽毛球比赛的组织编排

（一）团体赛

团体比赛一般采用循环赛制或混合赛制。团体赛有男子团体、女子团体和男女混合团体3个项目。

1. 团体赛的方式

（1）三场制：每队可以报2～4名运动员参加比赛。2场单打、1场双打（可由单打运动员兼），共进行3场比赛；比赛场序：单、双、单或单、单、双；每盘比赛采用3场2胜制，每场比赛采用3局2胜制，每局比赛采用21分每球得分制。

（2）五场制：每队可以报4～9名运动员参加比赛。3场单打、2场双打（可以由单打运动员兼），共进行5场比赛；混合团体赛为2场单打、3场双打（可以由单打运动员兼），共进行5场比赛；比赛场序：单、双、单、双、单；单、单、双、双、单或单、单、单、双、双；混合比赛场序：男单、女单、男双、女双、混双；每盘比赛采用5场3胜制，每场比赛采用3局2胜制，每局比赛采用21分每球得分制。

2. 团体赛的编排

（1）“汤姆斯”杯和“尤伯”杯

即“世界男子团体羽毛球锦标赛”和“世界女子团体羽毛球锦标赛”。

第一阶段：男女各8支队参加，各分成两组进行单循环赛，决出各组的1～4名。

第二阶段：每组的第1、2名进行交叉赛，分别决出全部比赛的1～4名。每盘比赛采用5场3胜制（单、单、单、双、双），每场比赛采用3局2胜制，每局比赛采用21分每球得分制。比赛在一天内完成。

（2）第九届全国运动会羽毛球赛

有12支队进入决赛，比赛分两个阶段进行。

第一阶段：12支队分成两组进行单循环赛，决出各组全部名次。

第二阶段：两组的第1、2名进行佩奇制比赛，决出全部比赛的1～4名。用同样的方法决出全部比赛的5～12名。

（二）单项比赛

比赛一般采用单淘汰赛制。每场比赛3局2胜制，每局采用21分每球得分制。

1. 场数和轮数的计算

场数＝参赛者数－1

轮数＝作为运动员位置号数的2的乘方数的指数。运动员位置数是2的几次方，就是几轮。

例如：16名运动员参加比赛，运动员位置号数是16，16是2的4次方，那么就要进行4轮比赛，共打16－1＝15场球。

2. 选择位置号数

选择的位置号数必须是2的乘方数。选择等于或稍大于（而不是最接近于）实际参加比赛人数的2的乘方数为运动员位置号数。例如：16人参赛，选16为位置号数；19人参赛则一定要选32为位置号数。

3. 种子的定位

根据参赛者的数量来确定种子数。一般设2、4、8、16名种子。

（1）设2名种子时，1号种子在上半区的顶部，2号种子在下半区的底部。

（2）设4名种子时，第1、2号种子按上面方法定位，第3、4号种子分别抽签进入第2个1/4区的顶部和第3个1/4区的底部。

（3）设8名种子时，第1、2、3、4号种子按上面方法定位后，第5、6、7、8号种子分别抽签进入上半区第2、4两个1/8区的顶部和下半区第5、7两个1/8区的底部（图4－1）。

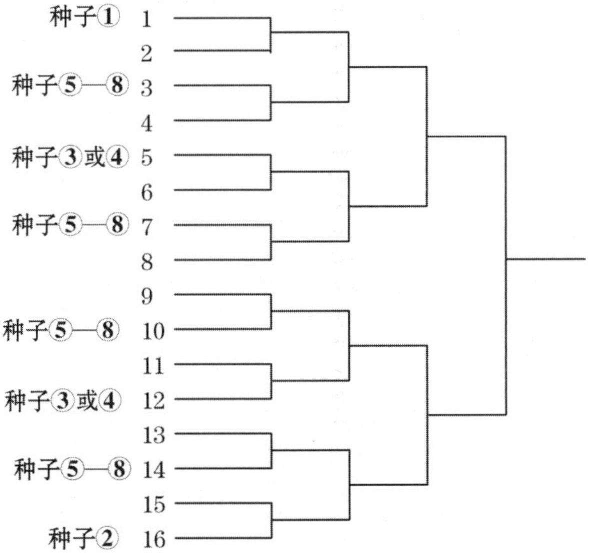

图 4－1 8 名种子定位表

（4）在上半区 的种子都定位在各个不同区的顶部，在下半区的种子都定位在各个不同区的底部。同一队的种子应该抽签进入不同的 1/2、1/4 和 1/8 区内。

种子抽签定位后，非种子选手进行抽签进入自己的位置。同属一队的选手应根据抽签原则进入不同的 1/2、1/4 和 1/8 区内。

4. 轮空位置的分布

若参赛者数不是 2 的乘方数时，就必须选择比实际参赛者数稍大的（而不是最接近的）2 的乘方数为运动员位置号数，这就出现了轮空。目前在国内外重大比赛中也有选择最接近实际参赛者的 2 的乘方数为运动员位置数，用抢号的方法来编排比赛。

轮空数 = 选择的运动员位置数 － 实际参赛者数

（1）“先下后上向中间顺序设置轮空位置”的方法

又称作“集中轮空分布法”。轮空数为双数时，则上、下半区轮空数相等；若轮空数为单数时，则下半区比上半区多一个轮空位置。第一个轮空位置从下半区开始。上半区轮空位置的顺序是从上往下排，下半区轮空位置的顺序是从下往上排，逐步往中间排列。例如：9 名运动员参加比赛，轮空数 = 16 － 9 = 7，则 3 个轮空位置在上半区，4 个轮空位置在下半区（图 4－2）。此种设置轮空的方法，虽然考虑了上、下半区轮空数目的平衡，但轮空位置过于集中在第一和第四个 1/4 区，当参赛运动员较多时，就没有照顾到一些种子运动员的利益，是不够合理的。轮空和种子位置安排见表 4－4。

图 4－2 9 名运动员单淘汰赛轮空位置表

表 4－4 羽毛球轮空和种子位置安排查对表

参加人数或队数	轮空位置		种子位置							
			1							2
	上半区	下半区			3～4			3～4		
				5～8		5～8	5～8		5～8	
16	－	－	1	－	5	－	－	12	－	16
17	1～7	10～17	1	－	5	－	－	13	－	17
18	1～7	12～18	1	－	5	－	－	14	－	18
19	1～6	13～19	1	－	5	－	－	15	－	19

参加人数或队数	轮空位置		种子位置							
	上半区	下半区	1							2
					3 ~ 4			3 ~ 4		
				5 ~ 8		5 ~ 8	5 ~ 8		5 ~ 8	
20	1 ~ 6	15 ~ 20	1	–	5	–	–	16	–	20
21	1 ~ 5	16 ~ 21	1	–	5	–	–	17	–	21
22	1 ~ 5	18 ~ 22	1	–	5	–	–	18	–	22
23	1 ~ 4	19 ~ 23	1	–	5	–	–	19	–	23
24	1 ~ 4	21 ~ 24	1	–	5	–	–	20	–	24
25	1 ~ 3	22 ~ 25	1	–	6	–	–	21	–	25
26	1 ~ 3	24 ~ 26	1	–	6	–	–	21	–	26
27	1 ~ 2	25 ~ 27	1	–	7	–	–	22	–	27
28	1 ~ 2	27 ~ 28	1	–	7	–	–	22	–	28
29	1	28 ~ 29	1	–	8	–	–	23	–	29
30	1	30	1	–	8	–	–	23	–	30
31	–	31	1	–	9	–	–	24	–	31
32	–	–	1	5	9	13	20	24	28	32
33	1 ~ 15	18 ~ 32	1	5	9	13	21	25	29	33
34	1 ~ 15	20 ~ 34	1	5	9	13	22	26	30	34
35	1 ~ 14	21 ~ 35	1	5	9	13	23	27	31	35
36	1 ~ 14	23 ~ 26	1	5	9	13	24	28	32	36
37	1 ~ 13	24 ~ 37	1	5	9	13	25	29	33	37
38	1 ~ 13	26 ~ 38	1	5	9	13	26	30	34	38
39	1 ~ 12	27 ~ 39	1	5	9	13	27	31	35	39
40	1 ~ 12	29 ~ 40	1	5	9	13	28	32	36	40
41	1 ~ 11	30 ~ 41	1	5	9	14	29	33	37	41
42	1 ~ 11	32 ~ 42	1	5	9	14	29	34	38	42
43	1 ~ 10	35 ~ 43	1	5	9	15	30	35	39	43
44	1 ~ 10	35 ~ 44	1	5	9	15	30	36	40	44
45	1 ~ 9	35 ~ 45	1	5	9	16	31	37	41	45
46	1 ~ 9	38 ~ 46	1	5	9	16	31	38	42	46
47	1 ~ 8	39 ~ 47	1	5	9	17	32	39	43	47
48	1 ~ 8	41 ~ 48	1	5	9	17	32	40	44	48
49	1 ~ 7	42 ~ 49	1	5	10	18	33	41	45	49
50	1 ~ 7	44 ~ 50	1	5	10	18	33	41	46	50
51	1 ~ 6	45 ~ 51	1	5	11	19	34	42	47	51
52	1 ~ 6	47 ~ 52	1	5	11	19	34	42	48	52
53	1 ~ 5	48 ~ 53	1	5	12	20	35	43	49	53
54	1 ~ 5	50 ~ 54	1	5	12	20	35	43	50	54
55	1 ~ 4	51 ~ 55	1	5	13	21	36	44	51	55

参加人数或队数	轮空位置		种子位置							
			1							2
	上半区	下半区			3～4			3～4		
				5～8		5～8	5～8		5～8	
56	1～4	53～56	1	5	13	21	36	44	52	56
57	1～3	54～57	1	6	14	22	37	45	53	57
58	1～3	56～58	1	6	14	22	37	45	53	58
59	1～2	57～59	1	7	15	23	38	46	54	59
60	1～2	59～60	1	7	15	23	38	46	54	60
61	1	60～61	1	8	16	24	39	47	55	61
62	1	62	1	9	16	24	39	47	55	62
63	–	63	1	9	17	25	40	48	56	63
64	–	–	1	9	17	25	40	48	56	64

查表方法

第一栏：报名参加比赛的人数或对数。

第二栏：轮空位置安排。例如：参加比赛人数 17 人（队），第一轮：上半区轮空位置为 1～7 号；下半区轮空位置为 10～17 号，只有 8 号对 9 号一场比赛。

第三栏：种子位置安排。例如：参加比赛人数 33 人（队），1 号和 2 号种子，用抽签法分在 1 号位和 33 号位；3 号和 4 号种子，用抽签法分在 9 号位和 25 号位；5、6、7、8 号种子，用抽签法分在 5 号、13 号、21 号和 29 号位。

（2）“按种子所在的位置顺序设置轮空位置”的方法

其又称作“种子优先轮空法”。轮空的原则是：种子优先轮空，序号在前的种子优先轮空。例如：28 名运动员参加比赛，选择的号码位置数应是 32，有 4 个轮空位置，即第一个轮空位置在上半区顶部 1 号种子位置 1 号位旁边的 2 号位；第二个轮空位置在下半区底部 2 号种子位置 32 号位旁边的 31 号位；第三个轮空位置在上半区第二个 1/4 区第 3（或第 4）号种子位置 9 号位旁边的 10 号位；第四个轮空位置在下半区第三个 1/4 区第 4（或第 3）号种子位置 24 号位旁边的 23 号位。此种方法轮空位置的排列顺序和种子位置的排列顺序有明确的相互关系，从而使轮空位置的分布在上、下半区及 1/4、1/8 区之间保持了最大限度的平衡。若轮空数多于种子数时，将多余的轮空实行人为控制、按区分配的办法分至各区。

（三）编排时的注意事项

1. 在比赛中，每个运动员一天不能安排超过 6 场比赛，同一项目的比赛不能超过 3 场。

2. 在一节的比赛时间里，不能安排超过 3 场比赛，同一项目的比赛不能超过 2 场。在团体赛中每个队一天内不能安排超过两盘 5 场 3 胜制的团体赛。一节比赛时间里不能安排超过一盘 5 场 3 胜制的团体赛。

三、羽毛球比赛排定名次的方法

在循环赛中参赛者的名次按其在同一循环比赛中的比赛成绩排定。获胜场数多者名次列前。若遇 2 人（双打比赛称“两对”）或 2 人以上积分相同，则依照以下顺序排列名次。

（一）2 人获胜场数相同，则 2 人之间的胜者名次列前。

（二）3 人或 3 人以上获胜场数相同，则看在该组比赛的净胜局数，净胜局数多者名次列前。

（三）计算净胜局数后，如还剩 2 人净胜局数相同，则 2 人之间胜者名次列前。

（四）计算净胜局数后，若还有 3 人或 3 人以上净胜局数相同，则看在该组比赛的净胜分数，净胜分数多者名次列前。

（五）计算净胜分数后，如还剩 2 人净胜分数相同，则 2 人之间胜者名次列前。

（六）如还有3人或3人以上净胜分相同，则抽签决定名次。

（七）团体赛按以上方法分别依盘、场、局、分的顺序计算排定名次。

四、附　件

（一）竞赛规程（摘要）

1. 2008年全国羽毛球冠军赛竞赛规程

一、竞赛办法

（一）团体赛

1. 进行由5个单项组成的5场制混合团体赛（其中设混合双打、女子单打、男子单打、女子双打、男子双打各1场）。

2. 出场顺序为混双、女单、男单、女双、男双。

3. 各参赛队第一阶段分4组进行单循环赛（原则上采用“1”的逆时针轮转法）；第二阶段进行各小组同名次淘汰赛加附加赛，决出全部名次。

4. 第一阶段小组循环赛的每场比赛必须打满5场。第二阶段同名次淘汰赛加附加赛为5场3胜（决出胜负即停止比赛）。

5. 参赛各队按2007年全国冠军赛比赛名次设4名种子，其余按名次分批抽进各组。

6. 在一次混合团体赛中一个队员最多可以参加2个单项。

7. 如遇连场，运动员可休息15分钟（电视直播场次除外）。

8. 如遇特殊情况，裁判长有权调整比赛出场顺序。

（二）单项赛

1. 5个单项的比赛均采用单淘汰制（无附加赛），决出各项的冠、亚军。

2. 抽签后，若有单项种子运动员因故退出比赛，乒羽中心有权对种子位置进行调整。

二、录取名次与奖励

（一）混合团体比赛录取前8名给予奖励，冠军奖励奖杯1座。

（二）各单项比赛录取前8名给予奖励。

（三）设体育道德风尚奖，评选办法按国家体育总局有关规定执行。

2. 2008年全国羽毛球大赛竞赛规程

一、竞赛规则：采用中国羽协审定的最新《羽毛球竞赛规则》和国际羽联公布的最新规则。

二、分站赛和总决赛第一阶段采用分组循环（根据报名人数决定分组数目）。第二阶段比赛淘汰赛（录取名次根据报名人数另定）。

三、记分方法：第一阶段采用21分每球得分制一局决胜负，第二阶段3局2胜制，第一、第二局采用21分每球得分制，决胜局采用11分每球得分制。10平后一方领先2分为胜，14平后，先到15分为胜者（根据具体报名情况，记分方法可能会做出相应调整）。

（二）表　格

羽毛球团体赛记分表

（　　）团体赛记分表

______队 对______队	阶段	组别（位置号）	日期	时间	场号

姓名 单位 项目	队	队	每局比赛			每场结果	裁判员签名
			1	2	3		
1							
2							
3							
4							
5							

比赛结果______________　获胜队______________

裁判长签名____________

第六节　网　球

网球运动于14世纪中叶起源于法国，1885年前后网球运动传入中国。1896年第一届奥运会网球就列为比赛项目，后因“业余运动员”资格问题，网球比赛从1924年第八届奥运会中消失。1988年第二十四届奥运会网球又重新被列为正式比赛项目。网球比赛通常采用的竞赛方法是循环赛制、淘汰赛制和混合赛制。举办单位可以根据比赛任务、参赛者数目、比赛时间及场地等情况，选择合适的竞赛方法。

一、网球比赛的分类和项目

网球比赛有团体赛和单项比赛。

网球比赛的项目有：男子和女子团体比赛和男子单打、女子单打、男子双打、女子双打等单项比赛。

二、网球比赛的组织编排

（一）团体赛

1. 团体赛的方式

（1）三场制：每队报 3 ~4 名运动员参加比赛。2 场单打，1 场双打，共进行 3 场比赛；比赛场序：单、单、双或单、双、单；每次比赛采用 3 场 2 胜制，每场比赛采用 3 盘 2 胜制。

（2）五场制：每队报 4 ~9 名运动员参加比赛。4 场单打，1 场双打，共进行 5 场比赛；比赛场序：单、单、双、单、单或单、单、单、单、双；每次比赛采用 5 场 3 胜制，每场比赛采用 3 盘 2 胜。

2. 团体赛的编排

（1）戴维斯杯（男）和联合会杯（女）比赛

比赛均采用单淘汰赛制。每次比赛均采用 5 场 3 胜制，每场比赛采用 3 盘 2 胜制。

戴维斯杯：第一天 2 场单打，第二天 1 场双打，第三天又是 2 场单打。

联合会杯：第一天 2 场单打，第二天 2 场单打和 1 场双打，双打放在最后进行。

（2）第九届全国运动会网球团体赛

团体赛由 2 场单打和 1 场双打组成。比赛场序：单、单、双。每次比赛采用 3 场 2 胜制，每场比赛采用 3 盘 2 胜。每盘比赛均采用平局决胜制。

第一阶段：12 支队分成 4 组，每组 3 支队进行单循环赛，决出各组的 1 ~4 名。

第二阶段：每组前 2 名进入 8 个号码位置数的单淘汰赛加附加赛，决出全部比赛的 1 ~8 名。

（二）单项比赛

单项比赛一般采用单淘汰赛制。男子单打和男子双打采用 5 盘 3 胜制；女子单打、女子双打和混合双打采用 3 盘 2 胜制。

1. 场数和轮数的计算

场数 = 参赛者数 − 1

轮数 = 作为运动员号码位置数的 2 的乘方数的指数。选择的号码位置数是 2 的几次方，就是几轮。如果选择的号码位置数是 32，32 是 2 的 5 次方，就有 5 轮比赛。

例如：32 名运动员参加比赛，共打 32 − 1 = 31 场球，进行 5 轮比赛。

2. 选择号码位置数

选择等于或稍大于（而不是最接近于）实际参加比赛人数的 2 的乘方数为号码位置数。例如：16 人参加比赛，选 16 为号码位置数；如 20 人参加比赛则一定要选 32 为号码位置数。

3. 种子的定位

根据参赛者的数量来确定种子的人数，一般设 2、4、8、16 名种子。

（1）设 2 名种子时，1 号种子在上半区的顶部，2 号种子在下半区的底部。

（2）设 4 名种子时，第 1、2 号种子按上面方法定位，第 3、4 号种子分别抽签进入第 2 个 1/4 区的顶部和第 3 个 1/4 区的底部。

（3）设 8 名种子时，第 1、2、3、4 号种子按上面方法定位。第 5、6、7、8 号种子分别抽签进入上半区第 2、4 两个 1/8 区的顶部和下半区第 5、7 两个 1/8 的底部。

（4）在上半区的种子都定位在各个不同区的顶部，在下半区的种子都定位在各个不同区的底部。同一队的种子应抽签进入不同的 1/2、1/4 和 1/8 区内。

（5）种子抽签定位后，非种子选手进行抽签进入自己的位置，同属一队的选手，应根据抽签的原则抽入不同的 1/2、1/4 和 1/8 区内。

4. 轮空位置的分布

若参赛者数不是 2 的乘方数时，就必须选择比实际参赛者数稍大的 2 的乘方数为号码位置数。

这就出现了轮空。目前在国内外大型比赛中也有选择最接近实际参赛者的 2 的乘方数为号码位置数，用“抢号”方法编排比赛。

轮空数 = 选择的号码位置数 − 实际参赛者数

网球的轮空采用“在保持上、下半区轮空位置数平衡的前提下，先从两端开始，先下后上向中间顺序轮空设置”的方法。即先从编排秩序表的两端开始轮空，下半区的底部首先轮空，然后再是上半区的顶部，依次类推，下、上半区交替排列轮空位置（与羽毛球的“集中轮空法”基本相同）。

按照以上轮空方法，网球比赛轮空位置的分布虽然保证了上、下半区设置轮空位置数量的最大限度的平衡，但轮空过于集中在第 1、4 两个 1/4 区，另外在轮空时，也没有合理照顾到一些种子选手的利益。

目前，在一些网球比赛中，往往也都采用常用的“按种子所在位置顺序设置轮空位置”的方法（可查阅下面的“第十届全国运动会网球竞赛规程”）。若轮空数多于种子数时，将多余的轮空实行人为控制、按区分配的办法分至各区。

三、网球比赛排定名次的方法

在循环赛中参赛者的名次按其在同一循环赛中的比赛成绩排定。获胜次数多者，名次列前。若遇两队（人）或两个以上的队积分相同，则依照以下顺序排列名次。

（一）2 队获胜次数相同，则相互间比赛的胜者，名次列前。

（二）3 队或 3 个以上队获胜次数相同，则依以下顺序排列名次（在同一轮次的排列名次中，只剩 2 个队仍然相同时，则按照两队之间的胜负决定名次）。

1. 该队在本组全部循环赛中的获胜场数。
2. 该队在本组全部循环赛中的获胜盘数的百分比。
3. 该队在本组全部循环赛中的获胜局数的百分比。
4. 该队在本组全部循环赛中的获胜分数的百分比。
5. 抽签。
6. 团体赛按以上方法分别依次、场、盘、局、分的顺序计算排定名次。
7. 百分比 = 胜数 ÷（胜数 + 负数）×100%

四、附　件

（一）竞赛规程（摘要）

1. 第十届全国运动会网球竞赛规程

一、竞赛项目

男子团体、女子团体、男子单打、女子单打、男子双打、女子双打、混合双打。

二、竞赛办法

（一）团体赛

1. 每个团体由 2 个单打和 1 个双打组成。出场顺序为：第一单打、第二单打和双打。每个团体至少要有 3 人以上参加，两个单打必须由 2 名队员出场参赛，并只允许 2 名单打参赛者的其中一名兼任双打。每次团体赛运动员出场顺序采取任意排名的方法，按规定填写赛会统一的出场顺序表一式两份，由领队或教练员签字后，于赛前 30 分钟在公开场合下，比赛双方同时将该表递交赛会指定人员，经审查合格后将其中一份同时交予对方。出场顺序表一经交换，除第二场单打比赛结束后 10 分钟内，可向裁判长提出，并递交更换名单外，一律不准更改。

2. 每场比赛采用 3 盘 2 胜制，每盘比赛均采用平局决胜制。

3. 团体预赛分两个阶段，第一阶段：全部参赛队分 4 个组进行单循环赛，每个团体必须打满 3 场比赛；第二阶段：取得第一阶段各组前 4 名的队，分 A、B 两组进行淘汰附加赛，赢得 2 场单打比赛即为获胜队，不再进行双打比赛。第一阶段各组前 2 名参加（A 组）决定 1 ~ 8 名的比赛，第 3、4 名参加（B 组）决定 9 ~ 16 名的比赛。

4. 团体决赛分两个阶段，第一阶段分 4 个组进行单循环赛；第二阶段各组前 2 名进行淘汰附加赛，排出全部名次。

5. 循环赛按获胜次数多少决定名次；如 2 队

获胜次数相同，则按相互间比赛的胜负决定名次；如3队或3队以上获胜次数相同，则按以下诸条顺序判定名次；在同一轮次的判断名次中，只剩两个队仍然相同的情况下，按照两队之间的胜负关系决定名次。

（1）该队在本组全部循环赛中的获胜场数。

（2）该队在本组全部循环赛中的获胜盘数的百分比。

（3）该队在本组全部循环赛中的获胜局数的百分比。

（4）该队在本组全部循环赛中的获胜分数的百分比。

（5）抽签。

百分比＝胜数÷（胜数＋负数）×100%

（二）单项赛

1. 单项赛的预、决赛采用单淘汰加附加赛的办法，每场比赛均采用3盘2胜和平局决胜制。

2. 预赛男、女单打取前24名，男、女双打和混合双打前12对参加决赛，并排出单打前32名，双打、混合双打前16名的全部名次。

3. 取得决赛资格的运动员未报名参加决赛，则按预赛名次顺序，依次替补缺额。已报名参加决赛因故退出比赛的运动员，须将单位有效证明于抽签开始前2天报国家体育总局网球运动管理中心，逾期不予以办理退出和替补事宜。

4. 单项比赛，任何人不得对比赛运动员进行指导。

三、确定种子和抽签办法

（一）团体赛预赛第一阶段

1. 根据全国网球最新排名（团体赛预赛报名截止前1周），将各队4名运动员单打分和双打排名最高2名运动员的双打分相加之和排出全部顺序，若总分相同，以抽签的方法决定先后（无排名者以0分计算）。排列前4名的队为种子队，依名次顺序分别进入A、B、C、D组的1号位置。

2. 其他非种子队根据排列顺序，按每批4个队的原则抽签进入4个组（各批进组的位置号按2、3、4、5依次排列）。

（二）团体赛预赛第二阶段

1. 第一阶段各小组第1、2名参加A组排列1～8名的比赛，第一阶段各小组第3、4名参加B组排列9～16名的比赛。

2. A组：第一阶段的A、B组第1名分别进入1号位和7号位，C、D组第1名分别抽签进入3号位或5号位。将各组第2名先分至与第一阶段本组第1名不同的1/2区，再按顺序抽签进入1/4区的底部。

3. B组：抽签方法与A组相同。

（三）单项赛预赛

1. 男、女单打预赛种子的确定，根据中国网球协会公布的全国网球单打最新排名（单项赛报名截止前1周），设16个种子。被确定的种子缺额时，按最新排名顺序依次递补至16名种子满额。排名相同以抽签的方式决定先后顺序。

2. 男女双打和混合双打的种子确定根据全国网球双打最新排名（单项赛报名截止前1周），根据报名队数决定设8个或16个种子。双打种子顺序按下列条件优先排列：

（1）两名选手均有双打排名，按双打排名分之和排列顺序。

（2）一名选手有双打排名，另一名选手无双打排名（没有双打积分者以0分计算），则按其双打排名分决定顺序；如相等，则以另一名选手的单打排名分决定顺序；再相等，以抽签方式决定顺序。

（3）两名选手均无双打排名，按单打排名分之和（没有单打积分者以0分计算），决定先后顺序。如排名分之和相等，以抽签方式决定先后顺序。

3. 同一项目抽签时，对同单位的选手采取分区控制的方法分布于不同的1/2或1/4区。

4. 种子：1号种子进入1号位；2号种子进入最后一个号位。3和4号种子抽名签，按上、下半区的顺序进入规定的位置。以后的种子按4个一批（5～8、9～12、13～16）先抽签分区，再抽名签进入规定的位置。遇有同单位种子选手时先采取人为的分区控制（先1/2区，后1/4区）以达到同单位种子按区分布的目的，其余不同单位的种子均以抽签先分区再进位。

5. 轮空：

（1）按种子顺序依次安排；

（2）轮空多于种子数时，将多余的轮空实行人为控制、按区分配的办法分至各区。

6. 非种子选手：按项目各单位报名人数由多到少的排名顺序，首先将同单位选手分至不同1/4区内，然后从第一至第四1/4区的次序，把各1/4区的选手抽名签自上而下进入未被种子和轮空占据的位置。为达到各区选手的均匀分布，分区时，将采取必要的人为控制。

（四）团体赛决赛第一阶段

1. 团体预赛前4名为种子。依名次顺序分别进入A、B、C、D组的1号位。

2. 其余各队按预赛名次顺序每4个队一批的原则抽签，分别进入4个组的2、3号位。参赛队不足12个队时按预赛成绩顺序补齐。

（五）团体赛决赛第二阶段

第一阶段各组的前2名参加第二阶段的淘汰附加赛。

A组第一名进1号位；B组第一名进7号位、C组和D组第1名抽签决定进入3号位或5号位。将各组第2名先分至与第一阶段本组第1名不同的1/2区，再按顺序抽签进入1/4区的底部。

（六）单项赛决赛

1. 男、女单打设32号位置，根据预赛成绩排定1～8号种子，种子缺额按预赛名次替补；男、女双打和混合双打设16号位置，根据预赛排定1～4号种子，种子缺额按预赛名次替补。

2. 同一项目抽签时，对同单位的选手采取分区控制的方法分布于不同的1/2和1/4区。

3. 种子、轮空、非种子抽签、分区、进位等方法与单项赛预赛的规定相同。

四、录取名次与奖励

按第十届全国运动会竞赛规程总则规定执行。

2. 2008年“水井坊杯”中国大城市业余网球团体赛竞赛规程

一、竞赛项目

每个团体赛由7场单项比赛组成：

男子单打、男子双打、女子单打、女子双打、混合双打、中高级公务员双打和企业家男子双打。

二、运动员资格

（一）各单项比赛参赛运动员资格：

男子单打：20～30岁，男子双打：31～45岁，女子单打：20～30岁，女子双打：31～45岁，混合双打：46～60岁。

中高级公务员双打：中高级公务员系指副局级以上的领导干部或中层干部。该组双打年龄不限、性别不限。

企业家男子双打：35～60岁，企业家系指正、副董事长；正、副总经理或正、副厂长。

（二）允许高年龄段运动员参加低年龄段的比赛项目，不允许低年龄段运动员参加高年龄段的比赛项目。

三、竞赛办法

（一）比赛分两阶段进行，第一阶段采用分组单循环赛制；第二阶段采用同名次单淘汰加附加赛，决出全部名次。

（二）团体赛采用7场4胜制（第一阶段必须打满7场）。每场采用8局（如遇雨改为6局）决胜制和平局决胜制。

（三）循环赛决定名次的办法：循环赛按获胜次数多少决定名次；如两队获胜次数相同，按两队相互比赛的胜负决定名次；若3队或3队以上获胜次数相同，则按在同一小组中净胜场数多少决定名次；再相同，则按净胜局数决定名次；仍相同，则按净胜分数决定名次；再相同，由组委会组织抽签决定。在同一轮次判定名次中，还剩两队仍相同，则按其胜负关系决定顺序。

四、抽　签

按2007年“水井坊杯”中国大城市业余网球团体赛成绩设立种子。种子、非种子、轮空位置的抽签将采取必要的人为控制，种子的分布采用国际网联竞技规则规定执行。

（二）表　格

网球记分表

局数	运动员姓名		第　盘 开始时间　结束时间 比　分	本盘决胜局		局数总计	
						AB	CD
1	A		A			1	2
2	C		A D　D			1	1
3		B	A			2	1
4		D					
5	A						
6	C						
7		B					
8		D					
9	A						
10	C						
11		B					
12	D						
13							
14							

本盘获胜方＿＿＿＿＿＿＿＿

局数比＿＿＿＿＿＿＿＿

注：设A、B一对与C、D一对比赛，发球顺序为A、C、B、D，开始A、B一对在裁判员左侧。

第七节　手　球

手球运动19世纪末起源于欧洲，20世纪30年代传入中国。1936年男子手球被列为第十一届奥运会正式比赛项目，1976年女子手球被列为第二十一届奥运会正式比赛项目。手球比赛通常采用的竞赛方法是循环赛制和混合赛制。举办单位可以根据比赛任务、参赛队数、比赛时间及场地等情况，选择合适的竞赛方法。

一、手球比赛的编排方法

（一）世界手球锦标赛

世界手球锦标赛每两年举行一次，有24支队进入决赛，比赛分两个阶段进行。

第一阶段：24支队分成A、B、C、D 4组，每组6支队进行单循环赛，决出各组的1～6名。

第二阶段：每组前4名，共16支队分别排入指定的位置进行单淘汰赛加附加赛（图4－3），决出全部比赛的1～8名。每组后2名不再进行比赛。

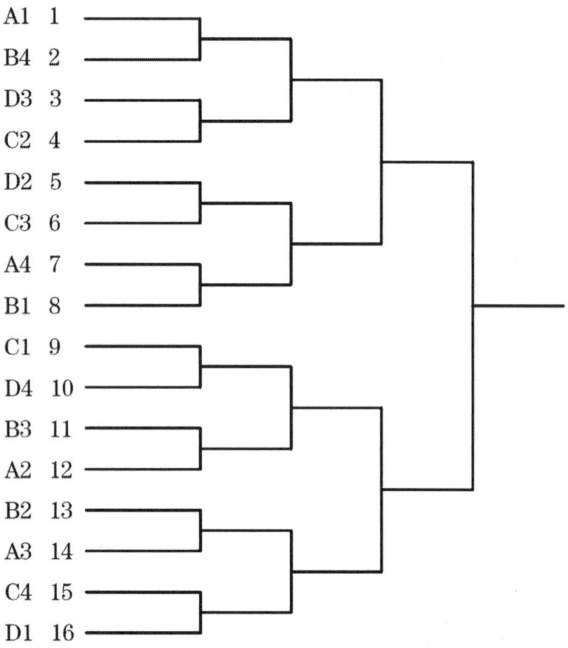

图4－3　16支队单淘汰赛秩序表

（二）第九届全国运动会手球赛

有8支队进入决赛，比赛分两个阶段进行。

第一阶段：8支队分成A、B两组，每组4支队进行单循环赛，决出各组的1～4名。分组原则以预赛名次为序号，按顺序抽签进行分组。

第二阶段：采用交叉赛制和佩奇赛制。A、B两组的1、2名和3、4名分别组成2组。每组4支队进行交叉赛。每组交叉赛的胜者对胜者，负者对负者进行佩奇制比赛，决出全部比赛的1～8名。

（三）2004年全国手球锦标赛

第一阶段：男10支队、女13支队，各分A、B两组进行单循环赛，决出各组名次。分组原则以2003年全国锦标赛成绩为序号，按顺序蛇形排列分组。

第二阶段 ：A、B两组的第1、2名组成C组，第3、4名组成D组，第5、6名组成E组，进行交叉比赛，决出全部比赛的所有名次。若最后一组不足4支队则采用下列办法：如有3支队，采用单循环赛决出名次；如1～2支队，则与前一组合并成为一个大组，采用单循环赛决出名次，第一阶段相遇的队的比赛成绩有效，不再重复比赛。

第二阶段每场比赛为平局时，进行决胜期比赛，若第二个决胜期后仍为平局，则按规定进行七米球决胜负。

二、手球比赛排定名次的方法

在循环赛中球队的名次按球队在同一循环比赛中的积分多少排定。手球比赛胜一场得2分，平一场得1分，负一场得0分，积分多者名次列前。弃权者取消其全部比赛成绩。若两队或两个以上队积分相同，则依照以下顺序排列名次。

（一）相互间比赛的积分多者名次列前。

（二）相互间比赛的净胜球多者名次列前。

（三）相互比赛的总进球多者名次列前。

（四）全部比赛的净胜球多者名次列前。

（五）全部比赛的总进球多者名次列前。
（六）如仍相同，则抽签决定名次。

三、附 件

（一）第十一届全运会手球竞赛规程

一、竞赛办法

（一）决 赛

1. 第一阶段：采用分组单循环赛办法进行比赛，决出A、B两组的全部名次。分组原则以预赛成绩为序号，按同序列抽签办法进行分组。即第1、2名的队为第一序列，第3、4名的队为第二序列，以此类推，分别抽签进入A、B组。通过交流协议组成的队伍，如抽签分组与原属省市队在同一组，则该两队比赛调整至前面的轮次进行。

2. 第二阶段：获得第一阶段各组第1、2名的队组成C组，第3、4名的队组成D组，第五、六名的队组成E组，首先采用交叉赛办法比赛；然后，以各组胜对胜，负对负方式决出全部比赛名次（当最后一组不足4个队时，采用下列办法进行比赛：如为3个队，则采用单循环赛决出名次；如为2个队，则采用同名次赛办法决出名次；如为1个队，则该队与前一组合并为一个组，采用单循环赛决出名次；采用单循环赛方式时，第一阶段相遇过的队成绩有效，不再重复比赛）。

3. 第二阶段交叉赛和同名次赛的比赛为平局时，进行决胜期比赛，若第二个决胜期后仍为平局，按规定进行7米球决胜负。预、决赛所有单循环的比赛结束时，若双方打成平局，不再进行决胜期的比赛。

（二）决定名次办法

1. 胜1场得2分，平1场得1分，负1场得0分，积分多者名次列前，弃权者取消其全部比赛成绩。

2. 如遇两队或两队以上积分相同，按下列办法计算名次：

（1）有关队相互间比赛积分多者名次列前；

（2）有关队相互间比赛净胜球多者名次列前；

（3）有关队相互间比赛总进球数多者名次列前。

3. 如果积分仍然相同，积分相同的队按下列方法计算名次：

（1）全部比赛的净胜球多者名次列前；

（2）全部比赛的总进球数多者名次列前；

（3）如仍相同，则采用抽签的方法决定，由仲裁委员会代表在有关队代表参加的情况下进行抽签决定。

（四）比赛中运动员发生严重违背体育道德的行为或被直接罚红牌者，给予下一场比赛停赛的处罚。如此情况出现在最后一轮比赛中，则在下一次全国性比赛的第一场比赛时补罚。

（五）竞赛规则

采用中国手球协会最新审定的《手球竞赛规则》。

二、录取名次与奖励

按第十一届全国运动会竞赛规程总则规定执行。

（二）表 格

手球比赛记录表

主 队	甲	对	乙	客队

比赛名称： 地点： 日期： 时间：

比赛结果	甲			乙

上半时	甲			乙	结果	甲			乙	第一个决胜期	甲			乙	第二个决胜期	甲			乙

甲 №	队员姓名	W	2′	D	E

官员：

事件报告：

观众人数：

得分									
№	甲	时间	乙	№	№	甲	时间	乙	№

乙 №	队员姓名	W	2′	D	E

官员：

签 名：________

主 裁 判：________

副 裁 判：________

记 录 员：________

计 时 员：________

手协代表：________

第八节　棒、垒球

棒球运动1839年起源于美国，1880年后传入我国。1992年第二十五届奥运会棒球被列为正式比赛项目。垒球运动由棒球演变而来，1926年定名为垒球，1996年第二十六届奥运会女子垒球被列为正式比赛项目。棒、垒球比赛通常采用的竞赛方法是循环赛制和混合赛制，垒球比赛的决赛阶段经常采用佩奇赛制。举办单位可以根据比赛任务、参赛队数、比赛时间及场地等情况，选择合适的竞赛方法。

一、棒、垒球比赛的组织编排

（一）第九届全国运动会棒球赛（预赛）

第一阶段：11支队分成A、B、C 3组进行单循环比赛，决出各组名次。

第二阶段：每组第1名进行同名次单循环比赛，决出预赛的1～3名；A、B、C 3组的第2、3、4名进行单淘汰赛加附加赛（图4－4），即：获得小组第3名的3个队抽签定位在1、2和3的位置上，获得小组第3名的3个队抽签定位在4、5和6的位置上，获得小组第4名的2个队抽签定位在7、8的位置上。淘汰赛的胜队决出预赛的第4～7名；负队再分别进行淘汰赛和附加赛，决出预赛的第8、9名。

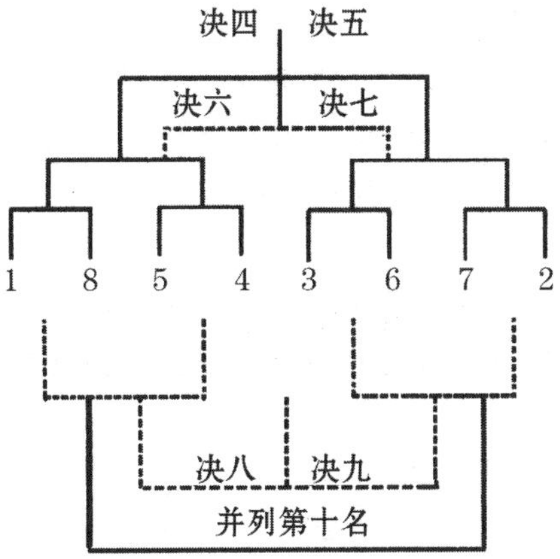

图4－4　第二阶段比赛秩序表

（二）第五届城市运动会垒球比赛

1. 预赛有12支队参加，比赛分两个阶段进行。

第一阶段：12支队分成A、B、C 3个组进行单循环比赛，决出各组的1～4名。

第二阶段：每组的第1、2名进入D组进行单循环比赛，决出预赛的1～6名；每组的第3名进入E组进行单循环赛，决出预赛的7～9名；其余的队进入F组进行单循环赛，决出最终名次。在小组赛中比赛过的队按小组赛中相互比赛成绩计算，不再比赛。

2. 预赛前8名的队获得决赛资格。决赛进行单循环加佩奇制进行比赛。

二、棒、垒球比赛排定名次的方法

在循环赛中球队的名次按球队在同一循环比赛中的积分多少排定。棒、垒球比赛胜一场得2分，负一场得0分，积分多者名次列前。若遇两队或两个以上队积分相同，则依照以下顺序排列名次。

（一）两队积分相同，胜者名次列前。

（二）两队以上积分相同，则按下列顺序的规定决定名次。

（三）相互间比赛的失分少者名列前。

（四）全部循环比赛的失分少者名次列前。

（五）相互间比赛的得分多者名次列前。

（六）全部循环比赛的得分多者次列前。

（七）全部循环比赛的净胜球多者名次列前。

（八）相互间比赛的残垒数多者名次列前（按三垒、二垒、一垒顺序计算）。

三、附　件

（一）竞赛规程（摘要）

1. 第十届全国运动会棒球竞赛规程

一、竞赛项目

男子棒球。

二、竞赛办法

（一）预赛

1. 根据2004年全国棒球锦标赛的名次，获得第1、2名，3、4名，5、6名，7、8名，9、10名，11、12名（以此类推）每相邻名次的队进行抽签，分别进入A组或B组，进行小组单循环比赛，决出小组名次。名列A、B两个小组第1至4名的队进行淘汰赛，即A组、B组的第1名抽签定位1或2；A组、B组第2名的队抽签定位3或4；A组、B组第3名的队抽签定位5或6；A组、B组第4名的队抽签定位7或8，最后决出第1至8名。名列A、B组第5、6名的队进行交叉淘汰赛，即A5－B6、A6－B5。交叉淘汰赛的胜队争夺第9、10名，负队争夺第11、12名。

2. 获得预赛前12名的队参加决赛。如江苏队预赛成绩没有进入前12名，则江苏队替代获得第十二名的队进入决赛。

（二）决赛

1. 根据预赛的名次，获得第1、2名，3、4名，5、6名，7、8名，9、10名，11、12名每相邻名次的队进行抽签，分别进入A组或B组，进行小组单循环比赛，决出小组名次。名列A、B组第1至4名的队进行淘汰赛，即A组、B组的第1名抽签定位1或2；A组、B组的第2名抽签定位3或4；A组、B组的第3名抽签定位5或6；A组、B组的第四名抽签定位7或8，最后决出第1至8名。名列A、B组第5、6名的队进行交叉淘汰赛，即A5－B6、A6－B5；交叉淘汰赛的胜队争夺第9、10名；负队争夺第11、12名。

2. 在决赛分组抽签时，江苏队名列第1号位，其他队按照预赛的名次顺序依次顺延排列。

3. 如遇天气或其他特殊情况，不能按原计划进行比赛，组委会有权对比赛时间和办法作出决定。

（三）计分与决定名次方法

1. 胜1场得2分，负1场得0分，积分多者名次列前。

2. 单循环赛中，如遇两队积分相同，则按相互间的胜负决定名次，胜者名次列前。

如遇两队以上积分相同，则按下列规定决定名次：

（1）相互间的失分多少决定名次，少者名次列前。

（2）所有比赛的失分多少决定名次，少者名次列前。

（3）抽签决定名次。

（四）竞赛编排

1. 在抽签分组中，如遇奇数队时采用“1”不动补“0”的办法，按逆时针轮转的原则编排；如遇偶数队时采用“1”不动逆时针轮转的原则编排。

2. 第十届全国运动会决赛阶段的分组，将按预赛的名次顺序进行抽签。

（五）竞赛规则

1. 采用中国棒球协会审定的2003版《棒球竞赛规则》。

2. 每场比赛为9局，如打成平局，继续比赛，在第十局时，二垒换跑垒员，直至分出胜负。

3. 双方比分相差10分及以上时，7局可结束比赛；双方比分相差15分及以上时，5局可结束比赛。

4. 关于指导投手：根据国际比赛的有关规定，守队每场比赛（9局）可以指导投手3次；如进行延长局的比赛，则无论前9局指导投手是否已满3次，均从第10局开始，每3局只可指导投手1次。教练员要求指导投手时，必须向主裁判示意，经主裁判同意后，方准入场。教练员入场后，只允许对投手和1名防守队员进行指导，其他防守队员不得在场。1名教练员进场就算指导1次。从第4次开始，教练员每进场1次，必须更换投手（不能再担任本场比赛投手），但更换投手时进场不计算次数。攻队指导击球员或跑垒员时只能用暗号，不能用暂停方式进行。

5. 采用指明击球员办法（详见规则）。

6. 裁判员宣布交换攻守后，双方队员要迅速跑上跑下，于1分钟内各就各位，准备比赛。

三、录取名次与奖励

按第十届全国运动会竞赛规程总则规定执行。

2. 第十届全国运动会女子垒球竞赛规程

一、竞赛办法

（一）预赛

第一阶段：按照2004年全国锦标赛名次（无名次队伍列后，抽签定位）蛇行排列分2个小组，采用单循环比赛办法，决出小组名次。

第二阶段A区：第一阶段2个小组的前4名进行同名次赛，决出预赛前8名。

第二阶段B区：第一阶段2个小组第四名以后的队进行单循环赛，排出名次；获得前2名的队为预赛的第9、10名。后面的队伍再进行佩奇制比赛，获得佩奇制赛前2名的队伍为预赛的第11名和第12名。

获得预赛前12名的队伍进入决赛。如江苏队未进入前12名，则预赛只录取前11名。

（二）决赛

决赛采取分组单循环和双佩奇制赛制。分组抽签原则以2005年全国锦标赛暨全运会预赛名次为依据，同名次抽签分组（即1和2分别抽签进入A、B组，以下类推）。

1. 分组循环赛竞赛编排：按各组名次顺序排出1～6号，再按“1”不动，逆时针轮转的原则进行编排。

2. 双佩奇制比赛：分组循环赛各小组前4名参加双佩奇制比赛，决出前8名。分组循环赛各小组第5、6名进行佩奇制赛，决出第9至第12名。

3. 分组循环赛名次确定办法

（1）分组循环赛中胜一场得2分，负一场得0分，积分多者列前。

（2）如比赛中某队在3局领先20分或20分以上，4局领先15分或15分以上，5局领先10分或10分以上时，比赛即可结束。

（3）分组循环赛中如遇两队或两个以上队积分相同，按下列办法决定名次：

①如两队积分相同，则依据相互间胜负决定名次，胜者名次列前；

②如两队以上积分相同，则依据相互间失分多少决定名次，失分少者名次列前；如仍相同，则依据全部比赛失分多少决定名次，失分少者名次列前；如仍相同，则依据全部比赛残垒数多少决定名次，残垒数少者名次列前；如仍相同，抽签决定名次。

4. 执行国际垒联颁布的2002～2005年垒球规则。

二、录取名次与奖励

决赛按照第十届全国运动会竞赛规程总则规定执行。

（二）表　格

棒 球 垒 球 比 赛 记 录 表
BASEBALL SOFTBALL SCORE SHEET

队名 TEAM　　(先攻/守) TOP/BOTTOM

比赛 地点（AT） 日期（DATE）	时间 TLME	开始（START） 结束（END） 总（TOTAL）	队名（TEAM）	1	2	3	4	5	6	7	8	9	10	11	12		合计 TOTAL	得胜投手（W）	失败投手（L）	换手（CATCHER）

接杀 PO	助杀 A	失误 E	棒次 BAT OR-DER	姓名（衣号） NAME(BACK NO)	位置 POS	替补或更换 CHANCES 局次 INN	位置 PSO	局次 INN	位置 POS	轮击次数 IB	击球次数 AB	得分 R	安打 H	二垒打 2B	三垒打 2B	本垒打 HR	得分打 RBL	三击不中 SO	牺牲打 SH	四坏球 BB	投球中身	接手妨碍	偷垒 SB	残垒 LOB
			1	( ) ( ) ( )																				
			2	( ) ( ) ( )																				
			3	( ) ( ) ( )																				
			4	( ) ( ) ( )																				
			5	( ) ( ) ( )																				
			6	( ) ( ) ( )																				
			7	( ) ( ) ( )																				
			8	( ) ( ) ( )																				
			9	( ) ( ) ( )																				
			合计 TOTAL	( ) ( ) ( )																				

R / LOB													合计 TOTAL
H / E													

双杀 DOUBLE PLAYS

投手 PTTCHER	人次 BF	局数 INN	三击不中 SO	四坏球 BB	失分 R	责任失分 ER	安打 H	二垒打 2B	三垒打 3B	本垒打 2B	暴投 WP	中身 HB	不合法投球 IP	得胜 W	失败 L	换手 CATCHER	偷垒被杀 CS	被偷垒 SB	漏接 P

裁判 UMPIRES

司球H……………

司垒1……………

2……………

3……………

记录员 SOORER

核对 PROVING THE BOX SOORE

RUNS……………	AB……………
LOB……………	BB……………
PO……………	SH……………
-TB……………	HP/BK……………
TOTAL	

第九节　门　球

门球运动的起源说有3种：源于中国唐代的“捶丸”活动；源于日本；源于13世纪的法国，其中第三种获得较多的认可。门球运动20世纪80年代传入我国。门球运动很适合老年人活动的特点，目前门球已成为我国城乡老年人所喜爱的一项休闲体育项目，门球现已列为全国体育大会比赛项目。门球比赛通常采用的竞赛方法是循环赛制和混合赛制。举办单位可以根据比赛任务、参赛队数、比赛时间及场地等情况，选择合适的竞赛方法。

一、门球比赛的组织编排

（一）全国残疾人运动会门球赛

有10支队参加，比赛分3个阶段进行。

第一阶段：10支队分成A、B两组进行单循环赛，决出各组的1~5名。

第二阶段：A、B两组的前4名共8支队组成C组进行单循环赛，决出1~8名。A、B两组的后4名的队进行单循环赛，决出各队的名次（也可不再比赛）。

第三阶段：C组的各队进行交叉赛，（第1名对第4名，第2名对第3名，第5名对第8名，第6名对第7名；胜队对胜队，负队对负队），决出最后的名次。

（二）2004年全国少年儿童门球比赛

第一阶段：分组循环赛，录取8名参加决赛。

第二阶段：进行单淘汰赛加附加赛，决出全部比赛的1~8名。

决赛阶段实行上、下半场制（上、下半场各30分钟）。上、下半场两队交换球权。

（三）编排时的注意事项

1. 要根据参赛者多、比赛时间短的特点，一般每块场地每天可以安排12场比赛。

2. 每队每天的比赛次数一般不要超过4场。老年队比赛更要注意。

3. 合理安排比赛时间。上下午的比赛场数要基本相等；各队连场的次数要基本相等，以连打两场为宜；两场比赛之间的休息时间应大体相等。

二、门球比赛排定名次的方法

在循环赛中球队的名次按球队在同一循环比赛中的总积分多少排定。门球比赛胜一场得2分，负一场得1分，弃权得零分。总积分多者名次列前。若遇两队或两个以上队积分相同，则依照以下顺序排列名次。

1. 两队总积分相同，胜者名次列前。

2. 3队或3个以上队总积分相同时，计算总积分相同各队的积分和，多者名次列前。

3. 仍相同，则计算相同各队之间的得失分率（得失分率 = 胜分之和 ÷ 负分之和），高者名次列前。

4. 若仍相同，则计算相同各队在全部循环比赛中的得失分率，高者名次列前。

5. 若仍相同，则依次计算相同各队之间的撞柱次数、进三门次数、进二门次数，多者名次列前。

6. 若仍相同，则依次计算相同各队在全部循环比赛中的撞柱次数、进三门次数、进二门次数、多者名次列前。

7. 按上述程序计算时，不论计算到哪一步，只要出现不相同的队，余下的相同的各再从程序2计算起，直至计算出全部名次。

三、附　件

（一）竞赛规程（摘要）

四川省2008年门球比赛竞赛规程

一、竞赛项目

混合组：集体和男、女单打，男、女双打及男、女混双赛；

老年组：集体和双打赛；

中青年职工组：集体和男、女单打，男、女

双打及男、女混双赛；

中小学生组：集体和单、双打赛。

二、运动员资格

运动员年龄：

混合组：年龄不限；

老年组：男55岁、女50岁以上，最大年龄原则不超过70岁；

中青年职工组：男女均55岁以下，每队允许有1~2名58岁以下的运动员；

中小学生组：中学组：12~17岁；小学组：12岁以下。

三、竞赛办法

（一）比赛执行《2004门球竞赛规则．裁判法》和2007年规则修改案。

（二）集体赛每队报领队、教练、裁判员（一级）各1人，运动员5~8人。单打赛1人、双打赛2人，名额在8名运动员之内。每名运动员最多只能参加2个项目的比赛。

（三）单打赛每名运动员打5个球。双打赛每对运动员打5个球，其中1人打1、5、9或2、6、10号；另1人打3、7或4、8号。单、双打每场比赛时间30分钟，不允许教练临场指挥。

（四）混合组

1. 比赛分三个阶段：第一阶段为各市、州所辖的县（市、区）级选拔赛，第二阶段为各市、州及省级行业系统选拔赛。以上两阶段比赛须在7月20日前结束。第三阶段为省决赛，时间9月中、下旬（具体时间另行通知）。参加决赛队的《报名表》于赛前1个月分别报竞委会和承办单位。

2. 集体赛决赛分两个阶段进行：第一阶段分组单循环赛，排出小组名次。第二阶段决赛排出前12名。单、双打赛采用淘汰附加赛决出前8名。集体赛分组：首先按照2007年中国门球冠军赛四川分赛区选拔赛决赛前12名依次排列，然后根据报名先后，蛇形编排进组。

（五）老年、中青年职工和中小学生组根据参赛队数多少确定赛制。

（六）参赛队须自备球槌、号码布、教练、队长臂章等器材和用品。

（七）比赛场地为15×20米。

（八）参赛队必须着装统一，否则，不得参赛。

四、录取名次和奖励

（一）集体赛录取前12名，单、双打赛录取前8名。对获得前3名的运动员颁发金、银、铜牌，其余优胜名次颁发证书。

（二）集体赛设满分奖。

（三）大会设“体育道德风尚奖”。

（二）表　格

门球记分表

竞赛名称______________　　　　年　　月　　日

运动场		场地	场　次				
开始时间	裁判长签名						
							队
	队　　员		一	二	三	柱	小计
1		1					
3		3					
5		5					
7		7					
9		9					
替		队长签名				总分	
替							
							队
	一	二	三	柱	小计		总　　分
2						2	
4						4	
6						6	
8						8	
10						10	
队长签名			总分			替	
						替	
同分决胜					比分	决胜	
1　3　5　7　9 2　4　6　8　10					:	轮号	
主裁判	副裁判		记录员			司线员	

第十节　台　球

台球运动的起源有两种说法：源于 14 世纪的英国；源于 16 世纪的法国。18 世纪英国人对台球进行了改良，1903 年制定了正式的规则。台球运动 20 世纪初传入我国，80 年代在我国兴起。台球现已列为全国体育大会比赛项目。台球比赛通常采用的竞赛方法是对抗赛制、循环赛制和混合赛制。举办单位可以根据比赛任务、参赛者数目、比赛时间及场地等情况，选择合适的竞赛方法。

一、台球比赛的分类和项目

台球比赛有个人赛和团体赛。

台球比赛项目有美式 22 彩球斯诺克、美式 9 球落袋、美式 16 彩球落袋 3 种主要比赛。

二、台球比赛的编排方法

（一）对抗赛

1. 个人对抗赛

赛前确定比赛胜负的方法（有 1 局决胜负、3 局 2 胜制、5 局 3 胜制等），然后制定每个成局分数（100 分、200 分、1000 分等）。不论选手开球先后，先打满规定分数者为胜。比赛结束，各方签名比赛才算有效。

2. 团体对抗赛

根据竞赛规程规定的确定胜负的方法进行比赛。比赛按照事先编排好的选手上场的顺序名单逐场逐对进行，获胜场次多的一方为胜。

（二）全国台球锦标赛

第一阶段：全国斯诺克排名前 32 位的选手分 8 组进行单循环赛，比赛采用 7 局 4 胜制。

第二阶段：每组前 2 名，共 16 位选手进行单淘汰赛，按第一阶段小组赛成绩（其顺序为小组名次、胜场数、净胜局、胜局、负局、单杆高分）排位，采用 9 局 5 胜制，冠亚军决赛采用 11 局 7 胜制。

（三）首届“星牌杯”俱乐部台球大奖赛（2003 年）

比赛由业余台球爱好者组成的俱乐部队参加。报名队员 5 名，4 男 1 女。比赛采用淘汰制。按照俱乐部的实际水平或由俱乐部抽签决定各队的比赛位置。各俱乐部队之间比赛采用 3 盘 2 胜制，选手之间比赛采用 3 局 2 胜制，男选手对男选手，女选手对女选手进行比赛。

（四）“龙熙顺景杯”台球公开赛（2004 年）

第一阶段：进行双败淘汰赛。比赛采用 7 局 4 胜制。种子选手按蛇形排列进入各自位置，其他选手抽签进位。

第二阶段：前 16 名选手进行单败淘汰赛，采用 9 局 5 胜制（决赛采用 11 局 6 胜制）。种子选手按蛇形排列进位，其他选手按第一阶段成绩顺序进位。

三、台球比赛排定名次的方法

（一）台球团体赛的成绩为本队选手所得名次积分之和，得分多者，名次列前；若得分相同，个人名次最前者名次列前。

（二）在循环赛中参赛者的名次按其在同一循环比赛中的成绩排定。

1. 获胜场数多者名次列前；

2. 两人获胜场数相同，相互间比赛胜者名次列前；

3. 两人以上获胜场数相同，则以比赛射蓝色球的方式决定名次。

射蓝色球的规则为：获胜场数相同者在同一指定球台轮流于开球区内任意摆放主球击打位于蓝球点上的目标球进自己预先指定的底袋，每人分别击打 5 次，进球多者为胜。若进球数相同，则逐次增加，直至决出胜负。

四、附　件

（一）竞赛规程（摘要）

“安利杯”台球锦标赛竞赛规程

一、比赛项目：男子斯诺克团体赛、个人赛。

二、竞赛办法：

1. 团体赛

参赛8个队混合抽签，进入8个号位，比赛均采用单败淘汰赛制。比赛中每队3人分别各赛一局，第四局为双打，然后再进行单打（按主客场顺序出场），先胜3局为胜队。

2. 个人斯诺克

个人参赛者为每个城市参加团体赛的3位队员，共计24人，按人数编24个顺序位。依据2003年江苏省精英赛成绩，设6个种子选手，抽签进入1、5、9、13、17、21号6个号位。其余选手混抽进入各号位。

第一轮、第二轮为单败淘汰赛。第三轮入围前6名者重新抽签，分两组进行小组循环，每组1、2名出线。每组第1名和另一组的第2名进行交叉淘汰赛，胜者决出冠亚军。比赛采用5局3胜制。冠亚军决赛为7局4胜制。第三轮前6名分组赛，采用胜1场得1分，负1场不得分。小组赛按积分排名次，积分多者名次列前。如两人相同，看对赛成绩。3人积分相同，根据净胜局、胜局、负局、单杆分排列名次。

三、比赛采用中国台协颁布的最新规则。

四、奖励：

1. 各单项录取前6名，给予奖励。

2. 团体录取前6名，给予奖励。

3. 设“体育道德风尚奖”。具体办法按照组委会的统一要求制定。

（二）表　格

1. 斯诺克台球赛每场成绩单

斯诺克台球赛每场成绩单

每局比赛开始时间：__________

每局比赛结束时间：__________

每局比赛消耗时间：__________

日　期：__________　　比赛盘数：__________

运动员：__________　　对方：__________

注：请在运动员开始局上打上※

盘　数	一杆积分	总　分	一杆积分	总　分

比赛结果：__________

裁判员签名：__________

运动员签名：__________　　运动员签名：__________

备注：__________

※一杆积分只需记录30分或以上之一杆分数

比赛完毕请将此表交回赛会

2. 英式台球赛成绩记录单

英式台球赛成绩记录单

第　轮　　场次：　　时间：　　台　别：

单位		姓名		单位		姓名	
盘次	得分	高杆分（30以上）		盘次	得分	高杆分（30以上）	
一盘				一盘			
二盘				二盘			
三盘				三盘			
四盘				四盘			
五盘				五盘			
比赛结果：							

胜方签名：　　裁判员签名：

负方签名：　　裁判长签名：

第十一节 保龄球

现代保龄球运动1875年起源于美国，20世纪初传入中国。1992年第二十五届巴塞罗那奥运会首次将保龄球列为正式比赛项目，1996年第二十六届亚特兰大奥运会上，保龄球即成为示范表演项目，并争取成为奥运会正式比赛项目，保龄球现已列为全国体育大会比赛项目。保龄球比赛通常采用的竞赛方法是循环赛制和混合赛制。举办单位可以根据比赛任务、参赛者数目、比赛时间及场地等情况，选择合适的竞赛方法。

一、保龄球比赛的分类和项目

保龄球比赛有个人赛和团体赛。

团体赛又分为双人赛、三人赛和五人赛。

二、保龄球比赛的组织编排

（一）2003年全国保龄球锦标赛

1. 男、女单人赛每人打6局，按6局总分的高低排列名次，总分高者名次列前。参赛选手可以不分组，也可以分组分阶段比赛。

2. 男、女双人赛、三人赛、五人队际赛每人各打6局，分别以2人、3人、5人得分之和，按高低排列名次，得分高者名次列前。

3. 单项比赛及全能积分相同者需区分名次时，加赛第九、十格以确定名次。

4. 参赛选手须打满单人赛、双人赛、三人赛、五人队际赛共24局比赛，以获得全能分。

5. 三人赛、五人队际赛各进行两节共6局比赛，两节比赛分2天进行。五人队际赛节间可以换人。

6. 精英赛

（1）获得24局总分前16名选手参加精英赛。

（2）参赛者每人打15局单循环赛和1局排名赛，以决出精英赛名次。

（3）上述16局比赛分2天完成。赛前30分钟运动员须亲自到场检录，赛前15分钟未到场检录者，取消比赛资格，其空缺按规则规定由替补球员或陪打员顶替。

（4）上述16局比赛中，每局胜者加10分，平者加5分，负者不加分。

（5）如安排电视转播，则取消最后1局排名赛，由前15局获得前3名的运动员进行梯级挑战决赛。即：前15局总分的第3名以挑战者身份与第2名进行一局决胜负的比赛，胜者与第1名进行两局比赛，两局总分高者为最终的冠军。

（6）15局循环赛、排名赛或梯级挑战赛结束后积分相等需要区分名次时，加赛第九、十格直至确定名次。

（二）2004年全国青少年保龄球锦标赛

1. 男、女单人赛每人打8局，按8局总分的高低排名（含奖励分），总分高者名次列前。

2. 男、女双人赛、四人队际赛每人各打8局，分别以2人、4人的得分之和（含奖励分），按高低排名，得分高者名次列前。

3. 单项及全能成绩相同需要区分名次时，加赛九、十格直至确定名次。

4. 参赛选手须打满单人赛、双人赛、四人赛共24局比赛，以获得全能分。

5. 精英赛

（1）获得24局总分（含奖励分）前16名选手参加精英赛。

（2）参赛者每人打15局单循环赛和1局排名赛，以决出精英赛名次。

（3）上述16局比赛分2天完成。赛前30分钟运动员须亲自到场检录，赛前15分钟未到场检录者，取消比赛资格，其空缺按规则规定由替补球员或陪打员顶替。

（4）上述16局比赛中，每局胜者加10分，平者加5分，负者不加分。一局得分在200分以上的奖10分。

（5）如安排电视转播，则取消最后1局排名赛，由前15局获得前3名的运动员进行梯级挑战决赛。即：前15局总分的第3名以挑战者身份与第 2 名进行一局决胜负的比赛，胜者与预赛第 1 名进行两局比赛，两局总分高者为最终的冠军。

(6) 15 局循环赛、排名赛或梯级挑战赛结束后积分相等需要区分名次时，加赛第九、十格直至确定名次。

三、保龄球比赛排定名次的方法

(一) 保龄球团体赛的成绩为本队选手所有得分之和。

团体总分计算方法：将各队获比赛各项的前 6 名，按 7、5、4、3、2、1 分值，累计总分，总分多者名次列前；名次并列者，以并列名次和下一名次分值 1/2 计算。总分相同，获冠军多者名次列前；再相同，个人名次靠前者名次列前。以此类推。队员人数不足规程规定者，不计团体总分。

(二) 个人赛、双人赛、三人赛、五人赛均累计所有比赛局数的总得分，总分多者名次列前。

(三) 精英赛采用单循环赛和 1 局排名赛（或梯级挑战赛）的得分来排定名次，得分多者名次列前。

四、附　件

(一) 竞赛规程（摘要）

1. 中南海杯 2003 年北京市保龄球锦标赛竞赛规程

(1) 竞赛项目

男子：单人赛、双人赛、四人队际赛、全能、精英赛、团体；

女子：单人赛、双人赛、四人队际赛、全能、精英赛、团体。

(2) 竞赛办法

男、女单人赛每人打 6 局，按 6 局总分的高低排列名次，高者在前。

男、女双人赛、四人队际赛每人各打 6 局，分别以 2 人、4 人得分之和，按高低排列名次，高者在前。

单项及全能成绩相同需要区分名次时，加赛第九、十格直到确定名次。

不参加双人、四人队际赛的选手也安排每人打 6 局，以获得全能分。

四人队际赛进行两节共 6 局比赛，两节比赛在不同的时间进行。

精英赛：

获得 18 局全能总分前 16 名选手参加精英赛。

团体总分计算办法：将各队获得比赛各项的前 6 名，按 7、5、4、3、2、1 分值，累计总分，高者在前，四人队际赛分值加倍。总分相等，获冠军多者列前，以此类推。报名人数不足 4 名的队，不计团体成绩。

最高局分出现同分时，以最早出现的最高局分为准，最高局分从单人赛、双人赛、队际赛中产生。

(3) 录取名次及奖励

①男、女团体冠军各奖冠军杯 1 座。

②单人赛、双人赛、全能、精英赛奖励前 6 名。四人队际赛奖励前 3 名，4、5、6 名计分。

③设男、女最高局分奖。

(4) 服装和器材

①比赛时各队应按照 FIQ－WTBA 规定，统一队服。自备或使用球场提供的符合 FIQ－WTBA 规则规定的球和鞋，比赛用球通过球检，方可使用。

②下油标准：重油 20 英尺，拖至 40 英尺，落油部分（含拖油部分）油厚不少于 5 个单位。

2. 2007 年全国保龄球精英赛竞赛规程

(1) 竞赛项目

男子精英对抗赛、女子精英对抗赛。

(2) 竞赛办法

①比赛采用 2007－FIQ－WTBA 竞赛规则。

②比赛分预赛和决赛两个阶段进行。

③预赛每人进行 12 局比赛，按 12 局总分排列名次，高者列前。

④预赛排在男、女各前 8 名的运动员进入 1/4 决赛。

⑤1/4 决赛：男女预赛各前 8 名运动员进行

交叉对抗赛，即第一名对第八名、第二名与第七名，以此类推。每场比赛采用 3 局 2 胜制，只计胜负关系不计总分，胜者进入半决赛，负者按预赛排名决定名次。

⑥半决赛：1/4 决赛胜者按照预赛排名进行交叉对抗赛，每场比赛采用 3 局 2 胜制，胜者进入决赛，负者并列第 3 名。

⑦决赛：半决赛胜者进行对抗赛，每场比赛采用 3 局 2 胜制，胜者为冠军，负者为亚军。

⑧同分

预赛得分相等需要区分名次时，加赛第九、十格直至确定名次。

决赛阶段每局对抗赛出现同分情况时，双方在一条球道上（由预赛排名靠前方选择）各投一个球，击出全中的球员胜出，如果都击出或都未击出全中将继续投下一个球，直至区分胜负为止。

（3）录取名次与奖励

①男、女各前 3 名获得国家体育总局颁发的全国正式比赛奖牌。

②本次比赛作为全国保龄球运动员积分排名总决赛，男、女前 6 名选手获得国家体育总局颁发的获奖证书。

③为奖励优秀运动员，获得男、女各前 8 名的运动员将依照名次奖励保龄球装备。

（4）服装和器材

①参赛运动员服装应符合 FIQ－WTBA 规定。

②自带符合竞赛规则的保龄球和鞋。比赛用球通过球检，方可使用。

③下油标准：

重油下至 15～20 英尺，拖至 35～40 英尺，球道表面落油部分油厚不少于 5 个单位。本次比赛实行一次比赛两种下油模式，为保证比赛公平，具体油型在技术领队会上公布。

④保龄球瓶重量：符合 FIQ－WTBA 竞赛规则的规定。

（二）表　格

1. 保龄球比赛记分表

队名　　　　　　　　　　　　　　　　球道

Team　　　　No　　　Game　　　　　　Lane

比赛号 No.	姓名 Name	1	2	3	4	5	6	7	8	9	10	总计 Total

球员签名　　　　　　　记分员签名　　　　　　结分

Bowler's Signature　　Seorer's Signature　　Scores

2. 单人赛记分表

单　人　赛

队名　　　　　　　　　　　　　　　　球道

比赛号	姓名	G1	G2	G3	G4	G5	G6	总计

球员签名　　　　　　　记分员签名　　　　　结分

注：双人赛、三人赛的记分表与单人赛相同，增加球员人数就可以了。

3. 单人赛成绩公告

成 绩 公 告

单人赛　　　　　　　　　　　　　　　日期

比赛号	姓名	国家/地区	G1	G2	G3	G4	G5	G6	总计	名次

4. 四人队际赛成绩公告

成 绩 公 告

四人队际赛　　　　　　　　　　　　　日期

比赛号	姓名	国家/地区	G1	G2	G3	G4	G5	G6	总计	名次

5. 全能赛成绩公告

成 绩 公 告

全能　　　　　　　　　　　　　　　　　　　　　　　　　　　　　　　日期

比赛号	姓名	国家/地区	单人赛	双人赛	三人赛	五人队际赛	总计	名次

6. 精英赛成绩公布表

比赛号 No.	姓名 Name	国家/地区 Ctry/Area	G1	G2	G3	G4	G5	G6	G7	G8	小计 Sub-total	G9	G10	G11	G12	G13	G14	G15	G16	总计 Total	名次 Position

注：以上表格制16横格，精英对抗赛16人参赛，在不同时间分两节进行，每局对抗以300+10。

第十二节　高尔夫球

高尔夫球运动15世纪起源于苏格兰，20世纪30年代高尔夫运动传入我国。1984年后在中国兴起，现已列为全国体育大会比赛项目。高尔夫球比赛通常采用的竞赛方法是淘汰赛制。举办单位可以根据比赛任务、参赛者数目、比赛时间及场地等情况，选择合适的竞赛方法。

一、高尔夫球比赛的组织编排

（一）全国业余高尔夫球比洞锦标赛

第一阶段：进行预选赛（比杆赛），男子组前32名，女子组前8名进入决赛。

第二阶段：进行单淘汰加附加赛，决出前3

名。男、女决赛都采用单轮36洞比洞赛，其他轮次采用单轮18洞比洞赛。

（二）全国青少年高尔夫队际赛

1. 每个参赛队由4人组成，男女不限（或规定女选手至少1人）。

2. 共进行两轮比赛，在2天内完成。每轮取各队成绩最好的3位选手的成绩之和为该队成绩，两轮比赛之和为该队总成绩。

二、高尔夫球比赛排定名次的方法

（一）队际比赛（团体赛）

1. 队际比赛（团体赛）以各队全部轮次的总成绩排定名次，杆数少者名次列前。

2. 如出现平分，则由成绩相同队的队长指定该队1名队员进行“骤死式”逐洞赛，来决定名次。

3. 如2、3名并列时，则以倒计数的方式，即首先以最后一轮的成绩决定名次，如相同再逐轮由后向前比较，直至分出胜负，如仍相同，则抽签决定名次。

（二）个人比赛

1. 比赛采用三轮54洞比杆赛的方式，根据每个选手三轮总成绩排定个人名次，总杆数少者名次列前。如果第一名出现平分，则采取“骤死式”逐洞赛决出名次。如第2、3名出现平分时，则以倒计数的方式，决定名次。即首先根据其最后一轮的成绩，杆数少者名次列前；如仍相同，则看最后9洞的成绩，杆数少者名次列前；如仍相同则采取从最后一轮的最后1洞成绩起逐洞倒计数的方法决定名次，杆数少者名次列前；若仍相同，则抽签决定名次。

2. 青少年选手比赛采用三轮54洞、两轮36洞及两轮18洞等比杆赛。根据每个选手各轮次的总成绩排定名次，总杆数少者名次列前。如前3名出现平分，首先根据其最后一轮的成绩，杆数少者名次列前；若仍相等则采取从最后一轮的最后一洞成绩起逐洞倒计数的方式决定名次，杆数少者名次列前；若仍相等，则抽签决定名次。

三、附 件

（一）竞赛规程（摘要）

1. 中国业余高尔夫球巡回赛总决赛竞赛规程

一、竞赛项目

男、女子组个人比杆赛。

二、竞赛办法

比赛为三轮54洞个人比杆赛，根据每名选手在三轮中的总成绩，排定个人的名次，杆数少者名次列前。如参赛人数少于60人时将不设淘汰线，如人数多于60人经前两轮决出男子组前45位选手（含第45位及并列）进入决赛；女子组参赛选手不超过40名（含40名）时，则女子组前15位选手（含第15位及并列）进入决赛；如女子组参赛选手超过40名时，则女子组前20名选手（含并列）可进入决赛。

比赛中如冠军出现平局，组委会将采取“骤死式”逐洞赛决定名次。第2、3名并列时则以下列方式决定名次，即首先看最后一轮的成绩，杆数少者名次列前，若仍相同则看最后9洞的成绩，杆数少者名次列前；如仍然相同则采取从最后1洞开始逐洞倒计数的方式决定，杆数少则名次列前；如仍相同则采取抽签的方式决定名次。

三、录取名次及奖励

男、女子组前3名及单轮最佳成绩奖并予以奖励。男子组前10名和女子组前6名可获得由中国高尔夫球协会颁发的证书。

2. 2008迎春杯室内模拟高尔夫球竞赛规程

一、竞赛项目

个人比杆赛（室内模拟高尔夫球赛）

二、竞赛方法

1. 比赛采用3轮（54洞）比杆赛的方式，按照每一参赛者的3轮比赛总成绩排定名次。

2. 分组方式为，前两轮比赛的分组按报名顺序排列，第三轮比赛分组根据前两轮比赛成绩按名次顺序排列，每组4名。

3. 第一名成绩出现同分时，采用“骤死式”加洞赛的方式决定名次，胜者名次列前。

4. 其余选手出现同分时，分数相同的选手之间按以下顺序排定名次。

第三轮比赛的比杆数，杆数少者名次列前。

第二轮比赛的比杆数，杆数少者名次列前。

第一轮比赛的比杆数，杆数少者名次列前。

（三）表　格

高尔夫成绩记录表

日期	球场	out	in	杆数

第十三节　毽　球

毽球运动是我国具有民族特色的一项体育活动，1995 年列入全国少数民族传统体育运动会竞赛项目。毽球比赛通常采用的竞赛方法是循环赛制、淘汰赛制和混合赛制。举办单位可以根据比赛任务、参赛者数目、比赛时间及场地等情况，选择合适的竞赛方法。

一、毽球比赛的组织编排

（一）第七届全国少数民族传统体育运动会毽球赛

第一阶段：分 2 组进行单循环比赛，决出各组的全部名次。

第二阶段：2 组进行交叉比赛，决出全部比赛的 1 ~ 8 名。若参加队不足 8 支，则采用单循环赛进行比赛。

（二）广东省第八届中学生运动会毽球赛（2004）

1. 团体赛

第一阶段：参赛队分成 4 组，每组进行单循环赛，决出各组的全部名次。

第二阶段：每组前 2 名共 8 支队，采用单淘汰赛加附加赛，决出全部比赛的 1 ~ 8 名。

2. 个人赛（单人、混合双人）

采用单淘汰赛加附加赛，决出 1 ~ 8 名。每场比赛采用 3 局 2 胜制。每局 21 分，当 20 平时，先领先 2 分者为胜；决胜局 15 分，当 14 平时，先领先 2 分者为胜。采用每球直接得分法。

二、毽球比赛排定名次的方法

在循环赛中球队的名次按球队在同一循环比赛中的积分排定。毽球比赛胜一场得 2 分，负一场得 1 分，弃权得 0 分，弃权取消全部比赛成绩。积分多者名次列前。若两队或两个以上队积分相同，则依照以下顺序排列名次。

1. 两队或两个以上的队积分相同，则积分相同的队在全部比赛中的净胜局数多者名次列前（净胜局数 = 胜局总数 − 负局总数）。

2. 如净胜局数相同，则积分相同的队在全部比赛中的净胜分数多者名次列前。

3. 若再相同，抽签决定名次。

三、附　件

（一）竞赛规程（摘要）

广东省第八届中学生运动会毽球竞赛规程

一、竞赛项目

中学组男子团体、女子团体、男子单人、女子单人、混合双人。

二、竞赛办法

（一）团体赛分两个阶段

1. 第一阶段：比赛分为 4 个小组，由省第七届中学生运动会毽球赛前 4 名的队作为种子队抽签入 A、B、C、D 组，非种子队抽签进入各组，采用循环赛，决出各组前 2 名参加第二阶段的前 8 名决赛，各队按小组的名次进入第二阶段规定的位置。

2. 第一阶段计分办法

（1）胜一场得 2 分，负一场得 1 分，弃权得 0 分，无故弃权取消全部比赛资格或成绩。

（2）如遇两队积分相同，按两队相互间比赛胜负决定，胜者名次列前。

(3) 如遇3队或3队以上积分相同，则采用A（胜局总数）-B（负局总数）=C（净胜局数），C值高者名次列前；如C值相同，则采用X（总得分数）-Y（总失分数）=Z（净胜分数），Z值高者名次列前；如Z值相同，抽签决定名次。

3. 第二阶段，采用单淘汰赛加附加赛，决出最后名次。

（二）比赛网高男子为1.60米，女子为1.50米。

（三）每场采用3局2胜制。每局21分，当出现20平时，先领先2分者为胜；决胜局15分，当出现14平时，先领先2分者为胜，采用每球直接得分制。

（四）采用中国毽球协会审定的最新《毽球竞赛规程》。

三、比赛器材场地、服装

（一）比赛用“新毽”牌彩色球（桃红色）。

（二）团体赛、混合双人赛场地采用羽毛球双打场，即宽6.1米，长11.88米。单人赛采用羽毛球单打场，即宽5.18米，长11.88米。

四、计分办法

获得各组别个人赛（单人、混合双人）前8名者，分别按9、7、6、5、4、3、2、1计分；取前7名则按9、7、6、5、4、3、2计分，以此类推。获得各组别团体赛前8名的队伍按个人赛相应得分的2倍计分。

五、录取名次与奖励

（一）男、女子团体赛及男、女子单人、混合双人各奖励前8名。

（二）对获得各单项前3名的运动员颁发奖牌；对获得前8名的运动员发给成绩证书。

（二）表 格

毽球比赛记分表

________队员________队（男、女）比赛名称________姓别________

第一局　　开始时间　　时　　分　　结束时间　　时　　分

位次	号码 （球发 比分）		队							1 2 3	11 12 13	21 22 23
			1	2	3	4	5	6	7	4	14	24
1										5 6 7	15 16 17	25 26 27
2										8 9 10	18 19 20	28 29 30
3										T1 T2		

位次	号码 （球发 比分）		队							1 2 3	11 12 13	21 22 23
			1	2	3	4	5	6	7	4	14	24
1										5 6 7	15 16 17	25 26 27
2										8 9 10	18 19 20	28 29 30
3										T1 T2		

第一局　　开始时间　　时　　分　　结束时间　　时　　分

位次	号码 （球发 比分）		队							1 2 3	11 12 13	21 22 23
			1	2	3	4	5	6	7	4	14	24
1										5 6 7	15 16 17	25 26 27
2										8 9 10	18 19 20	28 29 30
3										T1 T2		

位次	号码 （球发 比分）		队							1 2 3	11 12 13	21 22 23
			1	2	3	4	5	6	7	4	14	24
1										5 6 7	15 16 17	25 26 27
2										8 9 10	18 19 20	28 29 30
3										T1 T2		

第三局 开始时间 时 分 结束时间 时 分																											
位次	球发 比分 号码	队 1	2	3	4	1 2 3 4	次	球发 比分 号码	队 1	2	3	4	5	6	7		1 2 3 4	11 12 13 14	21 22 23 24	球发 比分 号码	队 1	2	3	4	1 2 3 4	11 12 13 14	21 22 23 24
1						5 6 7	1										5 6 7	15 16 17	25 26 27						5 6 7	15 16 17	25 26 27
2						8 9 10	2										8 9 10	18 19 20	28 29 30						8 9 10	18 19 20	28 29 30
3							3																				

竞赛成绩			裁判员签字		队名：		队名：	
队号			正裁员		号码	姓名	号码	姓名
第一局		副裁员						
第二局			司线员					
第三局								
总成绩			记录员					
比赛全部时间 时 分					队长或教练员		队长成教练员	
裁判员的意见及其他								

第十四节　地掷球

地掷球运动19世纪起源于欧洲，1984年地掷球运动传入我国，现已列为全国体育大会比赛项目。地掷球比赛通常采用的竞赛方法是循环赛制、淘汰赛制和混合赛制。举办单位可以根据比赛任务、参赛者数目、比赛时间及场地等情况，选择合适的竞赛方法。

一、地掷球比赛的分类和项目

地掷球比赛有个人赛和团体赛。

地掷球比赛项目有单人赛、双人赛和三人赛。

二、地掷球比赛的组织编排

（一）团体赛

比赛每队可以报4名运动员，每场团体赛中，每名运动员最多参加2局比赛。比赛进行3局，采用3局2胜制，每局采用15分制，比赛顺序是：三人赛，单人赛和双人赛。团体赛应赛满3局。

（二）全国地掷球精英赛（2004年）

第一阶段：参赛者分成2～4组进行单循环赛，每局40分钟，先得12分者获胜；若双方未到12分，得分多者获胜；如分数相同，加赛一轮，直至决出分数。

第二阶段：每组前2名进行单淘汰赛加附加赛，决出1～8名，前4名决赛每局12分，不限时间。

（三）全国老年地掷球赛（2005年）

比赛只安排男子团体赛和女子团体赛。团体赛每场进行三人赛和双人赛各一局，每局先满11分者为胜。比赛分两个阶段进行。

第一阶段（预赛）：参赛队分成4组进行单循环赛（按照2004年全国老年赛名次抽签编组；新参加的队按报名先后顺序抽签编组），决出各组全部比赛名次。

第二阶段（决赛）：预赛各组的同名次队为一组，分别进行淘汰赛加附加赛，决出全部比赛的名次。

三、地掷球比赛排定名次的方法

在循环赛中参赛者的名次按其在同一循环比赛中的积分排定。地掷球比赛胜1场得2分，负1场得1分，弃权得0分（弃权者每局得0分，其对手得该局最高分），积分多者名次列前。若遇两队（人）或两个以上队的积分相同，则依照以下顺序排列名次。

（一）两队积分相同，相互间比赛的胜者名次列前。

（二）3队或3队以上积分相同，则按积分相同的各队间比赛所得胜局多者名次列前。

（三）如3队胜局再相同，则按相同的各队间比赛所得总分多者名次列前。如遇其中两队胜局或总得分相同，则该两队之间比赛的胜者名次列前。

（四）如3队总得分仍相同，则进行滚击小球比赛，按下列方法掷球9次以决胜负。

1. 各队选1人掷球，分3次掷完。

2. 抽签决定掷球顺序。

3. 小球的位置：第一次在E线中点，掷3个球。第二次在开球点，掷3个球。第三次在B线中点，掷3个球。如果再次平局，小球再放到开球点上，轮番掷球，直至决出胜负。

四、附　件

（一）竞赛规程（摘要）

2008年全国地掷球锦标赛竞赛规程

一、竞赛项目

比赛分男女组，分别进行以下比赛：

塑质球：团体赛，单人赛、双人赛。

大金属球：单人准确抛击、单人连续抛击、双人连续抛击、单人赛、双人赛、联合赛。

小金属球：单人赛、双人赛、三人赛。

二、竞赛办法

（一）塑质球

1. 团体赛

（1）种子队

预赛分组时，按分组数及2007年团体赛名次设定种子队，抽签入组；其余各队亦按2007年名次（新参加的队按报名先后列于2007年有名次的队后）分别抽签入组。

（2）分组及比赛办法

如参赛队少于3队，取消比赛。

如参赛队少于8队（含8队），采取单循环赛形式，取得前4名按1对4，2对3进行半决赛，胜者决冠亚军，负者决3、4名。单循环5、6名和7、8名各再比赛一场，决出最后名次。

如参赛队为9～12队分两组进行小组单循环比赛，各组前2名进行交叉淘汰赛，胜者决出冠亚军，负者决3、4名；两组中前2名之后的队进行同名次比赛，决出最后名次。

如参赛队为13～20队，则分4组进行小组循环赛，各小组前2名进入复赛。其中1、3组的第1名和2、4组的第2名为一组；2、4组的第1名和1、3组的第2名为另一组进行循环赛。复赛两组的前2名进行交叉淘汰赛，后2名进行同名次赛。预赛阶段4个组的第3名为一组争夺9～12名，第4名将争夺13～16名，各组以抽签进位单淘汰的方式决出全部名次。

参赛队为21队及以上根据情况分组，比赛办法另定。

（3）团体赛每场比赛必须打满3局，预复赛阶段三人赛、双人赛、单人赛每局7分，控球时间30秒。决赛阶段前4名，每局12分，控球时间30秒。

（4）决定名次办法

在各单循环比赛中，按胜负积分排列名次（即胜一场得2分，负一场得1分，弃权得0分。弃权的队或人每局得分为0分，其对手得该局的最高分），积分多者名次列前。

如两队积分相等，两队间相互比赛的胜者名次列前。

如3队或3队以上积分相等时，则按积分相等的各队间比赛所得胜局多者名次列前。如3队胜局相等，则按相等的各队间比赛所得总分多者名次列前。如遇其中两队胜局或总得分相等，则该两队之间比赛的胜者名次列前。

如3队总得分仍相等，则进行滚击小球比赛，按下列方法掷球9次以决胜负：各队选1人掷球，分3次掷完；抽签决定掷球顺序。小球的位置：

第一次在E线中点，掷3个球；第二次在开球点，掷3个球；第三次在B线中点，掷3个球。如果再次平局，小球再放到开球点上，各掷1球，直至决出胜负。

2. 单人赛

按团体赛成绩取男、女各前16名队伍，每队可报1名队员参加单人赛。单人赛采取单局淘汰制。决赛阶段前4名，每局12分，控球时间30秒。其他场次，每局7分，控球时间30秒。

3. 双人赛

按团体赛成绩取男、女各前16名队伍，每队可报2名队员参加双人赛，所报队员同单人赛参赛队员不得重复。双人赛采取单局淘汰制。决赛阶段前4名，每局12分，控球时间30秒。其他场次，每局7分，控球时间30秒。

4. 竞赛规则：采用最新审定的《地掷球竞赛规则》。

（二）大金属球

1. 双人赛

根据报名情况分组，预赛采用单循环比赛形式。

(1) 按胜负积分排列名次（即胜一场得2分，负一场得1分，弃权得0分。弃权的队每局得分为0分，其对手得该局最高分），积分多者名次列前。

(2) 如两队积分相等，两队间相互比赛的胜者名次列前。

(3) 如3队或3队以上积分相等时，则按相等的各队间比赛所得总分多者名次列前。如其中两队总得分相等，则该两队之间比赛的胜者名次列前。

(4) 如3队总得分仍相等，抛击小球的方法决定胜负。

决赛根据预赛分组情况，采用交叉淘汰或其他方式进行。

双人赛一局决定胜负，每局9分，先得9分者为胜。每局限30分结束，分高者为胜。前4名每局限40分钟结束，分高者为胜。

2. 单人赛

比赛组织方式同双人赛。报名人员同单人赛不可重复。

3. 单人准确抛击、单人连续抛击、双人连续抛击、联合赛

准确、连续抛击赛以抽签决定上场顺序。单人连续每队1人进行比赛，双人连续每队2人以接力形式进行比赛。比赛先进行预赛，成绩最好的8个队进入复赛，决出前4名进入决赛，决出名次，准确与连续不能兼项。

联合赛以抽签进行分组，采用淘汰方式进行。

4. 同分裁决：准确、连续抛击比赛，如分数相同，需区分时，加赛以决出名次。

5. 竞赛规则：采用国际大金属地联的最新规则。

（三）小金属球

1. 三人赛

预赛：根据情况分组，采用单循环比赛形式，胜一场得2分，负一场得1分，弃权者为0分。如两队积分相等，以两队之间的胜负关系决定名次，如两队以上的队伍积分相等，以净胜分多者列前；如净胜分再相等以得分多者列前；如得分相同以失分少者列前。如上述情况仍相等以抛击小球的方法决定胜负。比赛一局决定胜负，每局13分，先得13分者为胜。

决赛：根据预赛分组情况，进行交叉淘汰或其他方式，以决出名次。

2. 双人赛、单人赛

采用11分制，参赛者抽签入位，以淘汰方式进行，决出名次。

3. 竞赛规则

采用国际小金属地联的最新规则。

三、录取名次和奖励

（一）各项目分别录取前6名给予奖励。

（二）设“体育道德风尚奖”。

（二）表　格

1. 排名表

排　名　表

队名：　　　　　　　　　　　　年　　月　　日

项　目	姓　名	替　补
三人赛		
单人赛		
双人赛		

教练员签名：

2. 团体赛记分表

团体赛记分表

比赛名称：　　　　　　　　　　　　　　　　　　　　预赛　复赛　决赛　组别：

日　期：						
地　点：						
场　地：						
开始时间：						
结束时间：						
姓名 / 队名 / 项别						
三人赛	1.　　2.					
	3.　　替换					
单人赛						
双人赛	1.　　2.					
	3.　　替换					
姓名 / 队名 / 项别						
三人赛	1.　　2.					
	3.　　替换					
单人赛						
双人赛	1.　　2.					
	3.　　替换					
计分 / 队名 / 项别						
	得分	失分	胜局	得分	失分	胜局
三人赛						
单人赛						
双人赛						
累　计						

各局成绩记录								
三人赛			单人赛			双人赛		
	积分			积分			积分	
	1			1			1	
	2			2			2	
	3			3			3	
	4			4			4	
	5			5			5	
	6			6			6	
	7			7			7	
	8			8			8	
	9			9			9	
	10			10			10	
	11			11			11	
	12			12			12	
	13			13			13	
	14			14			14	
	15			15			15	
	总分		总分		总分			
	观察		观察		观察			
	暂停			暂停			暂停	
	换人			换人			换人	
	警告			警告			警告	
	取消资格			取消资格			取消资格	

胜方队长签名：	记录员签名：
负方队长签名：	裁判员签名：
备　注：	裁判长签名

第十五节　木　球

木球运动1980年起源于中国台湾，并逐渐推广到全世界，尤其在东南亚和大陆已非常普及。木球比赛通常采用的竞赛方法是循环赛制、淘汰赛制和混合赛制。举办单位可以根据比赛任务、参赛者数目、比赛时间及场地等情况，选择合适的竞赛方法。

一、木球比赛的分类和项目

木球比赛有个人赛和团体赛。

木球比赛项目如下。

（一）杆数赛：以12个球道击球总杆数低者为胜。

（二）球道赛：12个球道中获胜球道（杆数低者）多者为胜。

二、木球比赛的组织编排

（一）台湾省云林县2005年春季县长杯木球锦标赛

1. 比赛以完成两轮合计24球道之总杆数低者为胜。

2. 团体赛每队球员4～6人出赛，以最佳4人成绩总和判定胜负。若2队以上总成绩相同，以个人总杆数最低者为胜。若4人杆数皆同，以第五人总杆数低者为胜。若再相同，以第六人总杆数低者为胜。（若该队无第5、6人，则判定该队败）

3. 个人赛则依参加团体赛之个人成绩判定名次，若总杆数相同则以第12（24）道最低杆者为胜，再相同者，比较第11（23）道最低杆者为胜，以此类推。

（二）台湾中等学校木球锦标赛

1. 所有赛程均以完成两轮合计24个球道（12×2）之总杆数多寡判定胜负，总杆数低者为胜。

2. 团体赛每队球员4～6人出赛，以最佳4人总杆数总和判别名次，若2队以上总杆数相同时，以各该队相关（4位）队员中，获个人总杆数最低队为胜，若再相同时，以队员中获次低杆者的队为胜，以此类推。

3. 报名团体赛若未满4人出赛或无完整4人之比赛成绩，则不列入团体组成绩计算，但得列入个人组成绩计算。

4. 参加团体赛的球员，其成绩将自动列入个人组计算。所有个人组选手，完成24球道预赛后，高中男、女子个人组各取前16名，进行12球道之决赛，连同预赛成绩共36球道之总杆数判定胜负，总杆数低者为胜。若2人以上总杆数相同时，以36球道中杆数低的球道多者为胜，若再相同时，以36球道中次低杆多者为胜，以此类推。

5. 双人组采用2人轮流击球（共享一球），奇数道（1、3、5、7、9、11）由报名表上登录的球员1先发球，接着由球员2打第二杆，再由球员1打第三杆，以此轮流交替击球直到过门为止；偶数道（2、4、6、8、10、12）由球员2先发球，接着由球员1打第二杆，再由球员2打第三杆，以此轮流交替击球直到过门为止，以24球道打击总杆数判定胜负。若2队以上总杆数相同时，以杆数低的球道多者为胜，若再相同时，以次低杆多者为胜，以此类推。

6. 若以上述方式仍未能判定胜负时，则由大会指定球道加赛至分出胜负为止。

三、木球比赛排定名次的方法

（一）每位球员必须有每一球道的比赛杆数，以及赛完12个球道的总杆数记录，否则不予核算成绩。

（二）胜负判定：

1. 杆数赛：

（1）每位球员赛完每一场12个球道的总杆数判定胜负，以低杆者为胜。若总杆数相同者，以杆数低的球道多者为胜，以此类推；或由大会指定球道加赛至分出胜负为止。

(2) 团体胜负以该队最佳4人总杆数总和低者为胜。若总杆数相同时，以各该队个人总杆数低者为胜，以此类推。

2. 球道赛：每一场球赛中获胜球道多者为胜，若相同时，由大会指定球道加赛至分出胜负为止。

四、附 件

(一) 竞赛规程 (摘要)

1. 海南大学2006年木球公开赛竞赛规程

一、比赛分组

(一) 个人组：男子A、B组；女子组。

(二) 男女混合组。

二、参加办法

(一) 男子A组为参加过校级以上木球比赛的队员，必须完成36个球道比赛。

(二) 男子B组为第一次参加校级木球比赛的队员。

(三) 男子B组和女子组完成24个球道比赛后，各取前8名进入决赛，再进行12个球道的比赛。

(四) 男女混合组完成12个球道的比赛。(男子1、3、5、7、9、11球道发球，女子2、4、6、8、10、12球道发球)

三、竞赛办法

(一) 比赛采用国际木球总会制定的《木球规则》。

(二) 男子A组比赛采用同组队员互记杆，男子B组、女子组和男女混合组均由大赛组委会安排裁判。

(三) 每个球道最高杆数为10杆，超过10杆以10杆计算。

四、名次评定方法

(一) 男子A、B组；女子组参赛者以36个球道的总杆数多少判定胜负，总杆数低者为胜。

(二) 男女混合组以12个球道总杆数多少判定胜负，总杆数低者为胜。

(三) 若总杆数相等，以球道中最低杆者名次列前，若仍相等则以次低杆者列前，以此类推。

五、录取名次和奖励

(一) 男子A组个人赛取前3名；男子B组个人赛取前5名；女子组个人赛取前8名；男女混合组取前6名。

(二) 另设一杆过门奖，奖金80元人民币，若得奖者超过1人以上，则奖金平分（女子为第6球道、男子为第9球道)。

2. 2006年广州木球邀请赛竞赛规程

一、比赛分组

(一) 团队组：男子组、女子组。

(二) 个人组：男子组、女子组。

二、竞赛办法

(一) 比赛采用国际木球总会制定的《木球规则》。

(二) 各参赛队伍请自备符和国际木球规则规定的球具。

(三) 团体组只进行一轮（12条球道）的比赛。

三、成绩计算方法和名次判定方法

(一) 团体组以完成一轮（12条球道）比赛的总杆数多少判定胜负，总杆数少者名次列前。

(二) 团体组成绩以参赛队的最佳4人总杆数成绩总和判定名次。若两队成绩相同时，以相关球队球员中12条球道总和成绩最底杆者的球员为胜，名次列前。若再相同时，以次低杆者的球队名次列前，以此类推。

(三) 个人组成绩以12条球道总杆数总和判定名次。低杆者名次列前。若有两人以上成绩相同，则以12条球道中杆数成绩次低的球道多者为胜，名次列前，以此类推。

(四) 球员少于4人的队，不计团体成绩，只计算个人成绩。

(五) 每条球道最高杆数为10杆，超过10杆以10杆计算。

四、录取名次和奖励

(一) 团体组：男、女团体组各取冠军和亚军给予奖励。

(二) 个人组：男、女个人组各取前6名给予奖励。

第五章　田径运动竞赛组织编排

田径运动是世界上历史最悠久的运动项目之一，古代奥运会就有了田径比赛项目。现代田径运动在19世纪末传入我国。田径项目是奥运会金牌最多的项目。

第一节　田径运动的分类和项目

田径运动是由田赛和径赛、公路赛、竞走、越野赛组成的运动项目。以高度和远度计算成绩的跳跃、投掷项目称为田赛，以时间计算成绩的跑和竞走项目称为径赛。目前，我国田径运动分为田赛、径赛和全能3大类（表5－1）。

表5－1　我国田径运动分类和比赛项目

类别	项目	成人		少年			
		男子组	女子组	男子甲组	女子甲组	男子乙组	女子乙组
田赛	跳跃	跳高、撑竿跳高、跳远、三级跳远	跳高、撑竿跳高、跳远、三级跳远	跳高、撑竿跳高、跳远、三级跳远	跳高、撑竿跳高、跳远、三级跳远	跳高、撑竿跳高、跳远、三级跳远	跳高、撑竿跳高、跳远、三级跳远
	投掷	铅球（7.26千克） 标枪（800克） 铁饼（2千克） 链球（7.26千克）	铅球（4千克） 标枪（600克） 铁饼（1千克） 链球（4千克）	铅球（6千克） 标枪（700克） 铁饼（1.5千克） 链球（6千克）	铅球（4千克） 标枪（600克） 铁饼（1千克） 链球（4千克）	铅球（5千克） 标枪（600克） 铁饼（1千克） 链球（4千克）	铅球（3千克） 标枪（500克） 铁饼（1千克） 链球（3千克）
径赛	竞走	场地：20000米、30000米、50000米 公路：20千米、50千米	10000米、20000米 20千米	5000米、10000米	3000米、5000米	5000米、10000米	3000米、5000米
	短距离跑	100米、200米、400米	100米、200米、400米	100米、200米、400米	60米、100米、200米、400米	100米、200米、400米	60米、100米、200米、400米
	中距离跑	800米、1500米、3000米	800米、1500米、3000米	800米、1500米、3000米	800米、1500米、3000米	800米、1500米、3000米	800米、1500米
	长距离跑	5000米、10000米	5000米、10000米	5000米			
	跨栏跑	110米（1.067米） 400米（0.914米）	100米（0.84米） 400米（0.762米）	110米（0.914米） 400米（0.914米）	100米（0.84米） 400米（0.762米）	110米（0.914米） 200米（0.762米）	100米（0.762米） 200米（0.762米）
	障碍跑	3000米	3000米				
	马拉松	42195米	42195米				
	接力跑	4×100米 4×400米	4×100米 4×400米	4×100米 4×400米	4×100米 4×400米	4×100米 4×400米	4×100米 4×400米

续　表

类别	项目	成　　人		少　　年			
		男子组	女子组	男子甲组	女子甲组	男子乙组	女子乙组
全能		十项：100 米、跳远、铅球、跳高、400 米、110 米栏、铁饼、撑竿跳高、标枪、1500 米	七项：100 米栏、跳高、铅球、200 米、跳远、标枪、800 米	七项：110 米栏、跳高、标枪、400 米、铁饼、撑竿跳高、1500 米	五项：100 米栏、铅球、跳高、跳远、800 米	四项：110 米栏、跳高、标枪、1500 米	四项：100 米、跳高、标枪、800 米

附件：北京奥运会田径共设 47 枚金牌，其中男子 24 枚金牌，女子设 23 枚。

男子（24 项）

径　赛：100 米、200 米、400 米、800 米、1500 米、5000 米、10000 米、110 米栏、400 米栏、3000 米障碍赛、4×100 米接力、4×400 米接力

田　赛：跳高、撑杆跳高、跳远、三级跳远、铅球、铁饼、链球、标枪

全能赛：十项全能（100 米、跳远、铅球、跳高、400 米、110 米栏、铁饼、撑杆跳高、标枪、1500 米）

公路赛：20 千米竞走、50 千米竞走、马拉松

女子（23 项）

径　赛：100 米、200 米、400 米、800 米、1500 米、5000 米、10000 米、100 米栏、400 米栏、3000 米障碍赛、4×100 米接力、4×400 米接力

田　赛：跳高、撑杆跳高、跳远、三级跳远、铅球、铁饼、链球、标枪

全能赛：七项全能（100 米栏、跳高、铅球、200 米、跳远、标枪、800 米）

公路赛：20 千米竞走、马拉松

第二节　田径竞赛的编排工作

编排工作是进行田径比赛至关重要的环节，编排的质量直接影响着比赛是否能顺利进行。编排工作要求编排人员态度认真，耐心冷静；思路敏捷，全局感强；熟悉规则、规程，有较丰富的实践经验。

一、编排前的准备工作

（一）学习竞赛规程及田径规则，了解下列情况

1. 运动会的期限、天数，每天的作息时间，开幕式和闭幕式（包括表演）的时间等。

2. 参赛单位、组别、项目等。

3. 比赛办法：每单位每项限报几人，每人限报几项。

4. 奖励及计分方法。

5. 场地、器材情况：了解直道弯道数，跳跃和投掷场地的数量、器材、设备质量等。

6. 裁判员的人数与裁判水平等情况。

（二）准备有关用具和各种比赛表格

（三）审查报名表

按运动会竞赛规程规定审查报名表，如发现错误应立即与有关单位联系，及时解决。

（四）编排运动员姓名号码对照表

号码顺序可以按各队报名先后的顺序排定，也可以按组委会规定的顺序排定。

（五）进行各项统计工作

统计各单位参加人数；各项目的运动员人数和运动员兼项人数。以便掌握情况，为编排工作做准备。

（六）填写卡片

根据报名名单把参加各径赛项目的运动员姓

名、单位、号码和报名成绩等，填写在“径赛成绩记录卡”上（见附件），每个选手参加一项径赛就要填写一张卡片。“接力赛成绩记录卡”每队填写一张。全能比赛的运动员每人只需填写一张“全能成绩记录卡”，卡片填写好经过核对后，按项目归类，以备编排径赛分组时用。

二、编排竞赛日程

竞赛日程是组织运动员参加比赛的依据，也是裁判员执行工作的依据。竞赛日程安排的是否合理，对竞赛能否顺利进行和运动员能否取得优异成绩有着直接的关系。

（一）编排方法

1. 填表编排

在“田径竞赛日程安排表”（表5－2）上先填入每个比赛单元时间（半天为一个单元时间）的比赛项目和赛次，然后再细排每单元各项目的比赛顺序。这样有利于一目了然，控制全局。尤其是对赛次的调整比较方便，对有关项目之间的问题比较容易发现，避免出错。

表5－2　田径竞赛日程安排表　　组别：

比赛日期										
比赛单元	上午	下午	上午	下午	上午	下午	上午	下午	上午	下午
100米										
200米										
…										
…										
标枪										
十项全能										
每日决赛项数										
每日比赛项数										

（1）根据竞赛规程规定的比赛天数、单元、时间、组别等，将比赛项目合理安排到每个比赛单元中去。

（2）根据运动员报名人数，预计各比赛项目的赛次。在编排项目顺序时，先排全能项目，后排单项；单项中先排径赛，后排田赛。然后在统计栏中填上每天的决赛项数和比赛的总项数。要详细检查是否有遗漏项目及赛次，常规兼项有无冲突。

（3）编排每比赛单元竞赛日程时，要根据参加比赛的人数和组数，结合各项比赛的估算时间（表5－3），计算出各项目所需时间和比赛单元的总时间，仍然是先排全能后排单项，排出每单元的竞赛日程。有决赛项目的单元要考虑发奖时间。

表5－3　各项比赛估算时间表

径　赛	每组时间（分）	田　赛	每项时间（分）
100、200、400米	4～5	跳远、三级跳远	4×（总人数＋8）
800米	6～8	跳高	10－12×（总人数）
1500米	8～10	撑竿跳高	13－15×（总人数）
3000米、3000米障碍	15～20	推铅球	4×（总人数＋8）
5000米	20～25	掷铁饼	5×（总人数＋8）
10000米	40～50	掷标枪	5×（总人数＋8）
100米栏、110米栏	5	掷链球	6×（总人数＋8）
400米栏	5		
4×100米接力	8～10		
4×400米接力	10～15		
马拉松	200～210		
3000米竞走	25～30		

续　表

径　赛	每组时间（分）	田　赛	每项时间（分）
5000 米竞走	40 ~ 45		
10000 米竞走	70 ~ 75		
20000 米竞走	120 ~ 130		
50000 米竞走	310 ~ 320		

注：1. 不同项目换项或同项目换组时要增加 5 ~ 10 分钟；
2. 摆栏架、撤栏架时间要增加 5 ~ 10 分钟。

2. 卡片编排

（1）将全部比赛项目的组别、赛次、人数、组数以及每项比赛所需要的时间分别写在不同颜色（分别代表不同组别）的长条硬纸片上。写好后，认真核对，不得遗漏。再将卡片置于较大的平台上，以便进行编排和调整。

男子甲组	200 米预赛	28 人	四组	20 分钟
女子乙组	铅球预决赛	20 人	110 分钟	

（2）根据编排的原则和要求，将不同颜色的纸条，合理地安排到各个比赛单元时间内，编排竞赛日程。

（3）先排全能项目，其次是排赛次多的项目，再排跨栏和其他径赛项目。

（4）径赛排完再排田赛。注意检查有无兼项冲突和性质相关项目的先后顺序。

（5）全部比赛项目都排入比赛的各个单元时间内后，要进行详细检查，对不妥或遗漏之处再进行调整。卡片不得随意移动，以免影响编排。

（6）可以编排出多个方案，从中选出最佳方案。编排方案一旦确定，要及时抄录下来，并报送竞赛委员会审查。经同意后即可制定竞赛日程表（见附件）。

（二）编排时的注意事项

1. 在同一项目预、次、复、决赛各赛次之间以及全能比赛的各项目之间应按规则规定保证给运动员一定的休息时间，其最短的间隔时间为：

200 米及 200 米以下的径赛（包括 100 栏、110 米栏、4 × 100 米接力），中间休息 45 分钟。

400 米至 1000 米的径赛（包括 400 米栏、4 ×400 米接力），中间休息 90 分钟。

1000 米以上的径赛（有 1500 米、3000 米、5000 米、10000 米、3000 米障碍），中间休息 3 小时。各项目不在同一天举行。

全能运动员各项目之间休息时间 30 分钟。

要考虑并延长兼项之间的休息时间。田赛项目最好在及格赛后隔一天再进行正式比赛。

2. 为减少兼项的冲突，可按兼项的一般规律将某些项目分开编排。经常出现的兼项如下。

100 米和 200 米	100 米和跳远
200 米和 400 米	跳远和三级跳远
400 米和 800 米	400 米和 400 米栏
800 米和 1500 米	100 米和 4 × 100 米接力
1500 米和 3000 米	400 米和 4 ×400 米接力
5000 米和 10000 米	推铅球和掷铁饼

3. 某些性质相近的项目编排时，要注意其先后次序。如：先 100 米后 200 米，先 5000 米后 10000 米，先推铅球后掷铁饼，先跳远后三级跳远等。

4. 不同组别的同一项目的径赛，最好衔接进行。如男子 100 米和女子 100 米等。这样有利于起点、终点裁判的工作和场地器材的布置。200 米以下（包括 100 米栏、110 米栏）的径赛项目，最好是一天内结束一个项目。

5. 不同组别的同一田赛项目，在时间许可的情况下，不要安排在同一个比赛单元。

6. 各项跨栏项目，一般应该安排在每一比赛单元的第一项，也可以安排在中长距离跑和竞走比赛的后面进行，以免摆、撤栏架耽误比赛时间。

7. 接力项目最好安排在比赛单元的最后一项进行，以便保证兼项运动员参加。

8. 田赛项目应防止场地一端过于集中，一端空场。同一时间不要安排两个田赛长投项目。竞走、长跑时，也最好不要安排标枪等长投项目。

9. 撑杆跳高的比赛时间，要估计充裕一些。最好安排在上午开场时就进行，同时要注意阳光的照射方向。

10. 编排比赛秩序时，先编排全能比赛，接着安排径赛项目，最后编排田赛项目。每单元的比赛应尽可能使径赛和田赛同时结束。

11. 在编排比赛秩序时，要注意把决赛项目和比较精彩的项目分开编排在比赛的各个单元，使运动场上始终保持热烈活跃的气氛。

12. 比赛的最后一个单元结束前，可考虑安排一项长距离项目，使之有充分时间累计团体总分，以便闭幕式上发奖。

三、竞赛分组

（一）径赛项目分组

1. 分组方法

（1）根据各个项目的参加人数、赛次及赛次录取的名额、直道和弯道分道数及裁判员情况等，拟定“径赛分组计划表”（见附件）。

（2）根据有报名成绩和无报名成绩的情况对预赛进行分组。

①有报名成绩

将所有的运动员按报名成绩高、低排序，然后采用“蛇行排列”分组法把运动员分到各组（图5－1，24人比赛）。如出现同单位运动员同组，可就近上下进行调整。分组后，由技术代表抽签排定各组比赛的次序和运动员的道次（预赛8条道同时抽签），并将组别、道次写入相应的卡片内。

第一组	1	6	7	12	13	18	19	24
第二组	2	5	8	11	14	17	20	23
第三组	3	4	9	10	15	16	21	22

图5－1　蛇行排列分组

②没有报名成绩

将每单位该项目运动员的卡片按单位从上而下的排列（先报名的在前），然后采用“斜线”分组法把运动员按斜线通过的顺序分到各组（表5－4，表5－5，30人比赛）。分组后，先由技术代表抽签排定各组的组次，再抽签决定道次，并将组别、道次写入相应的卡片内。

表5－4　斜线分组

单位/号码/顺序	北京	上海	天津	重庆	广东	广西	江苏	浙江	安徽	山东
	1	4	7	10	13	16	19	22	25	28
	2	5	8	11	14	17	20	23	26	29
	3	6	9	12	15	18	21	24	27	30

表5－5　分组后各组的情况

道次/号码/组别	一	二	三	四	五	六	七	八
第一组	1	5	9	10	14	18	19	23
第二组	27	28	2	6	7	11	15	16
第三组	20	24	25	29	3	4	8	
第四组	12	13	17	21	22	26	30	

（3）1500米和1500米以上的不分道次的项目的预赛，分组方法同上，但要抽签决定起跑位置的顺序（从里道向外排列）。

（4）上述分组、分道工作结束后，即可制定径赛分组表（表5－6）。

表5－6　径赛分组表

项目：　赛次：　人数：　组数：　比赛时间：

第一组

道次	1	2	3	4	5	6	7	8
号码								
姓名								
单位								

2. 分组时的注意事项

（1）按参赛人数、跑道数、赛次、录取方法和裁判员人数进行分组，每组人数尽量均等。同一单位的运动员尽可能避免排在同一组内。

（2）一次性决赛的项目，要按成绩优劣分组；按名次录取分组时，要把成绩优秀的运动员平均编排在各组里。

（3）长距离跑的比赛项目，人数多了可分组进行，但每组人数不应超过 15 人；若是分组决赛，可将成绩好的运动员集中编在一组。大型比赛按《田径竞赛规则》第 166 条的相关规定执行。

（4）比赛道次的分配

①800 米和 800 米以下的径赛项目，第一赛次抽签排定道次，然后由记录员将其抽签号码填入“径赛检录表”（见附件）。后继赛次每组运动员分两批抽签排定道次：每组排列前 4 名的运动员或队，先抽 3、4、5、6 道；每组排列后 4 名的运动员或队，再抽 1、2、7、8 道。最近，田径规则有所改变，即每组排列前 4 名的运动员或队，先抽 3、4、5、6 道；每组排列五、六名的运动员抽 7、8 道，排列七、八名的运动员抽 1、2 道。基层比赛也可以由编排人员按成绩抽签排定道次，再交起点和终点。

②1500 米和 1500 米以上的不分道次的项目的预赛，分组方法同上，但要抽签决定起跑位置的顺序（从里道向外排列）。

③只有一个赛次的项目，要抽签决定运动员的道次或起跑位置。

（二）田赛项目分组

1. 田赛项目一般不分组，比赛的次序由技术代表抽签排定。同一单位的运动员不要连续排列，应前、中、后机会均等。

2. 参加人数较多的项目，可在正式比赛前举行及格赛（大型比赛一般报名人数超过 18 人，即举行及格赛），也可分组举行比赛，如远度项目，可分别在不同的场地同时举行前 3 轮的比赛，然后选出成绩最优秀的 8 人，合在一起进行后 3 轮的比赛。高度项目也可分别在不同的场地举行比赛，待淘汰到一定人数时，再合在一起进行决赛。

3. 田赛时如因人数过多必须分组进行比赛时，必须在秩序册内排定。比赛时应提供各组在相同时间和同等条件下进行比赛的设施，否则应在上一组比赛结束后即进行下一组的比赛。当跳高或撑竿跳高及格赛分两组同时进行时，两组每次横杆增加的高度都应该相同。

（三）全能项目分组

1. 径赛分组：男、女 100 米、200 米、400 米、100 米栏、110 米栏的比赛，由技术代表决定各组的运动员人数，每组最好为 5 人或 5 人以上，不得少于 3 人。800 米和 1500 米的分组，应将前几个项目积分多的运动员编在一组。

2. 田赛项目一般不分组。比赛顺序应由技术代表抽签排定。也可以除第一项由编排人员抽签确定外，其余各项均由运动员抽签排定。

四、填写各项竞赛分组表

（一）按照秩序册上的径赛分组，填写各项径赛分组表，要注意核对组别、号码、姓名、单位。表一式三份，一份留公告用，二份交检录处，检录后分别交起点、终点各一份。

（二）填写各项田赛表格。按抽签排定的顺序把运动员的号码、姓名、单位分别填入“田赛高度项目成绩记录表”和“田赛远度项目成绩记录表”（见附件）。

五、比赛期间的编排记录公告工作

比赛期间的编排记录公告工作，要做到准确、及时。根据运动会的规模及编排记录公告人员的情况，要做以下工作：场地联络、临场编排、记录全能成绩、总成绩和团体总分、成绩公告、奖牌与总分统计、文件及资料整理等。

（一）临场编排

1. 在收到径赛项目预、次、复赛成绩记录卡片经核对后，应立即排出下一赛次的运动员名单和分组、分道表（编排原则与方法同前），一式五份，一份交宣告，宣告后转贴在成绩公告处；两份交检录处，供起点、终点裁判用；一份送大会宣传组；一份留底备查。基层运动会份数可减少。

2. 田赛及格赛后，根据田径规则的有关规定，录取运动员参加决赛，并请技术代表抽签决定比赛顺序。

3. 按照比赛秩序，将每个比赛单元的径赛项目检录表和田赛表格逐项清点，提前半天交给有关裁判长。

（二）记录全能运动员的成绩与评分，将每项决赛结果准确地填入“成绩记录总表”和“团体总分表”（见附件），核对准确后一式五份。除留存一份备查外，其他分别交宣告、主席台、奖品组和成绩公告处（张贴）。

（三）及时整理每天比赛成绩、团体总分、奖牌数及破纪录人数、项数和次数等有关资料。印制成绩公告，及时发给各队和有关单位。

（四）市级以下中小型运动会在录取后继赛次时，可采用预赛按成绩录取，参加复赛；复赛按名次录取参加决赛的方法。同时一般单项径赛多采用预赛、决赛两个赛次，长距离项目可考虑只用决赛一个赛次。

六、比赛结束后的工作

（一）计算团体总分和奖牌数，及时送交裁判长宣布成绩。

（二）填写成绩证明表和破纪录申请表。

（三）编印比赛总成绩册。

总成绩册的格式及内容如下。

1. 竞赛的名称、主办单位、承办单位、赞助和祝贺单位。

2. 团体总分统计，金、银、铜牌统计，创纪录运动员名单，达健将人数统计。

3. 比赛成绩：

（1）按竞赛规程所排列的项目顺序，男子在前女子在后，先径赛后田赛再全能的顺序排列各项成绩。

（2）径赛按预、次、复、决的顺序排出成绩；田赛按及格赛、正式比赛的顺序排出成绩。

（四）整理有关文献资料交主管部门存档。

附　件

（一）竞赛规程（摘要）

2008 全国青少年（16～19 岁）
田径锦标赛竞赛规程

一、竞赛项目

（一）青年组（18～19 岁、甲组）

男子：（21 项）

100 米、200 米、400 米、800 米、1500 米、5000 米、10000 米、110 米栏（1 米）、400 米栏、3000 米障碍、4×100 米接力、4×400 米接力、跳高、撑竿跳高、跳远、三级跳远、铅球（6 千克）、铁饼（1.75 千克）、链球（6 千克）、标枪、十项全能。

女子：（21 项）

100 米、200 米、400 米、800 米、1500 米、3000 米、5000 米、100 米栏、400 米栏、3000 米障碍、4×100 米接力、4×400 米接力、跳高、撑竿跳高、跳远、三级跳远、铅球、铁饼、链球、标枪、七项全能。

（二）少年组（16～17 岁、乙组）

男子：（20 项）100 米、200 米、400 米、800 米、1500 米、3000 米、110 米栏（0.914 米）、400 米栏（0.84 米）、2000 米障碍、4×100 米接力、4×400 米接力、跳高、撑竿跳高、跳远、三级跳远、铅球（5 千克）、铁饼（1.5 千克）、链球（5 千克）、标枪（700 克）、七项全能。

女子：（20 项）100 米、200 米、400 米、800 米、1500 米、3000 米、100 米栏、400 米栏、2000 米障碍、4×100 米接力、4×400 米接力、跳高、撑竿跳高、跳远、三级跳远、铅球、铁饼、链球、标枪、五项全能。

二、参加办法

（一）青年年龄为 1989 和 1990 年出生者；少年年龄为 1991 和 1992 年出生者。

（二）每人报项不限，各单位每项接力限报一队。

三、竞赛办法

（一）按中国田径协会审定的《田径竞赛规则 2006》和《田径竞赛规则 2008 修改部分》执行。比赛的场地器材须经中国田径协会审定。

（二）所有项目分甲组（青年）和乙组（少年）分别进行。

（三）青年和少年女运动员将统一使用成人器材。

（四）径赛项目录取参加决赛的办法

1. 男、女 800 米、1500 米参赛人数 8 人及以下一组决赛，9～16 人分两组决赛，16 人以上按预赛成绩录取前16名参加决赛，决赛以预赛成绩蛇形排列分两组，按决赛成绩排定名次。

2. 其他径赛项目根据报名人数按规则规定决定赛次。

（五）田赛项目录取参加决赛的办法

1. 田赛项目原则上超过18人举行及格赛，取12人参加决赛。

2. 高度项目在健将高度标准以下每人2次试跳机会，健将高度标准（含健将高度）以上每人3次试跳机会；

3. 远度项目第一轮按最好成绩录取5名，第二轮根据所剩运动员前两轮成绩再录取2名，第三轮除去已录取的7名运动员，根据前3轮成绩再录取1名，共8人参加后3轮比赛（前2轮已被录取的运动员可以继续进行试跳，成绩将带入决赛排名）。

四、计分办法

（一）各单项前8名计分为9、7、6、5、4、3、2、1分，全能项目和接力项目计分加倍。

（二）青年锦标赛和少年锦标赛分别计算团体总分，按各单位运动员在各单项中得分之和，排列团体名次。

（三）在每一个赛次（全能每一个单项）中，达到运动健将标准者均加2分；超全国青年、少年纪录者加10分；超亚洲青年、少年纪录者加15分；超全国纪录者加20分，超世界青年纪录者加25分；如同时超多项纪录，只按最高分加一次。

（四）团体总分相同，以超纪录或成绩项数多者列前，再相同以冠军多者列前，以此类推。

五、录取名次与奖励

（一）各单项分别录取前8名。如参赛人数不足6人（含6人）只录取前3名，7~8人录取前6名进行名次积分。

（二）前3名分别颁发金、银、铜牌，前8名颁发成绩证书。

（三）青年锦标赛和少年锦标赛各录取团体前8名。冠军队颁发奖杯，第2~8名均发奖状。

六、本规程解释权属国家体育总局田径运动管理中心。

（二）竞赛日程

1. 竞赛日程（一）

竞赛日程

第一场　月　日（星期　）　上午

径赛			
1. 8：30	女甲乙100米栏（七项之一）	1组	8人
2. 8：35	女甲100米栏 预赛	2组	14人
3. 8：50	男甲100米（十项之一）	1组	5人
	男乙100米（十项之一）	1组	6人
4. 9：00	男甲100米 预赛	4组	30人
	男乙100米 预赛	3组	18人
5. 9：40	女甲100米 预赛	3组	20人
	女乙100米 预赛	2组	11人
6. 10：10	男甲400米 决赛	4组	26人
	男乙400米 决赛	2组	16人
7. 10：40	女甲400米 决赛	3组	19人
	女乙400米 决赛	2组	15人
8. 11：20	女甲100米栏决赛	1组	8人
9. 11：30	女乙100米栏决赛	1组	2人
田赛			
1. 8：30	女甲跳远决赛	24人	
2. 10：30	女乙跳远决赛	10人	
3. 8：30	男甲标枪决赛	19人	
4. 10：00	男乙标枪决赛	7人	
5. 8：30	女甲铅球决赛	19人	
6. 10：00	女乙铅球决赛	5人	
7. 10：0	男甲乙跳远（十项之二）	11人	
8. 9：30	女甲乙跳高（七项之二）	8人	
9. 11：00	男甲乙铅球（十项之三）	11人	

第二场　月　日（星期　）　上午

径赛			
1. 2：00	男甲110米栏 预赛	2组	16人
2. 2；10	男甲100米决赛	1组	8人
	男乙100米决赛	1组	8人
3. 2：20	女甲100米决赛	1组	8人
	女乙100米决赛	1组	8人

4.2：40　女 甲 1500 米决赛　2 组　22 人

女 乙 1500 米决赛　1 组　7 人

5.3：10　男 甲 1500 米决赛　2 组　28 人

男 乙 1500 米决赛　1 组　7 人

6.3：40　女甲乙 200 米（七项之四）　1 组　8 人

7.3：50　女甲 4×100 米接力决赛　2 组　12 队

女乙 4×100 米接力决赛　1 组　6 队

8.4：20　男甲 4×100 米接力决赛　2 组　14 人

男乙 4×100 米接力决赛　1 组　8 人

9.4：50　男甲 400 米（十项之五）1 组　5 人

男乙 400 米（十项之五）　1 组　6 人

田　赛

1.2：00　女 甲三级跳远决赛　25 人

2.3：40　女 乙三级跳远决赛　13 人

3.2：00　女甲乙铅球（七项之三）　8 人

4.2；00　男甲乙跳高（十项之四）　11 人

5.3；40　男乙跳高决赛　10 人

6.3：00　女甲铁饼决赛　14 人

7.4：10　女乙铁饼决赛　3 人

8.2：00　男甲跳远决赛　26 人

9.4：00　男乙跳远决赛　13 人

第三场　月　日（星期　）　上午

径　赛

1.8：30　男 甲 110 米栏（十项之六）　1 组　5 人

男 乙 110 米栏（十项之六）　1 组　6 人

2.8：40　男 甲 110 米栏决赛　1 组　8 人

男 乙 110 米栏决赛　1 组　8 人

3.8：55　女 甲 200 米预赛　3 组　20 人

女 乙 200 米预赛　2 组　3 人

4.9：20　男 甲 200 米预赛　4 组　32 人

男 乙 200 米预赛　3 组　18 人

5.10：00　女 甲 800 米决赛　3 组　21 人

女 乙 800 米决赛　1 组　7 人

6.10：20　男 甲 800 米决赛　3 组　22 人

男 乙 800 米决赛　2 组　10 人

7.11：00　女甲乙 3000 米决赛　1 组　18 人

8.11；20　女 甲 200 米决赛　1 组　8 人

女 乙 200 米决赛　1 组　8 人

9.11：30　男 甲 200 米决赛　1 组　8 人

男 乙 200 米决赛　1 组　8 人

田　赛

1.8：30　女甲乙标枪决赛　16 人

2.8：30　女 乙跳高决赛　6 人

3.8：30　男 甲铅球决赛　22 人

4.10：00　男 乙铅球决赛　9 人

5.8：30　女甲乙跳远（七项之五）　8 人

6.9：40　男 乙三级跳远决赛　15 人

7.9：30　男甲乙铁饼（十项之七）　11 人

8.8：30　女 乙撑杆跳高决赛　2 人

9.9：10　男甲乙撑杆跳高决赛　6 人

10.10：20　男甲乙撑杆跳高（十项之八）　11 人

11.9：30　男 甲跳高决赛　23 人

12.10：5 0 女甲乙标枪（七项之六）　8 人

第四场　月　日（星期　）　上午

径　赛

1.2：00　男 甲 400 米栏决赛　4 组　7 人

男 乙 400 米栏决赛　2 组　11 人

2.2：20　女 甲 400 米栏决赛　2 组　13 人

女 乙 400 米栏决赛　1 组　7 人

3.2：40　女甲乙 800 米（七项之七）　1 组　8 人

4.2：50　女 甲 4×400 米接力决赛　2 组　12 队

女 乙 4×400 米接力决赛　1 组　6 队

5.3：10　男 甲 4×400 米接力决赛　2 组　13 队

男 乙 4×400 米接力决赛　1 组　7 队

6.3：40　男甲乙 1500 米（十项之十）　1 组　11 人

7.3：50　男 甲 5000 米决赛　1 组　24 人

8.4：10　男 乙 5000 米决赛　1 组　6 人

田　赛

1.2：00　男甲乙标枪（十项之九）　11 人

2.2：00　女 甲跳高决赛　15 人

3.2：00　男 甲三级跳远决赛　25 人

4.2：00　男 甲铁饼决赛　22 人

5.3：30　男 乙铁饼决赛

2. 竞赛日程（二）

竞 赛 日 程

比赛日期		5月13日		5月14日		5月15日	
比赛单元		上午	下午	上午	下午	上午	下午
100米	男	预	复	决			
	女	预	复	决			
200米	男				预	复	决
	女				预	复	决
400米	男	预	复	决	4/7		
	女	预	复	决			
800米	男			预	5/5	决	
	女			预		决	
1500米	男	预			决		7/7
	女	预			决		
3000米	男						决
	女						决
100米栏	女	1/5、预			决		
110米栏	男	预		1/7	决		
400米栏	男		预		决		
	女		预		决		
2000米障碍	男			决			
4×100米接力	男				预		决
	女				预		决
异程接力	男				预		决
	女				预		决
跳高	男		3/5	2/7		决	
	女						决
撑竿跳高	男		决			6/7	
	女				决		
跳远	男			4/5	决		
	女		决				
三级跳远	男						决
	女	决					
铅球	男	2/5		决			
	女		决				

比赛日期		5月13日		5月14日		5月15日	
比赛单元		上午	下午	上午	下午	上午	下午
铁饼	男					5/7	决
	女				决		
链球	男		决				
	女		决				
标枪	男			决	3/7		
	女					决	
五项全能	女	*	*	*	*		
七项全能	男			*	*	*	*
每日比赛项数		11	12	12	18	8	12
每日决赛项数		1	5	7	10	4	12

（三）表　格

1. 报名表

报　名　表

单位编号：　　　　单位名称：　　　　组别：　　　　领队：　　　　教练：　　　　填表日期：

会编号码	姓名	出生年月	100米	200米	400米	800米	1500米	○○○	铅球	铁饼	七项全能	十项全能	备注

注：1. 单位编号和会编号码由大会统一编写。　　　　联系人：　　年　　月　　日

2. 运动员在参加项目中划“√”。　　　　（报名单位盖章）

2. 各单位参赛人数统计表

各单位参赛人数统计表

单位编号	单　位	运动员起止号码	运　动　员			工　作　人　员				总　计
			男	女	小计	领队	教练	医生	小计	

3. 各项目参赛人数统计表

各项目参赛人数统计表

人数　单位 项目											小　计
径赛											
田赛											
全能											

4. 运动兼项统计表

运动员兼项统计表

人数　项目 项目	100 米	200 米	○○○○○○	跳　远	跳　高	铅　球
100 米	×					
200 米		×				
○○○○○○			×			
跳　远						
跳　高					×	
铅　球						×

5. 径赛检录表

径赛检录表

男、女子组：　　　　　　　　项目：　　　　　　　　赛次：　　　　　　　　组别：

道　次	一	二	三	四	五	六	七	八
号　码								
姓　名								
单　位								
成　绩								
备　注								

6. 径赛成绩记录卡片

径赛成绩记录卡片

<table>
<tr><td>号码</td><td colspan="2">姓名</td><td>单位</td><td>报名成绩</td><td colspan="2">记录</td></tr>
<tr><td></td><td colspan="2"></td><td></td><td></td><td colspan="2"></td></tr>
<tr><td>赛别</td><td>组别</td><td>道次</td><td>比赛成绩</td><td>决定成绩</td><td>名次</td><td>备注</td></tr>
<tr><td rowspan="3">预</td><td rowspan="3"></td><td rowspan="3"></td><td>1.</td><td rowspan="3"></td><td rowspan="3"></td><td rowspan="3"></td></tr>
<tr><td>2.</td></tr>
<tr><td>3.</td></tr>
<tr><td rowspan="3">复</td><td rowspan="3"></td><td rowspan="3"></td><td>1.</td><td rowspan="3"></td><td rowspan="3"></td><td rowspan="3"></td></tr>
<tr><td>2.</td></tr>
<tr><td>3.</td></tr>
<tr><td rowspan="3">决</td><td rowspan="3"></td><td rowspan="3"></td><td>1.</td><td rowspan="3"></td><td rowspan="3"></td><td rowspan="3"></td></tr>
<tr><td>2.</td></tr>
<tr><td>3.</td></tr>
</table>

总裁判：　　径赛裁判长：　　计时长：　　记录员：

7. 男子十项全能成绩记录卡片（正面）

男子十项全能成绩记录卡片

<table>
<tr><td>号码</td><td>姓名</td><td colspan="2">单位</td><td colspan="2">报名成绩</td><td colspan="2">记录</td></tr>
<tr><td></td><td></td><td colspan="2"></td><td colspan="2"></td><td colspan="2"></td></tr>
<tr><td rowspan="2"></td><td rowspan="2">项目</td><td colspan="2">竞赛成绩</td><td rowspan="2">每天积分</td><td rowspan="2">总分</td><td rowspan="2">名次</td><td rowspan="2">备注</td></tr>
<tr><td>成绩</td><td>得分</td></tr>
<tr><td rowspan="5">第一天</td><td>100 米</td><td></td><td></td><td rowspan="5"></td><td rowspan="5"></td><td rowspan="5"></td><td rowspan="10"></td></tr>
<tr><td>跳远</td><td></td><td></td></tr>
<tr><td>铅球</td><td></td><td></td></tr>
<tr><td>跳高</td><td></td><td></td></tr>
<tr><td>400 米</td><td></td><td></td></tr>
<tr><td rowspan="5">第二天</td><td>110 米栏</td><td></td><td></td><td rowspan="5"></td><td rowspan="5"></td><td rowspan="5"></td></tr>
<tr><td>铁饼</td><td></td><td></td></tr>
<tr><td>撑竿跳高</td><td></td><td></td></tr>
<tr><td>标枪</td><td></td><td></td></tr>
<tr><td>1500 米</td><td></td><td></td></tr>
</table>

总裁判：　　径赛裁判长：　　计时长：　　年　月　日

8. 男子十项全能成绩（单项成绩）记录卡片（背面）

男子十项全能成绩记录卡片（背面）

<table>
<tr><td>号　码</td><td colspan="4"></td><td colspan="3">姓　名</td><td colspan="3"></td></tr>
<tr><td>项　目</td><td>比赛成绩</td><td colspan="3">决定成绩</td><td colspan="3">项　目</td><td colspan="2">比赛成绩</td><td>决定成绩</td></tr>
<tr><td rowspan="3">100 米</td><td>1.</td><td colspan="3" rowspan="3"></td><td colspan="3" rowspan="3">110 米栏</td><td colspan="2">1.</td><td rowspan="3"></td></tr>
<tr><td>2.</td><td colspan="2">2.</td></tr>
<tr><td>3.</td><td colspan="2">3.</td></tr>
<tr><td rowspan="3">跳　远</td><td>1.</td><td colspan="3" rowspan="3"></td><td colspan="3" rowspan="3">铁　饼</td><td colspan="2">1.</td><td rowspan="3"></td></tr>
<tr><td>2.</td><td colspan="2">2.</td></tr>
<tr><td>3.</td><td colspan="2">3.</td></tr>
<tr><td rowspan="3">铅　球</td><td>1.</td><td colspan="3" rowspan="3"></td><td colspan="3" rowspan="3">标　枪</td><td colspan="2">1.</td><td rowspan="3"></td></tr>
<tr><td>2.</td><td colspan="2">2.</td></tr>
<tr><td>3.</td><td colspan="2">3.</td></tr>
<tr><td rowspan="3">400 米</td><td>1.</td><td colspan="3" rowspan="3"></td><td colspan="3" rowspan="3">1500 米</td><td colspan="2">1.</td><td rowspan="3"></td></tr>
<tr><td>2.</td><td colspan="2">2.</td></tr>
<tr><td>3.</td><td colspan="2">3.</td></tr>
<tr><td rowspan="2">跳　高</td><td>高　度</td><td></td><td></td><td colspan="2"></td><td></td><td></td><td></td><td colspan="2"></td></tr>
<tr><td>试跳次数</td><td></td><td></td><td colspan="2"></td><td></td><td></td><td></td><td colspan="2"></td></tr>
<tr><td rowspan="2">撑　竿
跳　高</td><td>高　度</td><td></td><td></td><td colspan="2"></td><td></td><td></td><td></td><td colspan="2"></td></tr>
<tr><td>试跳次数</td><td></td><td></td><td colspan="2"></td><td></td><td></td><td></td><td colspan="2"></td></tr>
</table>

注：女子七项全能成绩记录卡片与男子十项全能成绩记录卡片的格式相同，只是项目不同。

9. 径赛分组计划表

径 赛 分 组 计 划 表

<table>
<tr><td rowspan="2">编号</td><td rowspan="2">项目</td><td rowspan="2">参加
人数</td><td colspan="3">预　赛</td><td colspan="3">复　赛</td><td colspan="3">决　赛</td><td rowspan="2">所需
总时间</td></tr>
<tr><td>组数</td><td>共计
时间</td><td>录取
人数</td><td>组数</td><td>共计
时间</td><td>录取
人数</td><td>组数</td><td>共计
时间</td><td>录取
人数</td></tr>
<tr><td></td><td></td><td></td><td></td><td></td><td></td><td></td><td></td><td></td><td></td><td></td><td></td><td></td></tr>
<tr><td></td><td></td><td></td><td></td><td></td><td></td><td></td><td></td><td></td><td></td><td></td><td></td><td></td></tr>
<tr><td></td><td></td><td></td><td></td><td></td><td></td><td></td><td></td><td></td><td></td><td></td><td></td><td></td></tr>
<tr><td></td><td></td><td></td><td></td><td></td><td></td><td></td><td></td><td></td><td></td><td></td><td></td><td></td></tr>
<tr><td></td><td></td><td></td><td></td><td></td><td></td><td></td><td></td><td></td><td></td><td></td><td></td><td></td></tr>
</table>

10. 田赛高度成绩记录表

田 赛 高 度 成 绩 记 录 表

<table>
<tr><td>序号</td><td>号码</td><td>姓名</td><td>高度
单位</td><td colspan="3"></td><td colspan="3"></td><td colspan="3"></td><td>成绩</td><td>名次</td><td>备注</td></tr>
<tr><td></td><td></td><td></td><td></td><td></td><td></td><td></td><td></td><td></td><td></td><td></td><td></td><td></td><td></td><td></td><td></td></tr>
<tr><td></td><td></td><td></td><td></td><td></td><td></td><td></td><td></td><td></td><td></td><td></td><td></td><td></td><td></td><td></td><td></td></tr>
<tr><td></td><td></td><td></td><td></td><td></td><td></td><td></td><td></td><td></td><td></td><td></td><td></td><td></td><td></td><td></td><td></td></tr>
<tr><td colspan="2">名次</td><td>号码</td><td>姓名</td><td colspan="2">单位</td><td colspan="2">成绩</td><td colspan="2">备注</td><td colspan="4" rowspan="9">总裁判：
田赛裁判长：
跳部裁判长：
裁判员：
记录员：
技术官员：</td><td colspan="2" rowspan="9"></td></tr>
<tr><td colspan="2">一</td><td></td><td></td><td colspan="2"></td><td colspan="2"></td><td colspan="2" rowspan="8"></td></tr>
<tr><td colspan="2">二</td><td></td><td></td><td colspan="2"></td><td colspan="2"></td></tr>
<tr><td colspan="2">三</td><td></td><td></td><td colspan="2"></td><td colspan="2"></td></tr>
<tr><td colspan="2">四</td><td></td><td></td><td colspan="2"></td><td colspan="2"></td></tr>
<tr><td colspan="2">五</td><td></td><td></td><td colspan="2"></td><td colspan="2"></td></tr>
<tr><td colspan="2">六</td><td></td><td></td><td colspan="2"></td><td colspan="2"></td></tr>
<tr><td colspan="2">七</td><td></td><td></td><td colspan="2"></td><td colspan="2"></td></tr>
<tr><td colspan="2">八</td><td></td><td></td><td colspan="2"></td><td colspan="2"></td></tr>
</table>

注：比赛时将上面部分增加行数。

11. 田赛远度成绩记录表

田 赛 远 度 成 绩 记 录 表

项目： 组别： 赛次： 年 月 日

<table>
<tr><td rowspan="2">序号</td><td rowspan="2">号码</td><td rowspan="2">姓名</td><td rowspan="2">单位</td><td colspan="4">前三次
成绩</td><td colspan="3">后三次
成绩</td><td rowspan="2">全赛最好
成 绩</td><td rowspan="2">名次</td><td rowspan="2">备注</td></tr>
<tr><td>1</td><td>2</td><td>3</td><td>最好
成绩</td><td>1</td><td>2</td><td>3</td></tr>
<tr><td></td><td></td><td></td><td></td><td></td><td></td><td></td><td></td><td></td><td></td><td></td><td></td><td></td><td></td></tr>
<tr><td></td><td></td><td></td><td></td><td></td><td></td><td></td><td></td><td></td><td></td><td></td><td></td><td></td><td></td></tr>
<tr><td></td><td></td><td></td><td></td><td></td><td></td><td></td><td></td><td></td><td></td><td></td><td></td><td></td><td></td></tr>
<tr><td></td><td></td><td></td><td></td><td></td><td></td><td></td><td></td><td></td><td></td><td></td><td></td><td></td><td></td></tr>
<tr><td colspan="2">名次</td><td>号码</td><td>姓名</td><td colspan="2">单位</td><td colspan="2">成绩</td><td colspan="2">备注</td><td colspan="4" rowspan="9">总裁判：
田赛裁判长：
跳、掷部裁判长：
裁判员：
记录员：
技术官员：</td></tr>
<tr><td colspan="2">一</td><td></td><td></td><td colspan="2"></td><td colspan="2"></td><td colspan="2" rowspan="8"></td></tr>
<tr><td colspan="2">二</td><td></td><td></td><td colspan="2"></td><td colspan="2"></td></tr>
<tr><td colspan="2">三</td><td></td><td></td><td colspan="2"></td><td colspan="2"></td></tr>
<tr><td colspan="2">四</td><td></td><td></td><td colspan="2"></td><td colspan="2"></td></tr>
<tr><td colspan="2">五</td><td></td><td></td><td colspan="2"></td><td colspan="2"></td></tr>
<tr><td colspan="2">六</td><td></td><td></td><td colspan="2"></td><td colspan="2"></td></tr>
<tr><td colspan="2">七</td><td></td><td></td><td colspan="2"></td><td colspan="2"></td></tr>
<tr><td colspan="2">八</td><td></td><td></td><td colspan="2"></td><td colspan="2"></td></tr>
</table>

注：比赛时将上面部分增加行数。

12. 终点名次报告表

终 点 名 次 报 告 表

项目：　　　　　　组别：　　　　　　赛次：　　　　　　　　　　第　　组

第　　名					
号　码		道　次			
兼看名次		号　码		道　次	
备　注					

终点裁判长：　　　　　　终点裁判员：　　　　　　　　　　年　　月　　日

13. 男、女子单项成绩记录表

男、女子 单 项 成 绩 记 录 总 表

名次	第一名			第二名			第三名			○○○	备注
项目	姓名	单位	成绩	姓名	单位	成绩	姓名	单位	成绩		
100 米											
200 米											
400 米											
○○○											

14. 男、女子团体总分表

男、女子 团 体 总 分 表

单元	第一单元			第二单元			○○○	总分	名次	备注
项 目 / 单 位	100 米	○○○	小计	200 米	○○○	小计	○○○			

15. 男、女子奖牌统计表

男、女子 奖 牌 统 计 表

项目	100 米			200 米			400 米			○○○	合　计			备　注
奖 牌 数 / 单 位	金牌	银牌	铜牌	金牌	银牌	铜牌	金牌	银牌	铜牌		金牌	银牌	铜牌	

16. 径赛检查报告表

径赛检查报告表

组别：　　　　　　　项目：　　　　　　　赛次：　　　　　　　组次：

犯规运动员号码（道次）		被影响运动员号码（道次）	
犯规地点			
犯规情况及违反规则条款			
检查主裁判意见			
径赛裁判长意见			
总裁判意见			

检查员：　　　　　　　　　　　　　　　　　　年　　月　　日　　时

第六章　游泳运动竞赛组织编排

人类的游泳活动源远流长，现代游泳运动17世纪60年代起源于英国，20世纪初传入中国。1896年第一届奥运会男子游泳被列为正式比赛项目，1912年第五届奥运会女子游泳被列为正式比赛项目。游泳项目的奥运会金牌仅次于田径项目。

第一节　游泳运动的分类和项目

在现代奥运会游泳比赛中，有游泳、跳水、水球和花样游泳4个大项的竞技比赛。游泳项目包括竞技游泳、实用游泳和大众游泳。这里介绍的是竞技游泳中的游泳池比赛项目。

游泳池比赛项目有自由泳、仰泳、蛙泳、蝶泳4种泳式和由这4种泳式组成的个人混合泳以及接力比赛。按国际游联规定在50米池比赛，列入游泳世界纪录的男、女项目共有40项，奥运会游泳比赛只设32项。在25米池比赛，国际游联承认的有男、女共42项世界纪录（表6－1）。

表6－1　游泳比赛项目表

<table>
<tr><th rowspan="2">泳　式</th><th colspan="2">比赛距离（米）</th><th rowspan="2">备　　注</th></tr>
<tr><th>50米池</th><th>25米池</th></tr>
<tr><td>自由泳</td><td>50、100、200
400、800、1500</td><td>50、100、200
400、800、1500</td><td rowspan="7">1. 男女项目相同
2. 奥运会游泳比赛在50米池进行，男子不设800米自由泳，女子不设1500米自由泳。男女都不设50米的仰泳、蛙泳和蝶泳项目。</td></tr>
<tr><td>仰　泳</td><td>50、100、200</td><td>50、100、200</td></tr>
<tr><td>蛙　泳</td><td>50、100、200</td><td>50、100、200</td></tr>
<tr><td>蝶　泳</td><td>50、100、200</td><td>50、100、400</td></tr>
<tr><td>个人混合泳</td><td>200、400</td><td>100、200、400</td></tr>
<tr><td>自由泳接力</td><td>4×100、4×200</td><td>4×50、4×100、4×200</td></tr>
<tr><td>混合泳接力</td><td>4×100</td><td>4×50、4×100</td></tr>
</table>

在我国，根据中国游泳协会审定的《游泳竞赛规则2003》，全国纪录项目与世界纪录项目相同，男、女共40项；25米池比赛增加100米个人混合泳、4×50米自由泳和4×50米混合泳接力，男、女共46项。小规模的比赛、基层的游泳比赛，可在上述项目的基础上，根据比赛的目的、对象情况以及比赛时间长短的不同，选设合适的竞赛项目。

附件：北京奥运会游泳共设34枚金牌，其中男子24枚金牌，女子设23枚。

男子（17项）

自由泳：50米、100米、200米、400米、1500米；仰泳：100米、200米；蛙泳：100米、200米；蝶泳：100米、200米；个人混合泳：200米、400米；自由泳接力：4×100米、4×200米；混合泳接力：4×100米；10千米马拉松游泳

女子（17项）

自由泳：50米、100米、200米、400米、800米；仰泳：100米、200米；蛙泳：100米、200米；蝶泳：100米、200米；个人混合泳：200米、400米；自由泳接力：4×100米、4×200米；混合泳接力：4×100米；10千米马拉松游泳

第二节　游泳竞赛的编排工作

一、编排前的准备工作

（与“田径编排前的准备工作”基本相同）

填写卡片：根据报名表把参加各比赛项目的

运动员姓名、单位和报名成绩等，填写在“竞赛卡片”上（表6－2），每个选手参加一项比赛就要填写一张卡片。接力赛每队填写一张。卡片填写好经过核对后，按组别、项目归类，按报名成绩的优次顺序排好，以备编排分组时用。

二、编排竞赛日程

竞赛日程是组织运动员参加比赛的依据，也是裁判员执行工作的依据。竞赛日程安排是否合理，对竞赛能否顺利进行和运动员能否取得优异成绩有着直接的关系。

（一）计算竞赛时间

根据游泳池、泳道数目等场地条件和每项参加比赛的人数，计算出每项比赛有几组预赛、半决赛、决赛，再将组数乘以这个项目每组比赛所需要的时间，计算出每项比赛需要用时间。

表6－2　竞赛卡片

（正面）	（反面）
：　。　预／决　：　。 组　道　名　　　道　名 项目：______　纪录：______ 姓名：______　单位：______ 报名 成绩：____　出生__年__月__日 备注：　　　备注： 预／决 ：　。①表　：　。 ：　。②表　：　。 ：　。③表　：　。 计时员 __________ 总裁判：　　　年　月　日	分段成绩__________ 预　决　　预　决 1　　8 2　　9 3　　10 4　　11 5　　12 6　　13 7　　14 接力名单__________ 预　决 1 2 3 4

每组比赛所需要的时间，是指运动员游完该项距离的时间和裁判员工作时间。全国性比赛中，50米、100米项目每组约需3～4分钟，200米项目每组需5～6分钟，400米项目每组需8～9分钟，800米项目每组需13～14分钟，1500米项目每组需21～23分钟。如果在决赛后发奖，每项发奖时间约为5分钟。

将每项所需用的时间相加即为比赛的总时间。将总时间除以每场比赛所需的时间则得出比赛所需的场数。例如：总时间为750分钟，每场比赛需要150分钟，则整个比赛需要进行5场。

（二）编排方法

1. 将比赛项目的名称、组别、赛次、人数、组数以及每项比赛所需要的时间分别写在不同颜色（分别代表不同组别）的长条硬纸的“竞赛项目卡片”上（表6－3）。

表6－3　竞赛项目卡片

男子组	100米蛙泳	预　赛
28人	4组	16分钟

2. 将写好的各项的“竞赛项目卡片”按编排的要求，安排到各个比赛场次中。全部卡片安排完后，要认真检查，不要漏了项目，如有不合理的地方，要及时进行调整。

3. 所有项目合理确定下来后，即可按照编排好的日期、场次和每场比赛的项目、赛别、顺序，制定出竞赛日程表。

（三）编排时的注意事项

1. 一般一天安排两场比赛（每场约2小时），上午一场，下午或晚上一场。上午场次的时间可稍长些，但各场次的时间不要相差太大。

2. 每场比赛各种泳姿和男女项目应交替安排；长短距离项目要兼顾，应先短后长；自由泳项目要先安排。

3. 每个项目的预赛、决赛不要排在同一场，但尽量在一天内完成。一场比赛中，有不同项目的预赛、决赛时，要考虑兼项运动员的休息，应先安排半决赛或决赛，后安排预赛。

4. 不要把可能有运动员兼项的项目编排在同一场进行。例如：100米仰泳和200米仰泳，4×100米混合泳接力和4种泳姿的短距离项目。编排兼项项目时，可以采用先短距离后长距离的办法或可调整组次的方法解决。

5. 精彩激烈的比赛和可能创造优异成绩、破纪录的比赛项目可以安排在开、闭幕式或观众较多的场次上进行。

三、竞赛分组

（一）分组方法

1. 根据每项比赛报名的人数，确定预赛的组数。

2. 将准备好的“竞赛卡片”按规则要求将运动员分组、分道。核对后，将运动员的组次、泳道填入各自的卡片，并按组次和泳道的顺序把卡片整理好。

3. 制定竞赛分组表。根据排好、填好的卡片，制成竞赛分组表（表6－4）。

表6－4　竞赛分组表

第二场　3月17日（星期四）　上午9:00开始								
第一项　男子100米蛙泳　预赛　28人　4组　9：00								
组/泳道	1	2	3	4	5	6	7	8
1		姓　名　××× 单　位　广　州						
2								
3								
4								

（二）分组分泳道的注意事项

1. 只有一组比赛时，其赛次为决赛。两组或两组以上的任何项目的预赛组中，每组不得少于3名队员（接力比赛不得少于3队）。

2. 不得将不同项目、不同距离、不同性别的运动员混合编组。

3. 没有报名成绩的运动员在有报名成绩的后面编排，可以用抽签的方法决定其先后次序。

4. 泳道安排（8条泳道）：在一组中成绩最好的运动员或接力队应安排在第4泳道上，其他分别按成绩的优次顺序依次安排在5、3、6、2、7、1、8泳道上（表6－5）。若成绩相同，以抽签方法决定先后。

表6－5　一组比赛泳道编排方法

泳　　道	1	2	3	4	5	6	7	8
运动员排序	7	5	3	1	2	4	6	8

5. 如果泳池的泳道数是奇数，根据报名成绩，同一组成绩最好的运动员或接力队应编排在中间道，成绩次好的应安排在其左侧泳道，再次好的安排在右侧泳道。成绩相同的运动员或接力队采用抽签的方法决定先后。

6. 参赛者有2组或3组时，报名成绩最好的运动员或接力队应编在最后一组，次好的编在倒数第二组。从最后一组编到第一组后，再以同样的方法编排每一组的第二名运动员或接力队（表6－6），以此类推将所有的运动员或接力队编排完毕。

表6－6　3组分组、分道编排方法（24人比赛）

排序／泳道 组别	1	2	3	4	5	6	7	8
第1组	21	15	9	3	6	12	18	24
第2组	20	14	8	2	5	11	17	23
第3组	19	13	7	1	4	10	16	22

7. 参赛者超过3组时，报名成绩最好的24名运动员或接力队按上述第（6）条方法编到最后的3组中，其余的根据报名成绩顺序按上述第（4）条方法编满倒数第四组，如果还没排完，再编满倒数第五组（表6－7），以此类推。

8. 比赛如采用分组决赛（无预赛）项目的分组和泳道安排，按报名成绩的顺序，1～8名排在最后一组，9～16名排在倒数第二组，以此类推，将所有运动员编排完毕。每组运动员的泳道安排按4、5、3、6、2、7、1、8的顺序编排。

表6－7　3组以上组分组、分道编排方法（38人比赛）

排序 泳道 组别	1	2	3	4	5	6	7	8
第1组		37	35	33	34	36	38	
第2组	31	29	27	25	26	28	30	32
第3组	21	15	9	3	6	12	18	24
第4组	20	14	8	2	5	11	17	23
第5组	19	13	7	1	4	10	16	22

四、编印秩序册

附　件

（一）竞赛规程（摘要）

湖南省青少年游泳比赛竞赛规程

一、竞赛项目

甲组（高中组）：100米自、200米自、100米蛙、200米蛙、100米蝶、200米蝶、100米仰、200米仰、400米混、400米自、800米自（女）、1500米自（男）

乙组：100米自、200米自、100米蛙、200米蛙、100米蝶、200米蝶、100米仰、200米仰、200米混、400米自、800米自（女）、1500米自（男）、4×100米混接力、4×100米自接力、4×200米自由泳接力

丙组：男女均为蝶泳、仰泳、蛙泳、自由泳四项全能（在50米和100米四项中任选同一姿势和200米混、800米自）

单项：200米个人混、800米自、4×100米自接力、4×100米混接力。

二、竞赛办法

（一）比赛采用国家体育总局审定的最新游泳竞赛规则。

（二）甲组（高中组）、乙组运动员每人限报3项（另可兼报接力），丙组必须参加全能比赛。

（三）接力项目每单位限报1个队参加。

（四）各组别所有项目均进行一次性决赛。

（五）400米、800米、1500米自由泳项目报名人数超过8人以上编排时按2人一条泳道进行编排和比赛。

（六）长距离自由泳关门时间设定

丙组800米自由泳关门时间为12分50秒。被关在"门外"的运动员不录取任何名次。

（七）各组单项同项不同组比赛成绩相同，名次并列。

三、录取名次与计分方法

（一）全能计分办法

丙组：按"大纲"成绩评分表查出4个项目的分数相加后除以4，再加身高得分的5%，得分相等（保留小数点后3位数），以800米自由泳成绩决定名次。

丙组运动员凡达到大纲的年龄身高良好标准，臂展超过身高，比赛获得名次者才能予以加分（按出生年月确定11、12岁）。

（二）甲组（高中组）、乙组录取各单项名次给予奖励；丙组录取4种姿势的男、女个人全能

以及 200 米混合泳、800 米自由泳、接力项目名次给予奖励。

（三）每个项目录取前 8 名，按 11、9、8、7、6、5、4、3 计分。报名参加人数在 8 人（含 8 人）以下，则减一录取名次。

（四）团体总分名次录取办法

1. 按各市、州代表队（含县级）比赛成绩的得分之和，排列市、州团体总分名次，录取前 6 名，给予奖励。如总分数相等，以个人全能第一名多者列前，再相等，则以个人全能第二名多者列前，以此类推。

2. 按县级代表队得分多少录取县级团体总分前 6 名给予奖励。

四、未尽事宜，另行通知

（二）表 格

1. 竞赛成绩公布表

竞赛成绩公布表

子　组　米　泳　赛　第　组

姓名	单位	成绩	名次	备注

2. 决赛名单公布表

决赛名单公布表

子　组　米　泳　取得决赛权名单

泳道	1	2	3	4	5	6	7	8
姓名								
单位								

决赛时间　月　日　第　场第　项

3. 前 6 名成绩公布表

前 6 名成绩公布表

名次 项目	第 1 名			第 2 名			第 3 名			第 4 名			第 5 名			第 6 名			备注
	姓名	单位	成绩	姓名	单位	成绩	姓名	单位	成绩	姓名	单位	成绩	姓名	单位	成绩	姓名	单位	成绩	
男子 100 米自由泳																			
男子 200 米自由泳																			
男子 400 米自由泳																			
男子 1500 米自由泳																			
…																			

4. 团体总分记录表

团体总分记录表

日期	男子组							女子组							总得分	名次	备注
项目 得分 单位							累计							累计			

5. 游泳检查表

游泳检查表

子　　　组　　　米　　　赛　　　第　　　组　　　第　　　场

泳　道	姓　名	单　位	犯规情况	处理意见

第七章　体操运动竞赛组织编排

体操一词源于古希腊语，体操在中国、印度、埃及、古希腊和古罗马都有着悠久的历史。现代竞技体操18世纪起源于欧洲，“体操”一词在19世纪传入我国。1896年第一届奥运会就有男子体操比赛，1936年第十一届奥运会上，体操比赛才真正形成目前的男子6项比赛。第十一届奥运会还设了女子体操比赛项目，但女子比赛项目的完善与定型是在1960年第十七届奥运会才完成的。1984年第二十三届奥运会艺术体操被列为正式比赛项目；2000年第二十七届奥运会蹦床被列为正式比赛项目。

第一节　体操运动的分类和项目

体操是一项内容十分丰富的体育运动项目。随着时代的进步和社会的发展，体操的内容和形式也在不断地变化和发展，形成与时代要求相适应的现代体操体系和内容。体操的分类有以下两种。

一、按身体练习形式的不同，可将体操分为徒手体操、轻器械体操、器械体操和专门器械体操3类（表7－1）。

二、按体操内容所要完成的任务，体操可分为基本体操、竞技性体操和团体操3类（表7－2）。

表7－1　按身体练习形式分类

徒手体操	轻器械体操	器械体操及专门器械体操	
广播操 健美操 技巧运动 一般跳跃 队列队形练习 自由体操	硬器械类 软器械类	单杠 双杠 吊环 鞍马 平衡木 高低杠 跳跃支撑	蹦床 肋木 浪木 平梯 体操凳 多功能器械

表7－2　按所要完成任务分类

基本体操	竞技性体操	团　体　操
健身健美体操 医疗康复体操 运动辅助体操 实用技能体操	竞技体操 技巧运动 艺术体操 蹦床运动 竞技健美操	小型团体操 中型团体操 大型团体操

第二节　基本体操

基本体操是群众性体育活动和学校体育活动的重要内容。其特点是内容丰富、形式多样、动作简单、便于掌握。同时不受场地、器材、人数、年龄和性别等条件限制，易于开展。

一、基本体操的内容和比赛分类

（一）基本体操的内容

基本体操的内容很多，有个人练习，也有集体表演、竞赛。一般有队列队形练习、广播体操、儿童体操、课间操、工间操、健美操、健身操等，还有一些借助器械进行的体操，如：跳绳、引体向上、双臂屈撑等。

（二）基本体操的比赛分类

基本体操的比赛可分为质量比赛和数量比赛。

队列队形比赛、各种徒手体操比赛属于质量比赛。比赛可以进行个人赛，也可以举行团体赛；比赛可以一次决出名次，也可以先进行分组预赛，再集中进行决赛。

跳绳比赛、引体向上、双臂屈撑等身体素质的比赛属于数量比赛。比赛可以举办个人对抗赛，也可以进行集体对抗；比赛可以在规定的时间内看谁做的多，也可以规定一定的数量，看谁用的时间少等等。

基本体操比赛在城市，在乡村，在学校、工厂、部队都可以举行，比赛的规模也可以根据条件，可大可小。

二、基本体操比赛的组织编排

（一）队列队形、徒手体操比赛

1. 排定出场顺序

比赛内容和方法确定后，在赛前 1 ~ 2 天由竞赛部门组织各参赛队抽签排定集体出场顺序。抽签的方法有两种：一是各参赛队代表直接抽签；二是在有关部门的监督下，由竞赛部门代替各队抽签，抽签结果确定后及时通知给各参赛单位。抽签前要准备好出场顺序等竞赛表格，以便抽签后及比赛时用。

2. 确定指挥员

指挥员的确定一般分为自定和赛前抽签确定两种。自定是在赛前由各参赛队自己选定指挥员；赛前抽签是在比赛前 1 ~ 2 天，由竞赛部门组织各参赛队抽签决定指挥员。抽签方法是将各参赛队的队员按顺序编号，然后随机从这些号码中抽出一人，即是指挥员人选。也可以由竞赛部门代抽，但要将抽签结果尽快通知给各队，以便使各队与指挥员有一定时间的准备。是自定还是抽签决定指挥员，必须在竞赛规程中明确规定。

（二）跳绳等数量性比赛

首先确定比赛的内容和方法，再根据参赛人数、场地、器材及裁判员的人数，预算需要用的时间，再抽签分组确定出场顺序，并制表公布。

三、评分方法

基本体操比赛多采用百分制进行评分，以 0. 1 分为单位对错误进行扣分。最后得分的计算方法通常有两种。

（一）累积记分法

累积记分法又分为累积平均法和分数累积法两种。

1. 累积平均法是指将各裁判员评分之和除以裁判员人数为最后得分的计算方法。

2. 分数累积法是指裁判员按个人或评分小组既定评分内容的比例所评出的各分之和。其评分程序是将裁判员分成动作完成情况、进退场队列队形动作、指挥员表现等若干评分小组，各组先按累积平均法，评出各自的分数，然后相加起来。例如：徒手体操动作占 80%，扣除错误分 6 分，得 74 分；进退场及队列占 10%，扣除错误分 3 分，得 7 分；指挥员表现占 10%，扣除错误分 2 分，得 8 分，按分数累积法，该队最后得分为：$74 + 7 + 8 = 89$ 分。

（二）取中计分法

是指在单裁判组评分制中（裁判员不分项目和内容，从开始到结束各自进行直线总体评分），去掉裁判员评分中的最高分和最低分，两个或多个中间分的平均分为最后得分。

四、附　件

（一）竞赛规程（摘要）

小学广播操比赛规程

一、比赛内容

2002 年秋季普及推广的中华人民共和国教育

部制订的全国小学生广播操。

二、参加办法

1. 参加班级：一—五年级。

2. 报名时间：4 月 15 日上午 8:00 报名，同时抽签决定比赛顺序。

三、评分办法

（一）要求

1. 必须穿统一的运动服装。

2. 动作规范、整齐，充分体现出学生良好的精神风貌。

3. 比赛必须严格按照中华人民共和国教育部制定的小学生广播操图解说明进行评分，动作要求准确、规范、符合音乐节奏，做到每节操的路线、方向、角度、力度到位，使学生达到良好的锻炼效果。

4. 学生在进、退场做到快、静、齐，队形纵、横、斜合一线。

（二）评分标准

广播操比赛满分为 100 分。

1. 全套广播操质量占 70 分。

2. 全队精神面貌占 10 分。

3. 出场、退场、队形纵、横、斜一条线占 10 分。

4. 领操员必须由学生担任，口令清楚、准确、指挥得当占 10 分。

四、评比、奖励办法

1. 评比人员：由学校统一选派思想觉悟高、身体素质好、做广播体操质量高、规范、标准的体育教师及任课教师；选出 7 名评委。

2. 计分方法：参加评分的裁判员共 7 人，去掉最高分和最低分，取余下 5 人的平均分，就是该队广播操比赛的总分。

3. 奖励：一至三年级奖前 3 名，四至五年级奖前 2 名。

本规程未尽事宜，解释权在评委会。

（二）表　格

1. 出场顺序表

出场顺序表

年　　月　　日

顺　序	单　位	指挥员	备　注
1			
2			
3			
4			

2. 队列队形、徒手体操比赛总评分表

队列队形、徒手体操比赛总评分表

单位：　　　　　　　　　　　　年　　月　　日

内　容	扣　分	小　计	最后得分	备　注
进退场				
完　成				
指　挥				

裁判员号：

3. 指挥员评分表

指挥员评分表

年　　月　　日

姓名	口令	动作	精神	小计	最后得分

裁判员号：

4. 徒手体操（队列队形）动作完成情况分项评分表

动作完成情况分项评分表

单位：　　　　　　　　　　　　年　　月　　日

节　次	技　术	整　齐	姿　态	小　计	最后得分
1					
2					
3					
○○○					

裁判员号：

5. 进退场评分表

进退场评分表

年　月　日

单位	技术	整齐	姿态	精神	小计	最后得分

裁判员号：

6. 队列队形、徒手体操比赛总记分表

比赛总记录表

年　月　日

单位	应到人数	实到人数	指挥员	进场退场	队列队形	徒手体操	合计	违纪扣分	最后得分	名次	备注

记录长：　　　　裁判长：

7. 跳绳比赛顺序表

跳绳比赛顺序表

年　月　日

裁判组 / 单位 / 时间	一	二	三
×点××分			
×点××分			
○○○○○○			

8. 跳绳比赛个人成绩记录表

个人成绩记录表

年　月　日

单位	姓名	次数	名次	备注

记录员：　　　　裁判长：

9. 跳绳比赛团体成绩记录表

团体成绩记录表

年　月　日

单位	总次数	平均数	名次

记录员：　　　　裁判长：

10. 跳绳接力比赛团体成绩记录表

接力比赛团体成绩记录表

年　月　日

单位	完成时间	中断次数	名次	备注

第三节　竞技体操

竞技体操是奥运会的一个重要竞赛项目，也是我国体育运动的主要项目之一。我国竞技体操的运动水平目前居世界先进行列。

一、竞技体操比赛的内容和分类

（一）比赛的内容

男子比赛内容有6项：自由体操、鞍马、吊环、跳马、双杠、单杠。

女子比赛内容有4项：跳马、高低杠、平衡木、自由体操。

在基层或少年儿童的体操比赛中，可以根据竞赛的目的、任务和条件，安排一些垫上运动、低单杠、跳箱和跳山羊之类的项目。

（二）比赛的分类

竞技体操比赛一般分为分等级比赛和非等级比赛两大类。

1. 等级比赛

分等级比赛按国家规定的体操等级大纲和条

例进行。我国竞技体操的等级有 4 种，即三级、二级、一级和健将级。二级和三级只进行规定动作的比赛，通过比赛达到等级大纲所规定的计分标准，即可申报相应的等级称号，一级和健将级要进行自选动作的比赛。

三级运动员的竞赛项目：男子有自由体操、双杠、单杠和跳马 4 项；女子有跳马、低单杠、平衡木和自由体操 4 项。二级以上的体操比赛项目，男子有自由体操、鞍马、吊环、跳马、双杠和单杠 6 项；女子有跳马、高低杠、平衡木和自由体操 4 项。

2. 非等级比赛

正规的竞技体操比赛要进行以下 4 种比赛。

第一种比赛（资格赛）：男子要进行 6 项、女子要进行 4 项的自选动作比赛。按竞赛规程规定，每队可以报名 6 人，其中 5 人参加比赛，再取各项前 4 名的成绩之和为该队的团体赛成绩。通过第一比赛，才能确定参加第二、三、四种比赛的资格。

第二种比赛（个人全能决赛）：在第一种比赛中个人全能成绩的前 32 名运动员，再进行一次男子 6 项、女子 4 项的自选动作决赛（第一种比赛的成绩不带入计算），以决定个人全能的名次。

第三种比赛（个人单项决赛）：在第一种比赛中各单项成绩的前 8 名（或前 6 名），再进行一次单项自选动作的决赛（第一种比赛的成绩不带入计算），以决定个人单项的名次。

第四种比赛（团体决赛）：在第一种比赛中团体总分前 8 名的队参加团体决赛（第一种比赛的成绩不带入计算）。按竞赛规程规定，每队可以报名 6 人，其中 3 人参加比赛，取 3 人的成绩之和为该队的团体赛成绩。比赛内容为自选动作，最后决定各队的团体名次。

二、非等级比赛的组织编排

（一）比赛的形式和次序

1. 比赛的形式

（1）男女同场比赛：一般每场安排 3 个男队和 3 个女队，每天比赛 2 ~ 3 场。这种形式多用于中、小型比赛。

（2）男女分场比赛：一般是一天男队比赛，一天女队比赛。国际、国内正式比赛都采用这种形式。

（3）男女分场与同场相结合比赛：第一、二种比赛采用男女分场，第三种比赛采用男女同场。

2. 比赛的次序

（1）大会安排：大会根据上次比赛的成绩来排定场次，成绩差的排在前面，成绩好的排在后面。

（2）大会安排与抽签相结合：

①正式国际比赛。将第一种比赛的第一天比赛由抽签决定，第二天比赛则根据比赛成绩由大会安排。

②我国大型比赛。在第一种比赛的第一天比赛中，将获得分区赛的男子前 6 名、女子前 4 名放在最后一场，其余的队根据抽签结果排定次序。

（3）抽签确定：由抽签决定比赛的次序。在中、小型比赛中采用。

（二）比赛场数和天数的计算

1. 计算场数

参赛队在一定的时间内按照规定完成比赛的项目（男子 6 项，女子 4 项）为一场。

场数 = 参赛队数 ÷ 每场参赛队数

（1）男女分场比赛（国际、国内大型比赛采用，男子每场有 6 队参赛，女子每场有 4 队参赛）

男子：总场数 = 队数 ÷ 6　如有余数，增加 1 场。

女子：总场数 = 队数 ÷ 4　如有余数，增加 1 场。

（2）男女同场比赛（中小型比赛采用，如男女每场都有 3 队参赛）

男女：总场数 = 队数 ÷ 3　如余 1 或 2，增加 1 场。

2. 计算天数

天数 = 总场数 ÷ 一天比赛的场数

如一天安排 3 场比赛，天数 = 总场数 ÷ 3；一天安排 2 场比赛，天数 = 总场数 ÷ 2。如有余数，增加 1 天（或增加一天的比赛场数）。

例如：有男子25队参加团体赛，每天比赛4场，每场6队进行比赛。

场数 =25 ÷6 =4 余1，增加1场

天数 =5 ÷4 =1 余1，增加1天

根据计算结果对比赛作合理安排：比赛仍是一天，一天进行5场比赛，每场5个队参加，每场有一轮空；再就是比赛两天，其中一天3场，一天2场，每场5个队参加比赛。

（三）各比赛项目轮换方法

根据国际惯例，男子比赛的项目顺序是自由体操、鞍马、吊环、跳马、双杠、单杠；女子比赛的项目顺序是跳马、高低杠、平衡木、自由体操。但由于男女同场比赛时，要共用自由体操和跳马场地，所以要采用上、下半场项目（男子3项、女子2项）小循环的方式进行比赛。男女分场比赛时，则采用整场大循环的方式进行比赛。

1. 第一种比赛

男女同场比赛，每场排3个男队、3个女队。各队的比赛场次及项目轮换顺序，一般由抽签决定（表7－3）。男女分场比赛，每场排6个男队或6个女队分别进行比赛，其场次及项目轮换顺序抽签决定（表7－4、表7－5）。项目轮换顺序也有根据上届比赛成绩，按项目常规顺序依次排定的。

表7－3　男女同场比赛轮换表

第　　场　　　　　　　　年　　月　　日

组别	项目 轮次 队名	1	2	3	4	5	6
男子	甲	自	鞍	吊	跳	双	单
	乙	吊	自	鞍	单	跳	双
	丙	鞍	吊	自	双	单	跳
女子	甲	跳	高	/	平	自	/
	乙	/	跳	高	/	平	自
	丙	高	/	跳	自	/	平

表7－4　男女分场男子比赛项目轮换表

第　　场　　男子　　赛　　　年　　月　　日

项目 轮次 队名	1	2	3	4	5	6
甲	自	鞍	吊	跳	双	单
乙	吊	自	鞍	单	跳	双
丙	鞍	吊	自	双	单	跳
丁	跳	双	单	自	鞍	吊
戊	双	单	自	鞍	吊	跳
己	单	自	鞍	吊	跳	双

表7－5　男女分场女子比赛项目轮换表

第　　场　　女子　　赛　　　年　　月　　日

项目 轮次 队名	1	2	3	4
甲	跳	高	平	自
乙	高	平	自	跳
丙	平	自	跳	高
丁	自	跳	高	平

2. 第二种比赛

（1）编组方法

将第一种比赛的男女全能前32名，各分成6组，前16名和后16名运动员由抽签决定进入各组。其中一、二、三、四组各由5名运动员组成，五、六组各由6名运动员组成。

（2）项目轮换

①男女同场：比赛分两场，每场男女子各3个组，在一天内完成。一般将一、二、三组安排在晚上比赛；将四、五、六组安排在下午比赛（表7－6）。

②男女分场：即男子一场6个组，女子一场6个组，也是两场比赛完。男子全能决赛的轮换方法与“男女同场比赛轮换表”相同。女子则不同（表7－7）。

表7-6　第二种比赛男女同场比赛项目轮换表

时间		下午2：30			晚上7：00		
场次		11			12		
组别		四	五	六	一	二	三
轮次＼全能前32名分组 男子项目	女子项目	13 22 2 9 28	8 15 12 1 30 32	18 21 17 26 23 31	7 24 27 19 11	6 4 10 14 25	3 29 5 20 16
自	跳	1	2	3	1	2	3
鞍	高	2	3	1	2	3	1
吊	/	3	1	2	3	1	2
跳	平	4	5	6	4	5	6
双	自	5	6	4	5	6	4
单	/	6	4	5	6	4	5

表7-7　第二种比赛女子项目轮换表

轮次 项目 队名	一	二	三	四	五	六
第一组	跳	高	/	平	自	/
第二组	高	/	平	自	/	跳
第三组	/	平	自	/	跳	高
第四组	平	自	/	跳	高	/
第五组	自	/	跳	高	/	平
第六组	/	跳	高	/	平	自

3. 第三种比赛

是在第一次比赛中获得各单项前8名的运动员参加的单项决赛。

（1）场次编排。一般分男、女2场，男子安排在下午比赛，女子安排在晚上比赛。也可以安排男女同场比赛，男女各安排2场比赛，每场比赛男子比赛3项，女子比赛2项。各项比赛运动员的出场顺序由抽签决定。

（2）比赛项目的次序。各项比赛的顺序按项目常规顺序进行。

男子：自由体操、鞍马、吊环、跳马、双杠、单杠。

女子：跳马、高低杠、平衡木、自由体操。

表7-8　单项决赛项目轮换表（同场）

轮次 组别	1	2	3	4	5	6
男子	自	鞍	吊	跳	双	单
女子	/	跳	高	/	平	自

表7-9　男、女单项决赛表（分场）

组别 运动员　项目 出场顺序	男子						女子			
	自	鞍	吊	跳	双	单	跳	高	平	自
1										
2										
3										
4										
5										
6										
7										
8										

3. 第四种比赛

是在第一种比赛中获得团体总分前8名的队参加的团体决赛，以确定团体比赛的最后名次。团体决赛的出场顺序由各队抽签排定。以下是第九届全国运动会体操比赛男、女团体决赛出场顺序表。

（1）男子团体决赛（前三轮）出场顺序表

第一轮

比赛项目 出场顺序	自由体操	鞍马	吊环	跳马	双杠	单杠
1	团体5	团体6	团体7	团体8		
2	团体5	团体6	团体7	团体8		
3	团体5	团体6	团体7	团体8		
4	团体1	团体2	团体3	团体4		
5	团体1	团体2	团体3	团体4		
6	团体1	团体2	团体3	团体4		

第二轮

比赛项目 出场顺序	自由体操	鞍 马	吊 环	跳 马	双 杠	单 杠
1		团体 1	团体 2	团体 3	团体 4	
2		团体 1	团体 2	团体 3	团体 4	
3		团体 1	团体 2	团体 3	团体 4	
4		团体 5	团体 6	团体 7	团体 8	
5		团体 5	团体 6	团体 7	团体 8	
6		团体 5	团体 6	团体 7	团体 8	

第三轮

比赛项目 出场顺序	自由体操	鞍 马	吊 环	跳 马	双 杠	单 杠
1			团体 5	团体 6	团体 7	团体 8
2			团体 5	团体 6	团体 7	团体 8
3			团体 5	团体 6	团体 7	团体 8
4			团体 1	团体 2	团体 3	团体 4
5			团体 1	团体 2	团体 3	团体 4
6			团体 1	团体 2	团体 3	团体 4

（2）女子团体决赛（前二轮）出场顺序表

第一轮

比赛项目 出场顺序	跳 马	高低杠	平衡木	自由体操
1	团体 5	团体 6	团体 7	团体 8
2	团体 5	团体 6	团体 7	团体 8
3	团体 5	团体 6	团体 7	团体 8
4	团体 1	团体 2	团体 3	团体 4
5	团体 1	团体 2	团体 3	团体 4
6	团体 1	团体 2	团体 3	团体 4

第二轮

比赛项目 出场顺序	跳 马	高低杠	平衡木	自由体操
1	团体 4	团体 1	团体 2	团体 3
2	团体 4	团体 1	团体 2	团体 3
3	团体 4	团体 1	团体 2	团体 3
4	团体 8	团体 5	团体 6	团体 7
5	团体 8	团体 5	团体 6	团体 7
6	团体 8	团体 5	团体 6	团体 7

三、等级比赛的组织编排

（一）二级以上比赛项目轮换

1. 男女分场比赛大轮换：一般在参赛队数多，场地器材受一定的限制，而裁判员人数有保证的情况下采用。比赛时一是可以用同一场地，时间分开；二是可以场地分开，同时比赛。

2. 男女同场比赛小轮换：一般在参赛队数不多或裁判员人数不足，而场地器材有保证的情况下采用。竞赛项目编排可采用上、下半场小轮换。如场地器材受一定的限制，也可采用男女分场小轮换。

（二）三级规定动作比赛项目轮换

在参赛人数较多，场地器材受到一定的限制，而裁判员人数有保证的情况下可以采用男女分场大轮换。如男女自由体操和跳马的场地、器械能有保证，也可以采用男女同场大轮换。

在参赛人数较少，裁判员人数不足，而场地器材有保证的情况下，采用男女同场小轮换进行比赛。如场地器材也受到限制，可以采用男女分场小轮换进行比赛。

四、比赛的记录工作

（一）单项记录员工作

在比赛过程中，单项记录员要坐在裁判长旁边，注意力集中，记录准确快速。

1. 将运动员的比赛出场顺序名单复写在单项评分记录表上。

2. 登记各位裁判员的评分，算出最后得分。

3. 每项比赛结束后要立即核对成绩、签名，交给裁判长检查签名后，及时送交总记录处一份、比赛队教练员一份，自己保存一份，以备查阅。

（二）总记录工作

总记录长要负责全面的工作：

1. 核对单项成绩记录表，检查最后得分是否正确；看记录员、裁判长有无签名等。

2. 将各组（队）运动员的成绩登记到总记分表上。

3. 统计单项、全能和团体总分。

4. 在每项比赛结束后，及时公布比赛成绩（包括领先成绩），并进行广播。

5. 快速、准确算出各组（队）、各运动员的比赛成绩和名次，交总裁判长签名，以便及时发奖。

五、附　件

（一）竞赛规程（摘要）

第六届全国城市运动会体操竞赛规程（2007 年）

一、竞赛项目

男子：自由体操、鞍马、吊环、跳马、双杠、单杠、全能、团体。

女子：跳马、高低杠、平衡木、自由体操、全能、团体。

二、参加办法

（一）参加人数：

1. 凡参加男、女团体的单位，可报男、女运动员各 6 名，教练员共 4 名，领队、舞蹈老师和医生（只限预赛）各 1 名；只参加男子团体的单位，可报运动员 6 名，教练员 2 名；只参加女子团体的单位，可报运动员 6 名，教练员 2 名（其中必须有 1 名女性教练员），舞蹈老师 1 名；当一个队只有 1 名教练员时，该教练员性别不限。只参加男、女个人比赛的单位，除运动员外，可报男、女教练员各 1 人（性别不限）。

2. 各单位有 6 名运动员报名参加团体比赛，每个项目有 6 名运动员参加，计每项较优的 5 名运动员成绩为团体分数（6－6－5）。各单位必须在资格赛（包括团体决赛）前 24 小时上交出场顺序。

3. 赛前每人每项有 30 秒准备活动（男子双杠、女子高低杠 50 秒）。

4. 预赛报到前报名运动员因伤病不能参赛，允许更换，报到后一律不得更换；决赛按竞赛规程总则规定执行。

（二）取预赛团体前 12 名；个人全能前 24 名；各单项前 8 名的单位和运动员参加决赛。参加团体赛的运动员在符合第六届全国城市运动会参赛资格规定的条件下，其具体名单可由各参赛单位重新确定。

三、竞赛办法

（一）预赛（暨 2007 年全国青年体操锦标赛）

只进行资格赛、个人全能和单项比赛。资格赛进行一轮比赛，以资格赛各项目 5 名成绩较优运动员成绩计算团体总分；以资格赛个人全能前 24 名参加个人全能决赛；如前 24 名成绩相同，则以资格赛中单项高分多者参加，各单位最多有 2 名运动员；取资格赛中各单项前 8 名参加单项决赛，如前 8 名成绩相同，则以团体赛中个人全能成绩优者参加，每个单项中各单位最多有 2 名运动员参加。

（二）决赛

1. 进行资格赛、团体决赛、个人全能决赛和单项决赛。资格赛、团体决赛、全能决赛比赛，每人每项有赛前 30 秒准备活动（男子双杠、女子高低杠 50 秒）。单项决赛没有赛前 30 秒或 50 秒的专项热身训练。

2. 团体决赛：录取各项目 5 名较优运动员成绩计算团体总分（6－6－5），录取资格赛团体前 6 名参加团体决赛。

个人全能决赛：录取资格赛个人全能前 24 名参加个人全能决赛，如前 24 名成绩相同，则以资格赛中单项高分多者参加，个人全能决赛中各单位最多可参加 2 名运动员。

单项决赛：录取资格赛中各单项前 8 名参加单项决赛，如前 8 名成绩相同，则以资格赛中个人全能成绩优者参加；单项决赛中每项各单位最多可参加 2 名运动员。

3. 个人全能决赛和各单项决赛均设 2 名候补运动员。

4. 采用国际体联 2006～2008 年版评分规则。

5. 参赛运动员必须佩带所代表单位的标志，对未佩带标志的单位按国际体操联合会竞赛规程进行扣分。

四、录取名次与奖励

（一）预赛

1. 团体

以资格赛各项目前5名运动员成绩，计算各单位团体总分，成绩优者名次列前；如成绩相同，则名次并列，其后名次空出。

2. 个人全能

以个人全能决赛成绩决定名次，成绩优者名次列前；如成绩相同，则名次并列，其后名次空出。

3. 单项

以单项决赛成绩决定名次，成绩优者名次列前；如成绩相同，则名次并列，其后名次空出。

（二）决赛

1. 团体

第1~6名以团体决赛成绩决定名次，成绩优者名次列前；如成绩相同，则以单项总分高者名次列前，以此类推；第7~12名以资格赛成绩计算各单位团体总分，成绩优者名次列前；如成绩相同，则以资格赛单项总分高者名次列前，以此类推。

2. 个人全能

以个人全能决赛成绩决定名次，成绩优者名次列前；如成绩相同，则以个人单项分数高者名次列前，以此类推。

3. 单项

以单项决赛成绩决定名次，成绩优者名次列前；如成绩相同，则以该项起评分高者名次列前；如仍相同，则以B组裁判员扣分少者名次列前，以此类推；如仍相同，则以资格赛个人全能名次优者名次列前。

（二）录取名次与奖励按第六届全国城市运动会竞赛规程总则规定执行。

（二）表　格

女子团体成绩记录表

<table>
<tr><td>项目
成绩
姓名</td><td>跳马</td><td>高底杠</td><td>平衡木</td><td>自由体操</td><td colspan="2">全能成绩</td></tr>
<tr><td></td><td></td><td></td><td></td><td></td><td colspan="2"></td></tr>
<tr><td></td><td></td><td></td><td></td><td></td><td colspan="2"></td></tr>
<tr><td></td><td></td><td></td><td></td><td></td><td colspan="2"></td></tr>
<tr><td></td><td></td><td></td><td></td><td></td><td colspan="2"></td></tr>
<tr><td></td><td></td><td></td><td></td><td></td><td colspan="2"></td></tr>
<tr><td></td><td></td><td></td><td></td><td></td><td colspan="2"></td></tr>
<tr><td></td><td></td><td></td><td></td><td></td><td colspan="2"></td></tr>
<tr><td>前5名成绩</td><td></td><td></td><td></td><td></td><td rowspan="2">备注</td><td rowspan="2"></td></tr>
<tr><td>成队总分</td><td colspan="2"></td><td>名次</td><td></td></tr>
</table>

总记录长：__________　　　　年　　月　　日

男子团体成绩记录表

项目 成绩 姓名	自由体操	鞍马	吊环	跳马	双杠	单杠	全能成绩
前5名成绩					备注		
成队总分			名次				

总记录长：__________ 年 月 日

单项决赛成绩表

名次	内容	男子						女子			
		自由体操	鞍马	吊环	跳马	双杠	单杠	跳马	高低杠	平衡木	自由体操
1	姓名										
	单位										
	成绩										
2	姓名										
	单位										
	成绩										
3	姓名										
	单位										
	成绩										
4	姓名										
	单位										
	成绩										
5	姓名										
	单位										
	成绩										
6	姓名										
	单位										
	成绩										

总裁判长：__________ 总计录长：__________ 年 月 日

单项决赛前6名成绩表

名次	内容	男子						女子			
		自由体操	鞍马	吊环	跳马	双杠	单杠	跳马	高底杠	平衡木	自由体操
1	姓名										
	单位										
	成绩										
2	姓名										
	单位										
	成绩										
3	姓名										
	单位										
	成绩										
4	姓名										
	单位										
	成绩										
5	姓名										
	单位										
	成绩										
6	姓名										
	单位										
	成绩										

总裁判长：__________　　总计录长：__________　　年　月　日

男女团体前6名成绩表

男子	名次	1	2	3	4	5	6
	单位						
	成绩						
女子	名次	1	2	3	4	5	6
	单位						
	成绩						

总裁判长：__________　　总计录长：__________　　年　月　日

男女个人前6名成绩表

男子	名次	1	2	3	4	5	6
	单位						
	成绩						
女子	名次	1	2	3	4	5	6
	单位						
	成绩						

总裁判长：__________　　总计录长：__________　　年　月　日

第四节　艺术体操

艺术体操是女子所特有的项目，是根据女子身体特点选用各种走、跑、跳跃、转体、平衡、波浪等动作与舞蹈动作相融合成套，并伴有音乐，其动作优美、节奏明快，极具欣赏价值。

一、艺术体操比赛的内容和分类

（一）比赛的内容

艺术体操比赛分为徒手项目和轻器械项目 2 种。

国际比赛和国内正规比赛只进行绳、圈、球、棒、带 5 项器械项目的自选成套动作的比赛。但也可以根据需要增加个人和集体徒手项目的比赛。在我国艺术体操等级运动员大纲的各项成套规定动作也常作为基层竞赛的内容。

（二）比赛的分类

艺术体操比赛分为个人比赛和集体比赛 2 种。

1. 个人比赛

（1）个人团体赛（第一种比赛）：参赛队每队出 2 ~ 3 名运动员，进行 4 项 8 套动作（每项 2 套）的比赛。以全队运动员 8 项次最高得分之和计算个人团体总分，满分最高为 160 分（国际正规比赛每个队 3 ~ 4 名运动员，比 4 项 12 套动作（每项 3 套），以全队运动员 10 项次最高得分之和确定团体名次）。

（2）全能赛（第二种比赛）：取第一种比赛 3 项最高分相加的前 18 名运动员（国际比赛取前 30 名运动员，每队最多 2 名）参加决赛。以第二种比赛 4 项成绩相加计算个人全能成绩，按规程规定录取前若干名，满分最高为 80 分。

（3）单项决赛（第三种比赛）：取第一种比赛各单项前 8 名的运动员参加决赛，以决赛成绩计算个单项名次，满分为 20 分。

（4）团体决赛（第四种比赛）：第一种比赛前 8 名的队参加团体决赛。8 个队必须由不同的运动员在每个项目上进行 2 套动作的比赛，总共要有 8 套动作。8 套动作得分相加，前 4 名的队再由不同的运动员在每个项目上进行 1 套动作的比赛，这 4 个队共进行 12 套动作的比赛。团体名次由 4 个队 8 个分数相加以及上述 4 个队 12 个分数相加确定，最高分为胜者。

目前，国内个人团体赛的名次在第一种比赛中一次决出，而国际上，则第一种比赛只作为个人团体决赛、全能决赛和单项决赛的资格赛，个人团体的名次将在第四种比赛中决出。

2. 集体比赛

（1）全能赛：每个队 6 名运动员参加，每名运动员必须最少参加 5 套动作的比赛，每套动作的音乐可以不同，以 2 套动作比赛得分之和确定名次，最高分为 40 分。

（2）单套决赛：全能赛中各单套前 8 名的队参加决赛，以决赛成绩计算单套名次，最高分为 20 分。

二、艺术体操比赛的组织编排

（一）个人赛

1. 个人团体赛

各比赛项目要求按规定的顺序进行；每项比赛应由不同的运动员起始比赛。

（1）抽签：赛前通过抽签确定每个参赛队的比赛编号，编号由“1”开始。

（2）方法：一般采用横向连排法进行编号排列，即根据每场比赛顺序，按运动员编号自左向右依次连续排列，遇重项时则轮空，从下一项起始。

2. 全能赛

如不进行团体赛，则抽签及编排方法与个人团体赛相同。若进行团体赛，则按照规程所定的参加全能赛的预取名次人数（国内比赛一般录取前 18 名参加全能赛），通过抽签确定 18 名运动员的出场编号，以此编号按横排法进行全能赛出场顺序的编排。要求和方法同个人团体赛。

3. 单项决赛

按照竞赛规程所定的参加单项决赛的预取名

次数目，赛前分项按名次进行抽签，确定各单项决赛的出场顺序。决赛时与团体赛和全能赛的竞赛方法不同，不采用两轮轮换，而是采用逐项分别进行比赛的方式，即绳项目比赛完后再进行圈项目的比赛。

（二）集体赛

1. 集体全能赛

集体全能赛的编排方法一般有两种方法。

（1）赛前各参赛队采用两套动作分别抽签的方法，确定并编排出各队的出场顺序。

（2）第一套动作采用抽签办法确定顺序，第二套动作的比赛顺序则是第一套出场顺序的后半部与前半部交换编排。

2. 单套决赛的编排

一般在赛前按照规程所定的参加各单套决赛的预取名次数（前6名或前8名），分别抽签，确定各单套决赛的出场顺序，方法同个人单项决赛。

（三）各种比赛竞赛时间的计算

1. 团体赛时间

规则规定每套动作的时限为2分30秒～3分钟，入场时间为15秒钟，两组裁判（编排分和完成情况分的评分都要逐队计算）的评分约需2分钟。团体赛要进行2次预赛，其所用时间约为：

预赛用时间＝（3分钟＋15秒＋2分钟）×2×队数

决赛用时间＝（3分钟＋15秒＋2分钟）×8

2. 个人赛时间

规则规定每种器械比赛时限为1分～1分30秒，每人入场时间为15秒钟，如果是两项一组交替进行，每项各有一组裁判评分（评分时间不必计算），共进行4项比赛，其总用时间约为：

总用时间＝（1分30秒＋15秒）×4×人数

个人单项决赛时间，如每项都取前8名进行决赛，其总用时间约为：

总用时间＝（1分30秒＋15秒）×4×8

（四）编排竞赛日程的注意事项

1. 按整个比赛所需要的时间，计算比赛需要几天，几单元。要将整个比赛所需要的时间估算的宽裕一些，以免影响比赛。

2. 竞赛项目的安排既要考虑满足观众的兴趣，又要照顾到运动员的休息，可以在一个比赛单元里既安排团体赛，又安排个人赛；安排不同组别的比赛交替。

3. 先安排每日每单元比赛项目的总日程表，再按照每单元的比赛项目安排项目出场顺序的表格。

三、编印秩序册

四、附　件

（一）竞赛规程（摘要）

第十届全国运动会艺术体操竞赛规程

一、竞赛项目

个人成年项目：绳、球、棒、带

个人少年项目：绳、圈、球、棒、带

集体项目：5人带、3人圈2人棒

二、竞赛办法（决赛）

1. 团体：以个人项目团体赛成绩和集体项目两套动作的成绩相加计算。

个人团体：成年每队由3～4名运动员组成。每名运动员完成1～4套动作，每个团体必须由不同运动员用每项器械完成3套动作，总计为12套动作；少年每队由1名运动员完成5项成套动作。

集体项目：每队完成5带和3圈2棒成套动作，以2套成绩相加计算。

2. 个人全能赛：以4项成绩相加计算，每队参加全能赛的人数不限。

3. 集体全能赛：以每队完成5带和3圈2棒成套动作，以2套成绩相加计算。

4. 比赛设表演项目，每队1个节目，人数不限。

5. 采用2005年国际体联颁发的国际艺术体操规则。

三、录取名次与奖励

1. 团体：以个人团体名次分和集体项目名次分相加计算名次。名次分按照第一名为8分、第二名为7分、第三名为6分、第四名为5分、第五名为4分、第六名为3分、第七名为2分、第八名为1分、第九名以后为0分计算，成绩优者名次列前。如名次并列，以个人项目团体成绩高者名次列前；仍并列，以团体总分赛的集体项目5带和3圈2棒得分相加，成绩高者名次列前。录取前8名。

个人团体：将成年12套动作（每项3套）中的10个最好得分和少年5项得分相加。

集体项目：将集体5带和3圈2棒得分相加。

2. 个人全能

将4项分数相加计算成绩，成绩优者名次列前；如成绩相等，以4项中的最高分名次列前；仍相等，以绳操成绩优者列前。录取前8名。

3. 集体全能：将5带和3圈2棒得分相加计算全能成绩，成绩优者名次列前；如成绩相等，以5带得分高者名次列前；仍相等，以3圈2棒得分高者名次列前。录取前8名。

（二）表 格

1. 全能成绩登记表

全能成绩登记表

顺序	姓名	队名	绳	圈	球	棒	带	全能总分	名次	备注

总裁判长：______ 总记录长：______ 年 月 日

2. 裁判员评分表

裁判员评分表

团 体	A 分			B 分	
个 人					

队 名		姓 名		号 码	

完成情况：

评 分：__________

裁判员签名：__________

团 体	A 分			B 分	
个 人	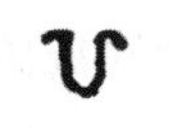				

评 分：

裁判员编号：__________ 签 名：__________

第五节 健美操

健美操是融体操、舞蹈、音乐于一体的追求人体健与美的运动项目，具有高度的艺术性。近年来，健美操在我国的群众体育和竞技体育运动中占有十分重要的位置。

一、健美操比赛的内容和分类

（一）比赛的内容

健美操运动分为健身性健美操和竞技性健美操两大类。

1. 健身性健美操

包括有形体操、力量操、各种轻器械操（哑铃操、橡皮筋操等）、有氧操等。练习的主要目的是“锻炼身体、保持健康”，它的动作简单，实用性强，音乐速度也较慢，保证一定的运动负荷和锻炼的全面性，动作多有重复，常以对称的形式出现。健身性健美操一般的练习时间为一个小时左右。

2. 竞技性健美操

主要目的是“竞赛”。比赛项目有男子单人、女子单人、混合双人、三人（男三、女三、混三）和混合六人（男三、女三）。成套动作时间为1分55秒，允许加或减10秒，即低限为1分45秒，高限为2分5秒。正规比赛只进行符合规则要求的自编动作比赛。竞技性健美操对套路的编排、动作的完成、难度动作的数量等也都有严格的规定，因此在动作的设计上更加多样化，并严格避免重复动作和对称动作。近年来，出现各种大跳成俯撑、空中转体成俯撑等高难动作，这些对运动员的体能、技术水平和表现力均提出了更高的要求。

（二）比赛分类

竞技性健美操分为团体比赛和单项比赛两种。

1. 团体比赛

每队由6人（3男、3女）组成，每人参加项目不得超过3项，每队必须参加5个单项的比赛。预赛中每队5个单项得分之和为团体总分，总分高者名次列前；总分相等时，以单项高分多者名次列前；若再相等则名次并列，下一名次为空额。

2. 单项比赛

只记单项成绩，运动员可以不兼项。预赛中取得单项前6名的运动员参加决赛，预赛得分和决赛得分之和为决赛的总分。总分多者名次列前；总分相等时，以决赛得分高者名次列前；若再相等则名次并列，下一名次为空额。

另外，在健美操预赛的前1天，一般要进行身体素质测定，测定不合格者，扣除第一项预赛成绩5分。测定的内容和指标是：

俯卧撑：男子30秒不少于25次；女子30秒不少于15次。

仰卧起坐：男子30秒不少于15次；女子30秒不少于10次。

测量身高。

二、健美操比赛的规定与要求

（一）比赛音乐

1. 运动员必须自备音乐，要将音乐自行录制在高质量的盒式录音磁带“A”的起始位置。

2. 比赛前，运动员或教练员必须在盒式录音磁带的端面表明运动员所属队名、姓名和参赛项目，抽签号确定后也必须填写在录音带登记卡上。

3. 每队每项自编动作的音乐不得有重复，要求每套动作要有备用录音带。

（二）比赛场地

三人、混合六人竞赛场地为12米×12米，男子单人、女子单人、混合双人竞赛场地为7米×7米的地板或地毯，并用5厘米宽的白色标志带做边线（该带宽度包括在比赛场内）。竞赛台高80～100厘米，帷幕要有会徽，帷幕及比赛台光照不得有阴影，光照度标准4000～5000 Lx（要有顶光和低光）。

（三）运动员服装及仪容

1. 女运动员身着一件套泳装式健美操服，前后可有开口，但上下端要在同一处合拢，服装得体恰当、紧身，必须着裤袜；男运动员身着一件套的连衣裤或背心、短裤，内穿紧身的三角裤。

2. 运动员必须穿旅游式运动鞋、运动线袜。

3. 服装可有装饰（如花边、亮片等，但不得有悬垂物。比赛中不得换衣、脱衣，运动员不得戴任何饰物（首饰）和手表（发带、发卡除外）。

4. 混合双人、三人、混合六人项目，运动员服装应协调或一致。

5. 运动员化淡妆，发型简练，无遮脸发式。女运动员必须剃腋毛。运动员都必须佩带号码牌。

（四）参赛人数与更换运动员

1. 参赛人数

（1）团体赛每队限报运动员6人（男3人、

女 3 人)，每个运动员兼项不得超过 3 项。

(2) 未报满 6 人（男 3 人、女 3 人）的队允许参加单项比赛。

2. 更换运动员

更换运动员的单位必须在赛前裁判员、教练员技术会上提交“更换运动员表”。

三、健美操比赛的组织编排

(一) 抽签确定比赛顺序

1. 抽签时间

预赛抽签：在赛前技术会上进行抽签，决定预赛顺序。

决赛抽签：决赛前 4 小时进行抽签，决定决赛顺序。

2. 抽签方法

抽签由各队领队或教练员在有关部门的监督下进行。有特殊情况也可由竞赛部门代抽，按签号大小排列顺序，即为出场顺序。

(二) 比赛场次的安排

要根据竞赛规模的大小、参赛队的多少以及竞赛的时间，合理地安排比赛场次。

预赛与决赛必须分开安排，两赛期间要使运动员有充足的休息时间，以便提高比赛的质量。比赛时间一般有上午、下午和晚上 3 个比赛单元供选择安排。

在健美操比赛中，比赛项目的顺序没有统一的规定，可以根据比赛的实际情况进行安排。

(三) 编排时的注意事项

1. 遵循“符合规则的要求，有利于运动员水平的发挥，方便观众参观”的原则。在预赛和决赛之间运动员要有稍加调节、休息和准备的时间；尽可能将比赛安排在节假日举行。

2. 根据比赛的规模和参赛的人数安排比赛的天数。若安排一天，则上午安排预赛，下午安排决赛和闭幕式；若安排两天，则第一天安排预赛，第二天安排决赛和闭幕式。

3. 各队参加比赛的具体日期、时间、场次及出场顺序用抽签的方法确定。抽签时一般要有总裁判长、总记录长参加，由各单位领队、教练员参加抽签或由竞赛部门代抽。

四、附 件

(一) 竞赛规程

2007 年全国健美操冠军赛竞赛规程

一、竞赛项目

(一) 成年竞技组

男子单人操、女子单人操、混合双人操、三人操（性别不限)、六人操（性别不限)。

(二) 青少年组

1. 国际年龄二组：男子单人操、女子单人操、混合双人操、三人操（性别不限)、六人操（性别不限)（参见 2005 ~ 2008 国际评分规则)。

2. 国际年龄一组：男子单人操、女子单人操、混合双人操、三人操（性别不限)、六人操（性别不限)（参见 2005 ~ 2008 国际评分规则)。

3. 国家预备组：单人操、三人操（性别不限)（参见 2005 ~ 2008 国际评分规则)。

4. 少年预备组：三人操、六人操（基础套路规定动作)。

二、参赛办法

(一) 参加年龄

1. 青年竞技组：18 ~ 35 岁。

2. 青少年组：国际年龄二组 15 ~ 17 岁、国际年龄一组 12 ~ 14 岁、国家预备组 10 ~ 11 岁、少年组 6 ~ 9 岁。

(二) 参加资格

1. 成年竞技组：

2007 年全国健美操锦标赛获得竞技精英组、新人组各项前 3 名的运动员（队)、院校组、行业组各单项冠军的运动员（队）参加，国家集训队运动员可任意选择项目直接进入冠军赛，不占各项各组名额。

2. 青少年组：

获得 2007 年全国青少年健美操锦标赛各赛区国际年龄二组一级组、国际年龄一组二级组、国家预备组（自选动作）各单项前 3 名的运动员

（队）均可参加；获得2007年全国青少年健美操锦标赛各赛区国际年龄二组、国际年龄一组、国家预备组、少年预备组（规定动作）各单项冠军的运动员（队）均可参加。

（三）运动员人数在4人以下的队可报领队或教练1名；7人以上的队可报领队、教练各1名。

三、竞赛办法

（一）各单项进行预、决赛，预赛套路的数量决定进入决赛的套路数量（依据FIG竞赛规程）。

预赛套路 13以上 8－12 4－7 2－3 1

进入决赛 8 6 3 2 不设比赛项目

同一单位最多只允许2名运动员进入单项决赛。

（二）精英组、新人组、院校组、行业组不再分组进行比赛。

（三）预、决赛出场顺序赛前均由组委会抽签决定。

（四）决赛中兼项运动员出现间歇时间不足20分钟（依据组委会决赛出场顺序表）时，该名运动员必须弃权1项，并于赛前3小时以书面形式确认参加决赛的项目，否则自动取消后出场项目，决赛资格将依预赛名次顺延。

（五）执行国际体联2005～2008年竞技健美操评分规则和竞赛规程。

（六）为保证大会顺利进行，比赛中将不接受申诉。

四、录取名次与奖励

各单项预赛获得前8名的运动员（队）进入决赛；各单项录取前8名运动员（队），其成绩以决赛中得分高者名次列前；若成绩相等，名次将按顺序取决于下列标准：最高完成分；最高艺术分；最高难度分。

五、本规程解释权属国家体育总局体操运动管理中心。

（二）表　格

健美操比赛总纪录表

竞赛名称________ 项目________ 竞赛地点________ 比赛日期________

号码	单位	姓名	预赛																	决赛	总分	名次
			裁判员																	裁判员		
			1	2	3	平均分	4	5	6	平均分	7	8	平均分	9	10	平均分	时间	扣分	提分	（与预赛格式一样）		

裁判长________ 副裁判长________ 记录长________ 裁判员________ ①________ ②________

记录员________ ③________ ④________

________ ⑤________ ⑥________

⑦________ ⑧________

⑨________ ⑩________

团体总分统计表

顺序	单　位	男单	女单	混合	三人	混六	总分	名　次

第八章　铁人三项、定向越野、体育舞蹈、轮滑运动竞赛组织编排

第一节　铁人三项运动

铁人三项运动1974年起源于美国，20世纪70年代末传入中国。2000年第二十七届奥运会铁人三项被列为正式比赛项目。

一、铁人三项比赛的分类

（一）比赛的分类

铁人三项比赛由天然水域游泳、公路自行车、公路长跑3个项目按顺序组成，运动员需要一鼓作气赛完全程。铁人三项比赛分3类。

1. 短距离赛：游泳0.75千米、自行车20千米、长跑5千米，总距离25.75千米。

2. 中距离赛：游泳1.5千米、自行车40千米、长跑10千米，总距离51.5千米。

北京奥运会铁人三项比赛和世界锦标赛及我国的比赛均采用此距离进行。

3. 长距离赛：游泳2～3.8千米、自行车50～180千米、跑15～42.195千米，总距离67～225.995千米。

（二）我国的“铁人两项”比赛

我国根据实际条件，因地制宜设立了“铁人两项比赛”，由跑和自行车2个项目分为3段距离组成。

1. 短距离赛：跑5千米、自行车40千米、跑5千米，总距离50千米。

2. 长距离赛：跑10千米、自行车60千米、跑10千米，总距离80千米。

二、铁人三项比赛的组织编排

男子比赛和女子比赛一般都是一次性地在同一路线上分别举行。

（一）个人赛

1. 游泳出发

（1）出发位置抽签。

①参加铁人三项世界杯赛和世界锦标赛的优秀组运动员根据他们当时的世界排名顺序抽签决定出发位置。

②前10名的运动员首先选取各自的出发位置。

③前10名运动员全部选定出发位置后，剩余的位置将公布出来。

④前10名运动员的具体位置直到抽签结束、所有运动员的位置均选定后，方可公开。

⑤如果运动员不参加出发位置抽签，组织者将在所有在场运动员都选定位置后，决定缺席运动员的出发位置。该运动员将获得剩余位置中最末的位置。

⑥不允许在出发浮桥上向左右或后方移动，这样做是危险的，运动员只能向前方移动，违反此规则将受到处罚。

（2）男子、女子优秀组、23岁以下组、青少年组比赛完全分开进行，前一个组别结束和后一个组别开始的间隔时间至少为30分钟。

（3）每一组游泳出发前由游泳裁判长最后讲解游泳比赛注意事项。

（4）优秀组、23岁以下组、青少年组和分龄

组出发规定：

①游泳比赛应按照场地、技术部分说明的要求，从结构牢固的平台跳水出发。在任何情况下都不允许采用从岸上跑动入水的出发方式。

②泳帽的两边都应标有运动员的号码。

③每一拨出发运动员的人数限制为：

优秀组：男子组每一拨限制在75人；女子组每一拨限制在75人。

23岁以下组：男子组每一拨限制在75人；女子组每一拨限制在75人。

青少年组：男子组每一拨限制在75人；女子组每一拨限制在75人。

分龄组：分龄组每拨出发人员不得超过150人。

④分龄组出发时间由技术代表根据游泳路线和参赛运动员人数决定；每一拨出发入水的运动员应佩戴不同颜色的泳帽；运动员可以采用水中出发的形式。

2. 转换区

（1）优秀组转换区设置

①按照场地技术要求设置转换区，确保每一个运动员有0.75米的空间。

②优秀组运动员在转换区的排列位置根据他们的排名决定，排名第一的运动员将排在最靠近自行车出口的位置。

③自行车架设置在转换区的两侧，左右轮流排号，奇数号和偶数号各一排。

④转换区内应标明运动员的姓名、国旗或者国别的英文缩写及比赛号码。标志应便于观众观看，并且不干扰运动员的比赛。

⑤为运动员提供自行车换项箱，用于盛放运动员装备。转换区内必须铺设地毯。

⑥转换区的出口和入口应使用带有比赛标志的3.5米高的柱体或门架明显标志。

（2）23岁以下组/青少年组转换区设置

①青少年运动员在转换区的位置由技术代表主持抽签仪式，由各会员协会抽签决定。要为每一个运动员提供至少0.75米的空间。

②自行车架设置在转换区的两侧，左右轮流排号，奇数号和偶数号各一排。

③为运动员提供自行车换项箱，用于盛放运动员装备。

（3）分龄组转换区设置

①分龄组运动员在转换区的排列顺序根据他们游泳出发的顺序决定。每名运动员至少0.60米的空间。

②自行车架各排应清楚标志，自行车位应使用标有运动员号码的10厘米×10厘米的卡片标志。

③转换区的设计要保证所有的运动员无车跑的距离相等，要保证运动员不会交叉穿行。

④转换区内的地面应平整、无杂物和障碍物，转换区出口应设饮水站。

3. 自行车路线

（1）优秀组自行车路线

①优秀组自行车路线应不少于6圈，最多为8圈。

②自行车路线应有一定的技术难度，含有坡路和弯道，不设计180度折返。

③如设计往返路线，则应有至少1米宽的缓冲区、草坪或混凝土隔离带将自行车的去程和回程隔离开，否则不允许使用往返路线。

④自行车路线的宽度应至少为5米，路线要避开铁轨、桥洞、吊桥等。自行车赛段禁止交叉穿行。

⑤进出转换区沿途应使用至少400米长的安全栅栏加以防护。

（2）分龄组自行车路线

①分龄组自行车路线可以设计为往返路线。

②如果路线为多圈形式，圈数应不超过3圈，并保证比赛的安全和公平。

（3）备用车轮站—优秀组

①至少设置2个备用车轮站，由技术代表决定备用车轮站的位置。分龄组不设备用车轮站。

②运动员至少在比赛开始前的30分钟将车轮运送至备用车轮站。

③备用车轮站设裁判检查。备用车轮站需设安保。

4. 跑步路线

跑步路线要求路面平整、宽度不少于3米、无交叉，并要对其他车辆封闭。

（二）团体赛

1. 比赛形式

团体最多可由5名运动员组成，可以是男、

女优秀组、青少年组或分龄组的运动员。

从游泳出发至跑步结束以团体为单位计时。自行车路线必须具备一定的难度，但技术性不应很强。比赛路线必须完全封闭。

2. 距　离

比赛距离是：游泳 750 米、自行车 20 千米、跑步 5 千米。

3. 计　时

（1）比赛路线上不同的点都要计分段成绩，并播报给运动员和观众。

（2）使用电视大屏或计分板公布分段成绩和临时排名。

（3）完成时间要精确至千分之一秒。如果成绩相同，则跑步成绩较好者列前。

（4）以第三名到达终点的运动员的完成时间计成绩。

（5）如果同一个队的运动员之间到达终点的时间差超过 30 秒，则该队将被取消比赛成绩。

（6）离开转换区和到达终点的第三名运动员可以不是同一个人。

4. 队　服

团体赛运动员应身着符合国际铁联服装要求的队服，包括国家（或地区）代码、比赛号码和组委会和赞助商提供的身体标记。

5. 队　长

每个参赛队必须任命一名队长，负责整个队的指挥。领队除了在指定的教练区外不能进入到比赛路线上。

6. 游　泳

（1）出　发

每 2 分钟出发一队，直到还有 10 个队伍，后 10 个队每 3 分钟出发一队。各队出发时间间隔可由技术代表进行调整。

（2）出发顺序

出发顺序以上届比赛的名次为依据。新的队伍出发顺序由技术代表在赛前技术会上抽签决定。

（3）出发前的准备

①所有队伍必须在他们各自实际的出发时间前 5 分钟全体到达起点线。

②队伍的 5 名成员必须同时出发，迟到队伍的成绩按照其预定出发时间计。

（4）终　点

游泳分段成绩以第三名出水的运动员的完成时间计算。

（5）转换区

①应为 5 名运动员提供足够大的空间，包括将每两排自行车架之间的距离从 3 米增加到 5 米，并为每名运动员提供至少 1.5 米的空间。

②各队在离开转换区时应至少有 3 名队员。检查点位于实际上车线前 15 米处。

7. 自行车

（1）各队运动员集体骑行，可以相互尾随。

（2）在超越的情况下，各队不允许领骑、帮助或通过正在超越的队伍获取帮助。

（3）落单的队员不允许领骑、帮助或通过正在超越的其他队伍获取帮助。

（4）同一队伍成员之间可以相互帮助，如食品、饮料和维修等。

（5）被超越的队伍应在 1 千米之内与前方队伍拉开 25 米的距离。违反此规则将被取消比赛资格或受到时间处罚。

8. 跑　步

（1）出　发

各队在离开转换区时应至少有 3 名队员，检测点位于距转换区出口 15 米处。与本队差距超过 45 秒的队员不得开始跑步比赛。

（2）协　助

本队运动员之间可以相互帮助，如拉、推或扶。

（3）终　点

每队必须至少有 3 名运动员完成比赛，每两名运动员成绩之间的时间差不能超过 30 秒。

（三）接力赛

1. 比赛形式

接力赛以队为单位、由 3 名不同的运动员组队参加，每名运动员完成其中的一项，3 名运动员连续一次性完成整个比赛，以最后一名运动员到达总终点的次序计名次。

2. 接力区

运动员之间的交接在接力区内进行。

前一名完成比赛的运动员应将比赛号码或计

时环等交给本队下一名参赛运动员。

每个队使用同一个比赛号码、同一个计时环。

3. 队伍组成

每队由3名运动员组成，3人中必须有1人为异性（即2男1女或2女1男）。

三、铁人三项比赛排定名次的方法

（一）个人赛

1. 同步计时和成绩

正式成绩册的制作必须符合ORIS标准。分段成绩包括：

（1）游泳比赛时间或第一赛段时间；

（2）自行车比赛时间（含游泳—自行车、自行车—跑步2个换项时间）；

（3）跑步比赛时间；

（4）总时间。

2. 名次确定

先到达终点者名次在前，按成绩依次排定名次。

（二）团体赛

1. 团体名次将按各队参赛队员的前3名完成比赛全程时间的总和排定，时间少者名次列前。

2. 如果两队总时间相同，以本队第三名运动员完成比赛全程时间判定，时间少者名次列前。

（三）接力赛

1. 以3名运动员完成各自比赛的时间之和（总时间）计为比赛成绩。

2. 比赛成绩（总时间）相同的，第3名运动员成绩较好的队名次列前；如果第3名运动员成绩仍相同，则两队并列。

3. 队中有任何一名运动员未完成比赛，则该队总成绩无效。

四、附　件

2006年锦州国际铁人三项洲际杯赛暨全国铁人三项锦标赛竞赛规程（摘要）

一、竞赛距离及分组

（一）竞赛距离

	总距离	游泳	自行车	跑步
标准距离	51.5千米	1.5千米	40千米	10千米
短距离（半程）	25.75千米	0.75千米	20千米	5千米

（二）比赛组别

1. 男子、女子优秀组

限专业运动员参加，年龄不限。

2. 男子、女子青少年短距离组

限年龄在19岁以下的专业运动员参加（以运动员参加比赛当年12月31日时的年龄为准）。

二、竞赛办法

（一）竞赛规则

采用国际铁人三项联盟和中国铁人三项运动协会竞赛规则。

（二）器材及装备

参赛运动员自备自行车、服装和头盔等器材和装备，并要符合竞赛规则的有关规定。

三、奖励办法

（一）洲际杯赛

1. 奖励名次

组　别	奖　杯	奖　金
男子优秀组	前3名	前10名
女子优秀组	前3名	前10名
男子青少年短距离组	第一名	前3名
女子青少年短距离组	第一名	前3名

2. 奖金分配

（1）男子、女子优秀组奖金总额2.5万美元，分配方式如下。

名次	1	2	3	4	5	6	7	8	9	10
男子	3125	2500	1875	1250	1000	875	750	500	375	250
女子	3125	2500	1875	1250	1000	875	750	500	375	250

注：境外运动员获奖发放美元，境内运动员获奖发放等值人民币。

（2）男子、女子青少年短距离组奖金总额9000元人民币，分配方式如下。

名次	第1名	第2名	第3名
男子	2000	1500	1000
女子	2000	1500	1000

（二）全国锦标赛

1. 个人名次

组　别	奖　杯	奖　牌	奖　状
男子优秀组	第1名	前3名	前8名
女子优秀组	第1名	前3名	前8名
男子青少年短距离组	第1名	前3名	前8名
女子青少年短距离组	第1名	前3名	前8名

2. 单项成绩奖

中国铁人三项运动协会为参加优秀组和23岁以下组比赛的境内运动员设立单项成绩奖。

（1）自行车成绩奖：设奖金2500元人民币，奖励自行车赛段成绩最好的一名运动员。运动员必须具备以下前提条件：

①男子运动员自行车成绩在54分钟以内，女子运动员自行车成绩在58分钟以内。

②运动员必须完成比赛并且个人有效总成绩与同场比赛第一名的成绩男子相差在5%之内，女子相差在8%之内。

（2）跑步成绩奖：设奖金2500元人民币，奖励跑步赛段成绩最好的一名运动员。运动员必须具备以下前提条件：

①男子运动员跑步成绩在33分钟以内，女子运动员跑步成绩在36分钟以内。

②运动员必须完成比赛并且个人有效总成绩与同场比赛第一名的成绩男子相差在5%之内，女子相差在8%之内。

3. 团体名次

（1）奖励名次

组　别	奖　杯
男子专业组团体	前3名
女子专业组团体	前3名

（2）运动员按其代表的单位组队。团体名次按各队参加比赛有效总成绩前3名运动员的完成时间之和排定，总时间少者列前；如两队总时间相同，以本队第三名运动员的完成时间判定，时间少者列前；不足3人，不计团体名次。

（3）团体排名限参加优秀组比赛的运动员参加，青少年短距离组不计团体名次。

四、本规程解释权归中国铁人三项运动协会。

第二节　定向越野运动

定向越野运动19世纪末起源于瑞典，1983年在我国正式成为一项体育运动，现已列为全国体育大会比赛项目。

一、定向越野比赛的分类和项目

（一）比赛的分类

定向越野是运动员借助地图和指北针，自己选择行进路线，按规定的顺序寻找若干个标绘在地图上的地面检查点，并以最短时间完成全赛程的运动项目。

定向越野比赛多以徒步为主，分为日间定向越野、夜间定向越野和日夜交替定向越野3种。

1. 日间定向越野

首批参赛者最早应在日出后1小时出发；最后一批参赛者最迟应在日落前预计完成全赛程时间的1.5倍时刻出发。

2. 夜间定向越野

首批参赛者应在日落后1小时出发；最后一批参赛者最迟应在日出前预计完成全赛程时间的2倍时刻出发。

3. 日夜交替定向越野

（1）比赛设两条路线，一条在白天进行竞赛，一条在夜间进行竞赛。

（2）比赛在夜间出发，完成竞赛时已是白天；竞赛在白天出发，完成竞赛时已是夜间。

（二）比赛项目

1. 个人赛：运动员独立完成比赛，成绩取决于个人技能。

2. 团体赛：运动员单个比赛，运动队成绩为全队运动员个人成绩（时间、名次或得分）的总和，同时也可以记个人成绩。

3. 多日赛：在多日比赛中，运动员的个人成绩是每日比赛成绩（时间、名次或得分）的总和。

4. 小组赛：每组有 2 名或 2 名以上的运动员，运动员一同或部分分散完成比赛。

5. 接力赛：接力赛须有 2 名或 2 名以上的运动员，每名运动员像个人赛一样跑完一个赛程，成绩取决于每一运动员正确完成单个赛程的时间的总和。

二、定向越野比赛的组织编排

（一）比赛分组

1. 按照性别和年龄分组。

男子组(代号为 M)	女子组(代号为 W)
儿童组:8 岁 ~11 岁	儿童组:8 岁 ~11 岁
少年组:12 岁 ~15 岁	少年组:12 岁 ~15 岁
青年组:16 岁 ~18 岁	青年组:16 岁 ~18 岁
大学组:17 岁 ~26 岁	大学组:17 岁 ~26 岁
成年组:19 岁 ~40 岁	成年组:19 岁 ~35 岁
中年组:41 岁 ~55 岁	中年组:36 岁 ~50 岁
老年组:56 岁以上(含 56 岁)	老年组:51 岁以上(含 51 岁)

2. 运动员在同一场比赛中，只能参加一个组别的比赛。

3. 青年组、中年组的运动员可以选择到成年组参加竞赛，儿童组和老年组只能在本组进行比赛。

4. 精英组其比赛代号为 E，不受年龄限制，参赛的资格须经中国定向协会确认。

5. 同一年龄组因人数过多，可以划分相同标准的几个小组，代号为 1、2、3 等；不同年龄组可以合并。小组赛的代号为 G。

6. 接力赛应列出每一赛段准许参加的年龄组。

（二）比赛距离和时间

1. 各年龄组的竞赛距离和预计完成全赛程的时间如下。

组　别	最大距离（千米）		完成时间（分钟）	
	男	女	男	女
儿童组	3	3	35	35
少年组	6	4	55	55
青年组	12	10	75	75
大学组	18	16	220	220
成年组	21	18	240	240
中年组	12	10	90	90
老年组	7	5	60	60

2. 确定比赛距离时，除要考虑组别差距的因素外，还应考虑到竞赛区域的复杂程度、季节、竞赛开始时间和其他对竞赛可能产生影响的因素。

3. 比赛距离应以运动员能选取的水平直线为准。预计完成全赛程的时间作为确定比赛距离的主要考虑因素，而赛程的距离作为辅助考虑因素。

4. 夜间比赛、接力赛的预计完成时间应减少约 20%；多日赛要比预计的完成时间减少 20% ~ 40%。同一年龄组若分成许多小组进行比赛，预计完成比赛时间应减少 10% ~15%。

5. 路线设计应使最佳路线的总爬高量不超过其总长度的 4%。组委会可规定运动员完全赛程的时间，比赛中超时者成绩无效。

（三）出发顺序

1. 出发顺序在赛前由裁判组织各队教练员抽签决定，出发的安排应使同一单位的运动员尽可能分开，出发顺序表确定后，不得更改。出发时间表应在赛前公布。

2. 在比赛中运动员按相等的时间间隔依次出发，来自同一运动队的队员不能编排连续出发。在接力赛中，同组第一棒的运动员可以同时出发。

3. 如几个年龄组都使用同一比赛路线，出发时应错开，水平较强的年龄组应在较弱的年龄组之前出发。

4. 每场比赛各代表队抽签获得一个序号。同队所有运动员的出发批次由裁判根据“等间隔编排法”和序号确定。

5. 等间隔编排方法如下：参赛队总数T，每队同组别选手人数G，同场比赛不同组别数I。总出发批次P=T×G，同队同组别选手之间间隔批次A=T，同队不同组别选手间隔批次B=T/I（当有余数时B取整数再加1）。

根据A、B、P计算出发批次，例如：某队抽签序号为N，同场比赛有3个组别，每组别有3名选手参赛。出发顺序的编排是：

男子组（M15－17）选手1第N批，选手2第（N+T）批，选手3第（N+2T）批；

女子组（W15－17）选手1第（N+B），选手2第（N+B+T）批，选手3第（N+B+2T）批；

男子青年组（M21－）选手1第（N+2B）选手2第（N+2B+T）批，选手3第（N+2B+2T）批。

当出发批次的计算结果大于P时，应取其与P的差值。例如：某场比赛队总数T=6，同组人数G=3，不同组别I=3，抽签号N=6时，P=T×G=18。此时男子青年组选手3的出发批次应为N+2B+2T=22，大于P，此时该选手正确的出发批次是22－18=4。

6. 出发计时：出发意味计时开始。运动员分批出发，每批运动员出发间隔时间为2～3分钟，出发前2～3分钟，运动员在出发点领取各自的地图。

三、定向越野比赛排定名次的方法

（一）依据运动员完成全赛程的时间先后排定名次。如有2名以上的运动员取得相同的成绩，则他们的名次并列，空出下一名次，在成绩单上排在同一位置，但姓名的前后顺序按出发表的顺序排列。

（二）团体成绩以比赛中各队选手成绩相加排定。当各队参赛人员较多时，应事先确定参加统计团体赛成绩的计分队员人数和名单。各组别单项团体成绩，以本队2名最好运动员的成绩相加排定。

（三）接力赛中，每个队由2名或2名以上同一级别或混合级别的人员组成。一个队所跑的全部路程必须与另一个队是同等的，但构成总路线的每段顺序应有所不同。进行接力赛的每个接力队员均应按预先定好的顺序，一个接一个地完成一段个人路程，比赛成绩取决于全队所有运动员按要求完成各赛段时间总和。

（四）如运动员漏过检查点或找错检查点，则运动员的成绩无效，如果不是由于运动员本人的过错造成检查卡片少打标记，经裁判证明确已到访该检查点，成绩仍有效。

（五）当最后一批运动员出发，预计完成全赛程所需时间的1.5至2倍时刻为终点关闭时刻，由组委会规定并应在比赛开始前通告运动员。

（六）组委会可规定运动员跑完全赛程的时间，比赛中超过该时间的个人和队不再排列名次。

四、附　件

（一）竞赛规程（摘要）

2006年全国学生定向越野锦标赛竞赛规程

一、竞赛项目和组别

（一）竞赛项目：

1. 个人项目：

短距离赛（男、女各限报6名）；

中距离赛（男、女各限报6名）。

在上述报名的6名运动员中，其中4人成绩除计算个人成绩外，可累加计算团体成绩，其余2人只计算个人成绩，请各代表队在填报表格中确定。

2. 集体项目：团队赛（非混合，男、女各4名）。

（二）组别：

比赛设置高校组、中学组、测绘组和教师组。

二、竞赛办法

（一）竞赛按《定向运动竞赛规则（试行）》执行；

（二）运动员出发方式由裁委会决定，出发顺序由计算机随机抽签决定；

（三）此次比赛采用标准电子打卡记时设备。

三、名次录取与办法

（一）单项录取办法：

1. 高校组、中学组、教师组：每组录取各单项（男、女）前16名，前3名颁发奖牌及证书，其他名次发给获奖证书。

2. 测绘组：录取各单项（男、女）前8名，前3名颁发奖牌及证书，其他名次发给获奖证书。

（二）团体录取办法：

1. 高校组、中学组：每组录取男子团体、女子团体、总团体前12名，颁发奖牌。

2. 测绘组：录取男子团体、女子团体、总团体前6名，颁发奖牌。

（三）团体名次计分办法：以各队4男4女运动员的短距离名次积分、中距离名次积分和4倍团队赛名次积分之和确定，得分低者，名次列前。计分办法为：第一名0分，第二名2分，第三名3分，以下依次类推。个人项目的无效成绩均按本组出发人数再加10分处理，集体项目的无效成绩按本组出发队数乘2处理。

（四）缺项及缺人的参赛队不予计取该项团体名次。

（五）根据定向比赛特殊性，承办省各代表队在比赛中取得的名次与其他各省市代表队并列计取。

（六）当某省的各代表队在取得了某单项比赛的全部前6名成绩时，后面取得成绩的运动员的名次与其他各省市运动员并列计取（16名以内）。

（七）设体育道德风尚奖。

（二）表 格

1. 定向越野赛报名表

定向越野赛报名表

报名单位：（盖章）

序		姓 名	性 别	民 族	组 别	参 赛 项 目				
						短 距 离		中 距 离		团 队 赛
						个人、团体	个人	个人、团体	个 人	
领 队										
教 练										
运动员	男子									
	女子									

负责人：（签字）　　　经办人：（签名）　　　联系电话：　　　手机：

注：1. 在参赛项目相应方框内划勾选择参赛项目；

2. 在短距离和中距离项目中，4名计算个人成绩并累加团体成绩的运动员在“个人、团体”一栏中画勾，其余2名只计算个人成绩的运动员在“个人”一栏中画勾。

年　　月　　日

2. 定向越野赛运动员申请“首次注册”登记表

定向越野赛运动员申请“首次注册”登记表

省　份：　　　　　　　　　　　　　　　　　　　　　所在单位：

<table>
<tr><td>序</td><td colspan="8">首　次　注　册　登　记　内　容</td></tr>
<tr><td>01</td><td rowspan="2">运动员
姓　名</td><td>中文姓名</td><td colspan="5"></td><td rowspan="8">（贴照片）</td></tr>
<tr><td>02</td><td>汉语拼音</td><td colspan="5"></td></tr>
<tr><td>03</td><td colspan="2">注册卡号码</td><td colspan="5"></td></tr>
<tr><td>04</td><td colspan="2">首次注册时间</td><td colspan="5"></td></tr>
<tr><td>05</td><td colspan="2">注册组别</td><td colspan="5">高校甲组、高校乙组、高校丙组、中学甲组、中学乙组</td></tr>
<tr><td>06</td><td colspan="2">性　别</td><td colspan="5"></td></tr>
<tr><td>07</td><td colspan="2">政治面貌</td><td colspan="5"></td></tr>
<tr><td>08</td><td colspan="2">出生年月日</td><td colspan="5"></td></tr>
<tr><td>09</td><td colspan="2">身份证号码</td><td colspan="6"></td></tr>
<tr><td>10</td><td colspan="2">学生证号码</td><td colspan="6"></td></tr>
<tr><td>11</td><td colspan="2">身高/体重</td><td colspan="6"></td></tr>
<tr><td>12</td><td colspan="2">所在年级</td><td colspan="6"></td></tr>
<tr><td>13</td><td colspan="2">运动项目及专项</td><td colspan="6"></td></tr>
<tr><td rowspan="2">14</td><td colspan="2">运动等级</td><td colspan="6"></td></tr>
<tr><td colspan="2">本人最好成绩</td><td colspan="6"></td></tr>
<tr><td rowspan="2">15</td><td colspan="2" rowspan="2">入本学校
基本情况</td><td colspan="2">时　间</td><td>原所在学校</td><td colspan="2">录取方式</td><td>统考分数</td></tr>
<tr><td colspan="2"></td><td></td><td colspan="2"></td><td></td></tr>
<tr><td rowspan="2">16</td><td colspan="2" rowspan="2">本年度
最好成绩</td><td colspan="2">时间地点</td><td>比赛名称</td><td colspan="2">项目、成绩</td><td>名　次</td></tr>
<tr><td colspan="2"></td><td></td><td colspan="2"></td><td></td></tr>
<tr><td rowspan="2">17</td><td colspan="2" rowspan="2">本人联系
地址及电话</td><td colspan="3">联系地址</td><td colspan="3">联系电话</td></tr>
<tr><td colspan="3"></td><td colspan="3"></td></tr>
<tr><td rowspan="2">18</td><td colspan="2" rowspan="2">教练员
基本情况</td><td>姓　名</td><td>性别</td><td>年龄</td><td>学历</td><td>职称</td><td>所在单位</td></tr>
<tr><td></td><td></td><td></td><td></td><td></td><td></td></tr>
<tr><td rowspan="2">19</td><td colspan="2" rowspan="2">体育总局（体委）
注册情况</td><td colspan="2">注册时间</td><td>注册单位</td><td colspan="2">代表单位</td><td>其他说明</td></tr>
<tr><td colspan="2"></td><td></td><td colspan="2"></td><td></td></tr>
<tr><td>20</td><td colspan="2">所在学校
领导审核意见</td><td colspan="6">班 主 任：　　　　（签字）体育组负责人：　　　　（签字）
主管校长：　　　　（签字）　　　　　　　　　　（学校盖章）</td></tr>
<tr><td>备
注</td><td colspan="8"></td></tr>
</table>

第三节　体育舞蹈运动

体育舞蹈源于欧美传统宫廷舞、交际舞和各种土风舞，20 世纪初经整理规范成为现在的体育舞蹈，1986 年传入中国。我国已将体育舞蹈列为全国体育大会比赛项目。

一、体育舞蹈比赛的分类和项目

（一）比赛的分类

1. 标准舞：华尔兹、探戈、维也纳华尔兹、狐步、快步。

2. 拉丁舞：桑巴、恰恰恰、伦巴、斗牛舞、牛仔舞。

3. 十项舞：标准舞和拉丁舞。

4. 队式舞：标准舞和拉丁舞。

（二）比赛的项目

比赛分团体赛和个人赛两种。

团体赛由每个参赛单位的 8 对男女运动员组成，按顺序进行比赛。

个人赛分职业组和业余组，分别进行不同要求的比赛。对比赛舞种也有不同规定。

（三）年龄分组

在国际比赛和冠军赛中，下列年龄限制必须遵守。

少儿甲组　9 岁或小于 9 岁

少儿乙组　10 岁～11 岁

少年甲组　12 岁～13 岁

少年乙组　14 岁～15 岁

青 年 组　16 岁～18 岁

成 年 组　19 岁以上

年 长 组　35 岁以上

将少儿甲、乙组或少年甲、乙组分为一组是可以的；除了年长组，其他组的舞伴其中之一可以稍年轻些。

二、体育舞蹈比赛的组织编排

（一）比赛按预赛（淘汰赛）、复赛（选拔赛）、半决赛（资格赛）、决赛（名次赛）的程序进行。每一轮比赛一般应从参赛选手中筛选出不少于 1/2 的选手参加下一轮的比赛，最后从第三轮半决赛中评出 6 对或 8 对选手进行决赛。

（二）如有 24 对以上的选手参赛，在初赛时可以采用双淘汰制，这样可以让每对选手有 2 次的机会，双淘汰参赛队数由裁判长决定。

（三）在比赛中，各组别所参赛的舞种是各不相同的。这些比赛舞种的确定都是由主办单位和承办单位根据比赛的性质及地区体育舞蹈开展的情况研究确定后写入比赛规程。

（四）在各轮的各舞种比赛中，每种舞音乐的伴奏时间最少不少于 1 分 30 秒。维也纳华尔兹和牛仔舞最少不少于 1 分钟。

各种舞的速度	单位：小节/分钟
华尔兹	30
桑巴	50
探戈	33
恰恰恰	30
维也纳华尔兹	60
伦巴	27
狐步	30
牛仔舞	44
快步	50
斗牛舞	62

（五）在所有比赛中，音乐必须与舞蹈相符，例如拉丁舞不得用迪斯科音乐伴奏。

（六）在比赛时，由 5～7 人完成裁判工作，队式比赛至少有 3 名裁判。裁判必须具有与比赛相适应的裁判证书。

（七）团体舞比赛的要求：

1. 在标准舞或拉丁舞中，以各种舞的舞步为基础编排，其中自由选择的其他舞蹈，最多不得超过 16 小节。

2. 标准舞中的独舞应限制在每种舞 8 小节之内，而该类舞的总长度最多 24 小节，在拉丁舞中没有这种要求，因为该舞中独舞是其中一部分。任何舞中均不允许托举。

3. 在所有的比赛中每队应包括6~8对选手，每名选手只能参加一个队的比赛。可以保留4名替换队员。

4. 队式比赛的场上滞留时间不得超过6分钟。在这6分钟内，需有4分钟的表演，在开始和结束时要有明确的体现。

5. 如超过5个队参赛，必须有第二轮比赛。

三、体育舞蹈比赛排定名次的方法

体育舞蹈比赛由裁判员按国际评判标准规定的基本技术、音乐表现力、舞蹈风格、舞蹈编排、临场表现、赛场效果等6个方面进行评分，得分高者名次列前。决赛时裁判应公开评分。

评分比例：基本技术为40%，其中脚步动作、姿态、手臂稳定和移动各占10%；音乐的表现为20%；体育舞蹈风格体现为15%；体育舞蹈的编排为10%；临场表现为10%；现场效果为5%。半决赛、决赛评分比例：基本技术为15%；音乐表现为20%；体育舞蹈风格的体现为15%；舞蹈编排为20%；临场表现为20%；现场效果为10%。

在评分6要素中，前3项主要指选手的技艺品质，后3项是选手的艺术能力。在第一、二次预赛中裁判着重于前3项要素的评判，在半决赛中裁判着重于后3项要素的评判，在决赛中应全面地评价选手的各项要素的表现情况。

四、附　件

（一）竞赛规程（摘要）

1. 2008年河南省体育舞蹈锦标赛竞赛规程

一、竞赛分组和项目

（一）竞赛分组

1. 成人组：标准舞组、业余标准舞单项
　　拉丁舞组、业余成人拉丁舞单项

2. 专业院校组

3. 业余青少年组：标准舞、拉丁舞

4. 青少年牌级赛组

5. 业余青少年组：拉丁舞新人组（女子组选手可参加）、全能组

6. 基本训练组合

7. 团体舞：标准舞团体舞、拉丁舞团体舞（6~8对选手，不少于3个舞种，场上表演时间为4分30秒。）

（二）竞赛项目（略）

二、英文字母舞种对照

（一）S－标准舞：W－华尔兹，T－探戈，F－狐步，Q－快步，VW－维也纳华尔兹；

（二）L－拉丁舞：C－恰恰恰，S－桑巴，R－伦巴，P－斗牛，J－牛仔；

（三）A、B、C、D代表等级。

三、比赛规定

（一）比赛执行国家体育总局最新批准的中国体育舞蹈竞赛规则。

（二）比赛音乐由赛会统一安排。

（三）比赛采取预赛、复赛、半决赛、决赛的程序进行，本次比赛采用英式顺位计分法。

（四）如选手向赛会提出申诉，必须由所在队领队书面提交赛会，并交纳500元申诉费。申诉得到通过，退回申诉费，没有得到通过，不再退还申诉费。

（五）青少年自选动作组和十项全能组、四项组、新人组比赛动作、服装自选。

（六）青少年规定动作组别，动作、服装、发型、饰物按中国体育舞蹈联合会规定执行。

（七）青少年牌级赛组，服装、发型按规定执行，比赛组合按照体育舞蹈等级考试培训教材建议性组合范围。

（八）业余青少年女子组规定动作组别，跳男步的选手可穿女装，但动作、服装、发型、饰物须遵照中国体育舞蹈联合会规定执行。

四、奖励办法

（一）各组别均录取前6名，颁发奖杯、证书，7~12名发优秀奖证书；

（二）青少年牌级赛组、新人组颁发一、二、三等奖奖牌及证书；

（三）团体舞各组别录取前6名，为前3名参赛单位颁发奖杯、运动员颁发奖牌和证书，为4

名以后的参赛单位颁发奖杯、运动员颁发证书；

（四）基础训练组合录取前6名，颁发一、二、三等奖奖牌、证书；

（五）各组别超过24对由组委会分成两组分别录取前6名发奖；

（六）各组别的前12名有资格参加10月份总决赛。在2008年度河南省体育舞蹈锦标赛各组别的冠军如参加全国锦标赛，河南省体育舞蹈运动协会将为其提供该组别报名费。在2008年全国体育舞蹈锦标赛上取得前6名的选手，协会将给予奖励。

五、参赛费用

（一）职业组、十项全能组、业余四项组选手参赛费每对200元；

（二）单人组参赛费90元；

（三）青少年牌级赛组每对选手参赛费160元；

（四）其余组别（含单项组）每对选手参赛费180元；

（五）团体舞、基本训练组合组每队中每人报名费40元。

六、竞赛纪律

（一）选手不得伪造年龄证明。违者取消比赛资格，不再退还参赛费，并停止该对选手参加全国和省内比赛资格1年；

（二）选手不得冒名顶替参赛。违者取消比赛资格，不再退还参赛费，并停止该选手参加全国和省内比赛资格1年；

（三）选手须提前15分钟到场检录，迟到或缺席作弃权论处；

（四）赛场上故意制造冲撞的选手，经裁判警告后再次发生的，取消比赛资格，不再退还参赛费；

（五）选手如严重违反赛场纪律（包括罢赛、闹事、打架斗殴、拒绝领奖等）当即取消比赛资格，不再退还参赛费，停止该对选手参加全国和省内比赛资格2年。并视后果追究其教练员、领队责任；

（六）如教练员、领队违纪或纵容队员及队员家属违纪，视情节轻重处以警告、严重警告和撤销等级教师和裁判员称号的处分；

七、未尽事宜，另行通知。本规程解释权归河南省体育舞蹈运动协会。

2. 2008年昆明市体育舞蹈团体舞大赛竞赛规程

一、比赛项目

组 别	项 目	说 明	
成人A组	标准舞	拉丁舞	6～8对选手，4～5种舞，音乐时间：4分钟～4分30秒，不包括上下场。
成人B组	标准舞	拉丁舞	4对以上选手，2～3种舞，音乐时间：3分钟～3分30秒，不包括上下场。
少年A组	标准舞	拉丁舞	参赛选手17岁以下，6～8对选手，不少于5种舞，音乐时间：4分钟～4分30秒，不包括上下场。
少年B组	标准舞	拉丁舞	参赛选手17岁以下，4对以上选手，不少于2～3种舞，音乐时间：3分钟～3分30秒，不包括上下场。
少儿A组	标准舞	拉丁舞	参赛选手13岁以下，6～8对选手，4～5种舞，音乐时间：4分钟～4分30秒，不包括上下场。
少儿B组	标准舞	拉丁舞	参赛选手13岁以下，4对以上选手，2～3种舞，音乐时间：3分钟～3分30秒，不包括上下场。
幼儿组	标准舞	拉丁舞	参赛选手7岁以下，4对以上选手，不少于2种舞，音乐时间：3分钟～3分30秒，不包括上下场。
成人基本舞	标准舞	拉丁舞	8人以上选手，1种舞以上，音乐时间：3分钟～3分30秒，不包括上下场
少年基本舞（男、女不限）	标准舞	拉丁舞	参赛选手17岁以下，每队10人以上，不少于2种舞，音乐时间：3分钟～3分30秒，不包括上下场。

组　别	项　目	说　明	
少儿基本舞（男、女不限）	标准舞	拉丁舞	参赛选手13岁以下，每队10人以上，不少于2种舞，音乐时间：3分钟~3分30秒，不包括上下场。
幼儿基本舞（男、女不限）	标准舞	拉丁舞	参赛选手7岁以下，每队10人以上，不少于2种舞，音乐时间：3分钟~3分30秒，不包括上下场。

二、竞赛办法

（一）比赛执行经国家体育总局批准的中国体育舞蹈竞赛规则。

（二）比赛采用一次性决赛的程序进行。

（三）团体舞比赛音乐自备，必须是碟片。

（二）表　格

计　分　卡　1

号码	裁判员					位次						成绩
	A	B	C	D	E	1	1－2	1－3	1－4	1－5	1－6	
5	1	5	1	1	2	3						1
15	2	2	5	4	1	1	3					2
25	3	3	3	2	3		1	5				3
35	1	4	2	3	4		1	2	5			4
45	5	1	4	5	5		1	1	2	5		5
55	6	6	6	6	6						5	6

第四节　轮滑运动

轮滑运动在我国又称“旱冰”运动，1760年起源于荷兰，20世纪30年代轮滑运动传人中国。1980年以来轮滑运动在我国有了迅速发展，现已列为全国体育大会比赛项目。轮滑运动包括3大项，即速度轮滑、花样轮滑和轮滑球项目。

一、速度轮滑

（一）速度轮滑比赛的分类和项目

1. 比赛的分类

速度轮滑分为场地速度轮滑和公路速度轮滑。速度轮滑比赛有个人赛和团体赛，比赛类型有计时赛、淘汰赛、定时赛、分段赛、追逐赛、计分赛、群滑赛和接力赛。

2. 比赛的项目

（1）全国场地速度轮滑锦标赛比赛项目：

男子：300、500、1500、5000、10000、20000米等。

女子：300、500、1500、3000、5000、10000米等。

（2）全国公路速度轮滑锦标（公开）赛比赛项目：

男子：300、500、1500、5000、10000、20000米和42千米马拉松。

女子：300、500、1500、3000、5000、10000米和21千米马拉松。

（二）速度轮滑比赛的组织编排

1. 学习竞赛规程和规则，了解运动会的期限、时间、项目、组别等情况。

2. 审核报名单；编运动员号码和统计各代表队参加人数和各项目参加人数等。

3. 填写卡片，认真核对，按组别、项目归类，以备编排时用。

4. 编排竞赛日程和编印秩序册。

5. 比赛一旦开始后，有关比赛和跑道上的安全由现场工作的裁判员负责。

6. 发令员在起点召集运动员时，如运动员未到，1 分钟后重新召集，仍不到者立即取消比赛资格。

7. 起跑信号应在运动员站在起跑线后面，相互间距 50 厘米，身体稳定后才能发出。运动员所站的位置由抽签决定。

8. 个人和集体出发的起跑，运动员在起跑线后按抽签顺序依次站好，保持 50 厘米间距，身体稳定后才能发出起跑信号。

9. 如地面、天气条件阻碍比赛正常进行或使比赛不能继续时，裁判长有权决定将比赛中断一定时间或取消比赛。在预赛阶段，如比赛可在中断后 24 小时内结束的话，路面条件一旦许可时，比赛应开始或继续进行。

10. 一度中断的比赛再次恢复时，不得更换运动员。退出比赛和取消比赛资格的运动员不能继续参加比赛。

（三）速度轮滑比赛排定名次方法

1. 计时性比赛和集体出发的比赛（淘汰赛、计分赛、接力赛以及其他集体出发的比赛），要根据运动员的轮子触及终点线的先后顺序决定运动员的终点名次。先通过终点线的前脚轮子必须接触地面，否则以后脚轮子通过终点的时刻为到达终点。

2. 在自由换人的接力比赛中，以各队最后一名运动员的轮子首先通过终点线的队为优胜。

3. 在定时比赛中，如规定时间已到，则运动员所滑到的地点即为终点。

4. 在场地或在“封闭环形式”公路跑道上集体出发时，已被超越或即将被超越的运动员应及时淘汰。被超越运动员的名次顺序为被淘汰的逆顺序。

5. 在集体出发的比赛中，有数名运动员一起抵达终点，无法确切地区分他们的名次顺序，此时可认定他们的名次相同，其顺序可按其姓氏笔画排列。

6. 如果有 2 名或有更多运动员到达终点的时间相同，则要重新组织一次确定名次顺序的计时对抗赛，每个运动员的比赛成绩，在到达终点后立即宣布。

7. 运动员到达终点时最后的一个直线跑道上，领先的运动员要保持直线滑行，切不可以任何方式妨碍紧跟其后的运动员的正常滑行。假如违背，则领先运动员的名次列为受影响运动员的名次之后。

8. 团体名次与计分办法。

（1）全国轮滑锦标赛速度轮滑项目，每个参赛单位均有 4 个团体总分名次：甲组和乙组男子团体总分名次；甲组和乙组女子团体总分名次。

（2）全国轮滑锦标赛速度轮滑团体总分名次根据各项比赛得分总和来确定，得分最高者为优胜。团体总分具体核分方法为：

每项比赛第一名运动员的得分应与其参加该项比赛的运动员人数相等，第二名运动员的得分比第一名运动员少 1 分，第三名运动员的得分比第一名运动员少 2 分……以此类推，直至最后一名运动员，最后一名运动员只得 1 分。被取消比赛资格的运动员不得分。

二、花样轮滑

（一）花样轮滑比赛的项目和分组

1. 比赛的项目

（1）单人滑（男子、女子）：规定图形；自由滑：短节目；长节目。

（2）双人滑：短节目；长节目。

（3）舞蹈：规定舞；创编舞；自由舞。

2. 比赛的分组

花样轮滑比赛组别可以根据年龄分为甲、乙组。

甲组：经过系统训练，年龄不小于 16 周岁；

乙组：经过系统训练，年龄小于 16 周岁；

各级比赛可根据情况设丙组（指未经过系统

训练），年龄一般应小于 18 周岁。

（二）花样轮滑比赛的组织编排

1. 在正式练习开始前一天进行各组图形的抽签，同时举行第一个图形的起滑脚的抽签。“A”代表右脚，“B”代表左脚，在一组图形中，完成图形的起滑脚要左右轮换。

2. 抽签要在裁判的监督下，从规定的 4 组图形中抽出一组，男子组、女子组分别抽签。

3. 比赛顺序为先赛规定图形，再赛短节目，长节目最后比赛。一般不得在同一天比赛。男子、女子分别进行比赛。

4. 双人滑短节目必须在长节目之前滑行，但不得在同一天。短节目滑行次序的抽签方法同规定图形，长节目滑行次序按短节目名次排列的反顺序进行分组，名次好者，分在最后一组，在组内进行滑行次序抽签。

5. 短节目和长节目由一个裁判组承担，男子组、女子组分开，双人滑由一个裁判组承担或由男子组、女子组的裁判组兼任。每个裁判组划分裁判员为 5 人、7 人或 9 人。

6. 从运动员开始做动作或滑行时开始计时，滑行时间分别是：

短节目：单人 2 秒 ±5 秒；双人 2 分 30 秒 ±5 秒

长节目：单人 4 分 ±10 秒；双人 4 分 30 秒 ±10 秒

创编舞：1 分 50 秒 ~2 分 40 秒；自由舞：3 分 30 秒 ±10 秒

7. 单人和双人短节目得分占 25%，长节目占 75%，长节目得分必须乘以 3。

8. 规定图形按图号顺序进行比赛。第一个图形按其抽签的顺序由第一组运动员首先滑行，然后由第二组运动员滑行，第二个图形由第二组运动员首先滑行，然后第三组滑行，以此类推。当仅有 2 个运动员时，比赛顺序可以变动，但必须 2 人一致同意。

9. 运动员做准备活动后立即进行比赛。准备活动时间是：

（1）规定图形不得超过 1 名运动员，第一个运动员准备活动时间为 6 分钟。

（2）单人短节目和长节目——6 分钟，最多 8 人。

（3）双人短节目和长节目——6 分钟，最多 5 对。

（4）规定舞——2 分钟，最多 6 对。

（5）创编舞和自由舞——6 分钟，最多 6 对。

10. 规定图形比赛一般应在白天举行，如晚间进行，需有足够的照明灯光。

花样轮滑比赛场地一般应避免和速滑及轮滑球比赛场地在一起，以免互相干扰。

（三）花样轮滑比赛排定名次的方法

1. 计算得分

（1）4 个规定图形（3 个规定舞）分数相加，所得总分即为规定图形（规定舞）总分。

（2）技术分和表演艺术分相加，即为短节目（创编舞）、长节目（自由舞）总分。

（3）短节目得分和长节目得分 * 3，两项得分之和即为单人自由滑或双人滑总分。

（4）规定图形总分 * 2 和自由滑总分相加，所得总分即为单人滑全能总分。

（5）3 个规定舞得分，创编舞得分被 2 除，自由舞得分乘以 2，3 项得分之和即为舞蹈全能总分。

2. 确定名次

（1）每一部分结束后，必须确定每名运动员的名次。

（2）每名运动员的胜负是根据每名裁判员给予每一运动员的总分确定。总分高者，可从裁判员处得 1 分，负者得 0 分，平者得 0.5 分。

（3）从裁判员处得分超过裁判员总数一半者，则可获优胜，得 1 分，低于一半者得 0 分，相等者各得 1 分。总得胜分最高者名次为 1，依次为 2，等等。

（4）如果总得胜分相同，则根据他们从一名裁判员处获得的分别得胜分确定名次，多者名次列前；如果分别得胜分还相同，则将所有裁判员的得胜分全部相加，其总分多者名次在前，如果还相同，则名次相同（见得胜分表与得分表）。

三、轮滑球

（一）轮滑球比赛的组织编排

轮滑球比赛通常采用的竞赛方法是循环赛制和混合赛制。

轮滑球比赛是由 2 个队，每队各 5 名运动员，穿轮滑鞋在长方形平坦的场地进行的比赛。比赛中运动员只能用球杆设法击球入对方球门来得分，全场比赛得分多的队为胜队。

轮滑球一场比赛分为上下两个半场。少年比赛每半场时间为 15 分钟，青年和成年比赛为每半场 20 分钟。半场之间休息 10 分钟。

如果一场比赛结束，结果为平局，而又必须分出胜负时，需进行加时赛，加时赛按下列方式进行：

1. 加时赛分为两半场，每半场 5 分钟，半场结束时两队交换场地，但不休息。

2. 若加时赛仍成平局，则双方互射定点球决定胜负：两队各派 5 人，轮流射定点球，定点球须在同一球门进行。裁判员用抛币方式决定哪队先射。在每队 5 球射完前，一队射中分数领先至另一队即使射完 5 球已不可能追平时，即可停止罚球。射中球门多的队为胜队。

3. 若互射 5 个定点球后比分仍相同，两队再各互射一次定点球，如平，继续再射，直至一队射中另一队未中而分出胜负为止。这些射球可以全部由 1 名队员主射。

4. 所有这些射罚球，只可直接射门，不可运球攻门。每次只可射门一次，不可补射。若有队员在加时赛终场时在场外受罚时间未满，该队员则不得参加射定点球。

（二）轮滑球比赛排定名次的方法

在循环赛中球队的名次按球队在同一循环比赛中的积分多少排定。轮滑球比赛胜一场得 2 分，平一场得 1 分，负一场得 0 分，积分多者名次列前。若遇到两队或两个以上的队积分相同，则采用以下办法排定名次。

1. 两队积分相同，则两队之间比赛的胜者名次列前。

2. 如果两队赛成平局，则根据各自净胜球（得球数减失球数）的多少排列名次，净胜球多者名次列前。

3. 如果两队净胜球相同，则计算各自的得失球率（得球除以失球数），得失球率高者名次列前。

4. 3 队或 3 队以上积分相同，以 3 队之间比赛时的净胜球决定名次，净胜球多者名次列前。

5. 如果仍未能分出名次，则以该队在全部比赛中的净胜球来排列名次，净胜球多者名次列前。

6. 如果仍未能排出名次，则计算其相互之间比赛的得失球率，得失球率高者名次列前。

7. 若仍未能排出名次，则计算该队在全部比赛中的得失球率，得失球率高者名次列前。

8. 单排轮滑球决定名次的办法是：每场比赛胜队得 2 分，平局两队各得 1 分，负队得零分，循环赛中积分多的队名次列前。如遇两队积分相同，以相互间比赛胜者名次列前；如果平局，则两队在全部比赛中失球少的队名次列前；如果 3 队积分相同，3 队之间比赛积分多的队名次列前；如果 3 队积分相同，以 3 队在全部比赛中失球最少的队名次列前；如果仍然相同，在相同的队中共同取胜的比赛中失球最少的队名次列前；如果仍然相同，在相同的队中共同失败的比赛中进球最多的队名次列前。

四、附　件

（一）竞赛规程（摘要）

1. 2006 年广东省速度轮滑锦标赛竞赛规程

（1）竞赛项目（男、女项目相同，共 38 项）

甲组（成年组）：300 米个人计时赛、500 米计时赛、1000 米计时赛、10000 米积分淘汰赛、15000 米淘汰赛、3000 米接力；

乙组（青年组）：300 米个人计时赛、500 米计时赛、1000 米计时赛、10000 米积分淘汰赛、15000 米淘汰赛、3000 米接力；

丙组（少年组）：300 米计时赛、500 米计时赛、1000 米计时赛、10000 米积分淘汰赛、3000 米接力；

丁组（儿童组）：300 米计时赛、500 米计时赛。

（2）竞赛办法

①执行 2006 年国家体育总局社会体育指导中心审定的《速度轮滑竞赛规则和裁判通则》。

②300 米、接力比赛分组及出场顺序抽签决定，其他项目按 300 米成绩编排。

③申诉。在比赛过程中，对裁决有异议时，必须在该单项比赛结束后 30 分钟内，以书面的形式向大会仲裁委员会提出申诉，申诉材料必须经该队领队签名认可，并交纳人民币 1000 元的申诉费。如胜诉，则退还一半原申诉费给申诉方，另一半申诉费上交省轮滑协会；如败诉，原申诉费全额上交省轮滑协会。

（3）录取名次及奖励办法

①团体总录取前 6 名、各单项分别录取前 8 名给予奖励。

②团体计分方法按各组各单项名次得分之和累积。各单项名次得分按 7、5、4、3、2、1 计算，接力项目双倍计分；总分相等，第一名多者列前，以此类推。

③每破一项省最高纪录加 5 分，多次破同一项纪录只按一次加分。

（4）器材规定

①必须穿单排轮滑鞋。

②参赛运动员的服装、鞋、护具，须适合轮滑竞赛的特点和需要，速滑运动员必须佩带安全头盔，赛前交大会竞赛组检验。

2. 2006 年广东省花样轮滑锦标赛竞赛规程

（1）竞赛项目（第 1 项至第 4 项男、女项目相同，第 5、6 项为男女混合项目，共 10 项）

①甲组单人自由滑：短节目时间为 2 分钟 15 秒 ±5 秒；长节目时间为 4 分钟 ±10 秒。

②乙组单人自由滑：短节目时间为 2 分钟 ±5 秒；长节目时间为 3 分钟 ±10 秒（短节目内容：一周半跳、后外结环两周跳、一周半跳连任何一种一周跳、勾手一周跳、蹲转、圆形连续步）。

③丙组单人自由滑：短节目时间为 2 分钟 ±5 秒（短节目内容：3 字跳、后外点地一周跳、一周半连任何一种一周跳、反直立转、蹲转、直线连续步〈含括弧步〉）；长节目时间为 3 分钟 ±10 秒（注：只有在短节目比赛中进入前 18 名的运动员，才能参加长节目的比赛，才能计算自由滑成绩）。

④丁组单人自由滑：时间为 2 分钟 ±5 秒（内容：3 字跳、一周跳或周半跳、连跳或联合跳、双脚旋转、直立转、蹲转、直线连续步等自选动作）。

⑤双人滑：短节目时间为 2 分钟 45 秒 ±5 秒；长节目时间为 4 分钟 30 秒 ±10 秒。

⑥舞蹈：规定舞：基里安舞（内容要求见附件 1）；自由舞：时间为 3 分 30 秒 ±10 秒。

（2）竞赛办法

①采用 2006 年版的《花样轮滑竞赛规则和裁判通则》。

②花样滑评分办法：按 5 个裁判员打分去掉最高和最低分，取中间 3 个裁判员的得分的平均值乘以 5 为最后得分。

（3）录取名次及奖励办法

①团体总录取前 6 名、各单项分别录取前 6 名给予奖励。

②团体计分方法按各组各单项名次得分之和累积，各单项名次得分按 7、5、4、3、2、1 计算，双人项目双倍计分；总分相等，第一名多者列前，以此类推。

3. 2004 年全国轮滑球锦标赛竞赛规程

（1）竞赛办法

①比赛采用单循环赛制。

②执行原国家体委审定的 1997 年版《轮滑竞赛规则》和国际规则最新条款。

③各参赛运动队（员）必须身着统一服装参加入场式（或开幕式），必须身着统一比赛服参赛（须自备一深一浅两套比赛服）。轮滑鞋（单、双排轮滑鞋均可）、护具等器材须适合轮滑球竞赛的特点和需要，保证安全，赛前交大会竞赛组检验，不适合比赛或不安全的器材不得使用。

（2）录取名次和奖励

本次比赛录取前 6 名，不足 6 队，按参加队数减 1 录取。各参赛队可根据比赛成绩，向相应体育主管部门申请相应的运动员技术等级。

（二）表格（速度轮滑表格）

参赛运动员情况统计表

运动员号码	姓　名	单　位	上届成绩	备　注
……				

各项比赛人数统计表

单　位 / 参赛人数 / 项　目								……	
……									

300 米个人计时赛检录报告单

出发顺序	1	2	3	4	5	6	7	8	9	10	11	12	备注
号　码													
姓　名													
单　位													

500 米、1500 米、3000 米、5000 米、10000 米检录报告单

项目＿＿＿＿＿＿　组别＿＿＿＿＿＿　组次＿＿＿＿＿＿

站位顺序	1	2	3	4	5	6	7	8	9	10	11	12	13	14	备注
号　码															
姓　名															
单　位															

检查员＿＿＿＿＿＿

起点犯规登记表

项目＿＿＿＿＿＿　组别＿＿＿＿＿＿　组次＿＿＿＿＿＿

组　次	号　码	姓　名	犯　规		备　注
			1	2	
……					

发令员＿＿＿＿＿＿

计时成绩登记表

项目________ 组别________ 组次________

名 次		号 码		道 次	备 注
一表					
二表					
三表					
有效成绩					

计时主裁判________ 计时员________

计时情况表

组别：男（女）子组________ 项目________ 组数________ 计时组________

<table>
<tr><td rowspan="2">表别</td><td colspan="2">有效成绩</td><td colspan="2">优于有效成绩</td><td colspan="2">劣于有效成绩</td><td colspan="2">漏表失误</td><td rowspan="2">最大是差</td><td rowspan="2">最小时差</td><td rowspan="2">备注</td></tr>
<tr><td>次数</td><td>%</td><td>次数</td><td>%</td><td>次数</td><td>%</td><td>次数</td><td>%</td></tr>
<tr><td>一表</td><td></td><td></td><td></td><td></td><td></td><td></td><td></td><td></td><td></td><td></td><td></td></tr>
<tr><td>二表</td><td></td><td></td><td></td><td></td><td></td><td></td><td></td><td></td><td></td><td></td><td></td></tr>
<tr><td>三表</td><td></td><td></td><td></td><td></td><td></td><td></td><td></td><td></td><td></td><td></td><td></td></tr>
<tr><td>替补表</td><td></td><td></td><td></td><td></td><td></td><td></td><td></td><td></td><td></td><td></td><td></td></tr>
</table>

长距离 3000 米、5000 米、10000 米计时、计圈记录表

项目________ 组别________ 组次________

<table>
<tr><td colspan="2" rowspan="2">号码</td><td colspan="2" rowspan="2">单位</td><td colspan="3">备表成绩</td><td colspan="2" rowspan="2">有效成绩</td><td colspan="2" rowspan="2">名 次</td><td colspan="2" rowspan="2">备 注</td></tr>
<tr><td>一表</td><td>二表</td><td>三表</td></tr>
<tr><td colspan="2"></td><td colspan="2"></td><td></td><td></td><td></td><td colspan="2"></td><td colspan="2"></td><td colspan="2"></td></tr>
<tr><td colspan="13">积 累 时 间</td></tr>
<tr><td>1</td><td>2</td><td>3</td><td>4</td><td>5</td><td>6</td><td>7</td><td>8</td><td>9</td><td>10</td><td>11</td><td>12</td><td>13</td></tr>
<tr><td>200 米</td><td>400 米</td><td>600 米</td><td>800 米</td><td>1000 米</td><td>1200 米</td><td>1400 米</td><td>1600 米</td><td>1800 米</td><td>2000 米</td><td>2200 米</td><td>2400 米</td><td>2600 米</td></tr>
<tr><td></td><td></td><td></td><td></td><td></td><td></td><td></td><td></td><td></td><td></td><td></td><td></td><td></td></tr>
<tr><td>14</td><td>15</td><td>16</td><td>17</td><td>18</td><td>19</td><td>20</td><td>21</td><td>22</td><td>23</td><td>24</td><td>25</td><td></td></tr>
<tr><td>2800 米</td><td>3000 米</td><td>3200 米</td><td>3400 米</td><td>3600 米</td><td>3800 米</td><td>4000 米</td><td>4200 米</td><td>4400 米</td><td>4600 米</td><td>4800 米</td><td>5000 米</td><td></td></tr>
<tr><td></td><td></td><td></td><td></td><td></td><td></td><td></td><td></td><td></td><td></td><td></td><td></td><td></td></tr>
</table>

计时存查表

组别：男（女）子组________ 项目________ 组数________ 月 日

<table>
<tr><td rowspan="2">号 码</td><td rowspan="2">姓 名</td><td rowspan="2">单 位</td><td colspan="4">备表成绩</td><td rowspan="2">有效成绩</td><td rowspan="2">备 注</td></tr>
<tr><td>一表</td><td>二表</td><td>三表</td><td>替补表</td></tr>
<tr><td></td><td></td><td></td><td></td><td></td><td></td><td></td><td></td><td></td></tr>
<tr><td></td><td></td><td></td><td></td><td></td><td></td><td></td><td></td><td></td></tr>
<tr><td>……</td><td></td><td></td><td></td><td></td><td></td><td></td><td></td><td></td></tr>
</table>

计时长________ 一表________ 三表________

计时组长________ 一表________ 三表________

终点裁判员录用表

剩余圈数	每圈到达终点名次排列	备　注
50		
49		
……		
4		
3		
2		
1		

终点名次报告表

项目________________　组别________________　组次________________

名次 号码	第一名	第二名	第三名	第四名	第五名	第六名	第七名	第八名

终点裁判长______________

终点名次记录表

项目________________　组别________________　组次________________

距离名次 号码	终点前一圈名次	终点名次
号　码		
兼计号码		
备　注		

终点计圈记录表

项目________________　组别________________　组次________________

剩余圈数	滑完圈数	记录符号	备　注
50	1		
49	2		
48	3		
……	……		
……	……		
……	……		
3	48		
2	49		
1	50		

入选参加决赛运动员

项目________________

运动员号码	
姓　　名	
单　　位	
预赛名次	
预赛成绩	
备　　注	

男（女）子单项成绩汇表

名次 / 姓名 成绩 / 项目	一			二			三			四			五			六			……
	姓名	单位	成绩	姓名	单位	成绩	姓名	单位	成绩	姓名	单位	成绩	姓名	单位	成绩	姓名	单位	成绩	
300 米																			
500 米																			
……																			
10000 米																			

团体总分名次表

项目 / 积分 / 单位	300 米	……	1500 米	……	名次	备注
北京						
上海						
……						
天津						

第九章　武术、举重、摔跤、跆拳道、健美运动竞赛组织编排

第一节　武术运动

武术是中华民族优秀传统文化，深受我国人民和世界人民的喜爱。武术运动按运动形式可分为套路运动和搏斗运动两大部分。散打是搏斗运动的主要表现形式。

一、武术套路

（一）武术套路比赛的分类和项目

1. 比赛的分类

武术套路比赛有个人赛、团体赛、个人及团体赛。

按年龄可分为成年赛、青少年赛和儿童赛；按性别可分为男子赛和女子赛；按比赛成绩可分为冠军赛、锦标赛和青少年（武士杯）比赛。

2. 比赛的项目

（1）拳术：长拳、南拳、太极拳、其他拳术（除规则规定的自选拳术内容以外的拳术）。

（2）器械：剑术、刀术、棍术、枪术、其他器械（除规则规定的自选器械内容以外的器械项目）。

（3）对练项目：徒手对练、器械对练、徒手和器械对练。

（4）集体项目。

（二）武术套路比赛的组织编排

1. 审查统计

首先是审查各单位的报名单。审查报名单有无差错和运动员的报名资格；其次是统计各队参加比赛的人数（男、女分别统计）以及各项目参加比赛的人数（男、女分别统计）。如发现与竞赛规程不符或有不清楚的情况，应及时与有关单位联系，及时解决，参加编排的人员不得自行解决；然后是编排运动员号码，通常每队打一个缩写字头。

2. 计算竞赛时间和场次

（1）确定竞赛总时间

将参赛运动员所报的各类项目的总数与该项目单项竞赛所需的时间相乘之积的总和即为所有比赛项目所需的竞赛时间。一个运动员每个项目的竞赛时间，应包括运动员进场、退场、演练、裁判评分和示分的时间。

长拳类和南拳类的拳械项目约需 3 分钟，太极拳约需 5 分钟。如运动员报的拳术总数为 100 项，器械 70 项，对练 30 项，太极拳 25 项。那么，所有运动项目所需的竞赛时间应是：

$$100\times3+70\times3+30\times3+25\times5=725\text{（分钟）}$$

（2）确定竞赛场次

将所有项目所需的竞赛时间，相对平均地分到规程所规定的竞赛天数中，得出每天应完成项目的竞赛时间。如规程确定 2 天比赛结束，则每天的项目竞赛时间约为：

$$725\text{（分钟）}\div2=362.5\text{（分钟）}$$

每天的项目竞赛时间确定后，根据每场实际工作时间计算出每天的竞赛场次，并按场地设置情况安排每天的竞赛场次。把各竞赛项目合理地分布到每一个场次和场地中。武术套路比赛一般每场实际工作时间 3～3.5 小时。若以 3 小时计算，那么每天竞赛的场次就是：

$$362.5\text{（分钟）}\div(60\text{ 分钟}\times3)\approx2$$

因此，每天比赛应安排 2 个场次。假如只有一块场地进行比赛，那么就应在上午、下午、晚上 3 个单元的时间内取 2 个单元时间各安排 1 个场次。如有 2 块场地，可在上述 3 个单元的时间内取某一个单元安排场次即可。

3. 竞赛分组和制定竞赛日程表

竞赛时间和场次确定后，将各类项目进行编组，再均分到各场次中去。如拳术 100 项，共 300 分钟，可分在 2 天的 2 场次中各完成一半。再如拳术项目中自选拳术 70 项，其他拳术 30 项，那么，也可将 70 项自选拳术分为 2 个场次完成，将 30 项其他拳术安排在另一场次中完成。

各大项目编排确定后，再进一步进行各项目分组。如男子自选拳有 120 人参加比赛，一般 10 人一组（太极拳类每组 5 ~ 6 人），分成 12 组（每组比赛时间约 30 分钟）。分组时在代表 12 组的 12 张白纸条顶端，写明项目、组次和人数。全部比赛项目分成多少组，就填写多少纸条，如有的项目报名者较少，可以将同类性质的比赛合并为一组。

分组后，在每张纸条的右上方，用不同颜色的纸和笔，作出与裁判组标志相同的颜色。如长兵器裁判组的标志是红色，则在男子、女子所有枪和棍比赛项目的纸条上用红色标出，以备检查时用。比赛项目由哪个裁判组评判，纸条上就用哪个裁判组的标志颜色标出。全部项目编排好以后，编排人员据此制定竞赛日程表。

4. 编排时的注意事项

（1）在一场比赛中，一个运动员最好只安排在一个项目，如果在赛期短、项目多的情况下，有的运动员一场必须参加 2 个项目比赛时，应当间隔编排，以防止运动员过度疲劳和造成忙乱现象。

（2）同一单位的运动员应尽量分散到各组中去。

（3）每个项目应采用抽签的办法决定各小组内运动员的比赛顺序。抽签可在竞赛委员会主任（副主任）或总裁判长的监督下，由编排人员进行抽签。也可以在赛前规定的时间，由各队教练、运动员临时抽签排定顺序。

（4）同一项目的比赛应尽量集中在一起比完，若参赛人数多，也应注意安排在第二天同一时间、场地进行，中间不宜间隔，力求在同等条件下进行。

（5）每一项比赛的第一出场者，力求分散到不同的队中，抽签之前应确定好第一出场，每队的最多次数力求均等，若是多次，应有相应的调整办法。

（6）竞赛中竞赛时间须大体相同，每场竞赛中所进行的 2 个场地的竞赛时间也应大体相同。

（7）男女运动员尽可能安排在固定的场地进行所有项目的比赛；也可以将不同的项目固定在不同的场地上进行。

（三）记录工作

大会记录员应在赛前准备好裁判员评分表和记录表并送交各裁判组。比赛中，应按时收回记录表并及时登记录取名次成绩表，予以公布。比赛结束后，应编制成绩册，公布全部比赛成绩。临场计分员应在记录表上填写各裁判员的评分与裁判长的扣分，并计算填写运动员的最后得分。

（四）武术套路比赛排定名次的方法

1. 个人单项名次：得分最多者为该单项第一名，次多者为第二名，以此类推。如在一次比赛中有预、决赛，则以预、决赛得分总和最多者为该项的第一名，依次者为第二名，以此类推。

2. 个人全能名次：按各单项得分总和的多少进行评定，得分最多者为全能第一名，次多者为第二名，以此类推。

3. 集体项目名次：得分最多者为该项的第一名，次多者为第二名，以此类推。

4. 团体名次：根据竞赛规程关于团体名次的确定办法进行评定。

5. 个人单项（含对练）得分相同时，按下列顺序决定名次：

（1）套路中有创新难度动作者，名次列前。

（2）动作完成分与演练水平分的低无效分之和高者名次列前。

（3）动作完成分与演练水平分的高无效分之和低者名次列前。

（4）演练水平分中有效分的平均值高者名次

列前；如仍相同，名次并列。

(5) 竞赛中如设器械小全能比赛，若刀、棍或剑、枪两项得分之和相同时，则按以下办法处理：以比赛中该两项的名次获第一名多者名次列前；如仍相同，则以获第二名多者名次列前，以此类推；如仍相同，以全能两个分数中的高分者名次列前；如还相同，将高分用单项得分相等的处理办法决定名次。如仍相同，名次并列。

(6) 个人全能得分相同时，以比赛中获单项第一名多者名次列前；如仍相同，则以获第二名多者名次列前，以此类推；如获得所有名次均相同，则名次并列。

(7) 集体项目得分相同时，名次并列。

(8) 团体总分相同时，以全队获得单项第一名多者名次列前；如仍相同，则以获得第二名多者名次列前，以此类推；如获得单项名次均相同，则名次并列。

(五) 附　件

1. 竞赛规程（摘要）

2008年全国武术套路锦标赛竞赛规程

一、竞赛项目

(一) 拳术一项（长拳、南拳、太极拳）。

(二) 短器械一项（剑术、刀术）。

(三) 长器械一项（枪术、棍术）。

(四) 南拳、太极拳类器械一项（南刀、南棍、太极剑）。

(五) 对练一项（编组限2人或3人，3人对练每队限报一项）。

二、参加办法

(一) 各赛区每单位最多可报领队、教练、医生各1人，运动员6人。

(二) 凡参加长拳、南拳、太极拳比赛的运动员，每队每项不得超过2人。

三、竞赛办法

(一) 本次比赛为个人单项赛。

(二) 采用我中心编制的最新《武术套路竞赛规则》及有关补充规定。

(三) 自选套路的有关规定。

1. A级难度只能选报一种。

2. C级难度（含动作难度或动作难度加连接难度，在难度2分之内）至少选报一组。缺少C级难度扣0.6分。

3. 选报不同等级的同一种技术类型的动作难度和动作难度加连接难度，不得超过2次。超出规定者，按前2次计算难度分数。

4. 连接难度限选做B、C、D级动作连接。长拳类、南拳类、太极拳类项目至少连接2种不同形式的静止动作。每缺少一种扣0.2分。

5. 在长拳类项目演练中，定势动作除站立动作（前点步并步）只允许做2次外；其他定势动作只能选择：弓步、马步、虚步、仆步、歇步、坐盘、劈叉和平衡，未按照以上要求的，每出现一次扣0.2分。

6. 在南拳类项目演练中，定势动作除站立动作（前点步、后点步或并步）只允许做3次外；其他定势动作只能选择弓步、马步、半马步、虚步、仆步、骑龙步、跪步、蝶步、独立步；发声不得超过6次，其中必须有3种不同类型的发声。未按照以上要求的，每出现一次扣0.2分。

(四) 必须选做规则中对各项目要求的主要动作内容。

(五) 运动员的参赛服装要体现出项目特点、运动特色、时代特色。

(六) 长拳、太极拳、太极剑项目必须配乐，未配乐或配乐带有说唱者，在完成该项目的最后得分中扣0.2分。

四、录取名次与奖励

(一) 拳术：每项目男、女各录取前8名。

(二) 器械：每项目男、女各录取前8名。

(三) 对练：男、女各录取前8名。

(四) 各单项前16名的运动员方可参加本年度全国武术套路冠军赛。

(五) 设"体育道德风尚奖"，评选办法按照国家体育总局的规定执行。

2. 表　格

(1) 竞赛日程表

竞 赛 日 程 表

×月×日上午		×月×日上午	
第一场地	第二场地	第一场地	第二场地
×月×日晚上		×月×日晚上	
第一场地	第二场地	第一场地	第二场地

（2）武术套路竞赛评分表

武术套路竞赛评分表

项目：　　　　　　　　　　　　　　　　　　　　月　　日　　午（晚）第　　场　　第　　组

序号	姓名	单位	年龄组别	完成时间	动作质量评分					演练水平评分					难度评分					裁判长评分	最后得分
					A组裁判员			第一副裁	应得分	B组裁判员			裁判长	应得分	C组裁判员			第二副裁	应得分		
					2	5	8			1	4	7			3	6	9				

国家体育总局武术管理中心制

检录长：　　　　　　　　总记录长：　　　　　　　　总裁判长：

（3）竞赛成绩总记录表

竞赛成绩总记录表

单位	成绩 项目 姓名							个人总分	备注

单位	成绩＼项目 姓名						个人总分	备注

记录长：　　　　　　　　记录员：

（4）单项录取名次成绩表

单项录取名次成绩表

项目							备注
名次	一	二	三	四	五	六	
姓名							
单位							
成绩							

总裁判长：　　　　　　　　记录长：

（5）团体录取名次成绩表

团体录取名次成绩表

名次	单位	成绩	备注
一			
二			
三			
四			
五			
六			

总裁判：　　　　　　　　记录长：

（6）全能录取名次成绩表

全能录取名次成绩表

名次	姓名	单位	成绩	备注
一				
二				
三				
四				
五				
六				

总裁判：　　　　　　　　记录长：

二、武术散打

（一）武术散打比赛的分类与分级

武术散打比赛是运动员双方按照比赛的规则，采用踢、打、摔等方法，直接进行身体对抗、相互击打，最后依据运动员获得点数的多少确定名次的一种竞赛方法。武术散打比赛有：个人赛、团体赛。散打比赛一般采用分级循环赛制，单败淘汰赛制和双败淘汰赛制，以采用单败淘汰赛制为多。

武术散打比赛的分级：

48 千克级：≤48 千克

52 千克级：>48 千克 - ≤52 千克

56 千克级：>52 千克 - ≤56 千克

60 千克级：>56 千克 - ≤60 千克

65 千克级：>60 千克 - ≤65 千克

70 千克级：>65 千克 - ≤70 千克

75 千克级：>70 千克 - ≤75 千克

80 千克级：>75 千克 - ≤80 千克

85 千克级：>80 千克 - ≤85 千克

85 千克以上级：>85 千克 - ≤90 千克

（二）武术散打比赛的组织编排

1. 审查报名表，统计运动员级别、人数，计算比赛时间。如有与规程不符的情况应与有关部门联系，及时解决。

2. 种子的设定。

（1）上一次全国锦标赛或冠军赛取得名次的运动员确定为种子，根据成绩排出种子顺序。

（2）变动级别的运动员不能确定为种子选手。

（3）种子选手不再抽签，编排时根据种子的顺序号在轮次表中找到相应号码的位置，即种子的位置。

（4）组织运动员抽签到位；制定比赛轮次表（单淘汰赛加附加赛秩序表）。轮次表要标明运动员序号、比赛时间、比赛场地以及轮空的序号。

（5）制定竞赛日程表。

（三）编排时的注意事项

1. 以竞赛规程、报名表和大会的总时间为依据，将参赛的总队数以及各个级别较均匀地列入竞赛的总场次里。

2. 同一级别、同一轮次的比赛应在同一单元进行，条件要均等；每场比赛的对数一般安排 15 对至 20 对。

3. 每天竞赛场次一般安排 2 场，分别在上午和晚上，一名运动员一天最多安排 2 次赛（不在同一单元）。

4. 在同一场次中应安排不同级别的“对”比赛；同一单元的比赛由体重轻的级别开始。

5. 抽签应先由体重轻的级别开始。如规程允许，同一单位、同一级别的运动员在第一轮的比赛中相遇时，可以安排该级别重新抽签。

（四）记录工作

编排组在比赛前将临场裁判记分表和成绩记录表，以及该场次各级别比赛顺序表，送交裁判组，并设立成绩公告栏。记录员依据每场比赛顺序填写临场记分表的有关栏目。比赛之时，按得分标准记录运动员得分及犯规次数。在每局比赛结束后，将边裁判员所出示的胜方或平局的色别牌数，以及双方犯规的次数填入记录表。一场比赛结束后应注明获胜者的姓名，并将记录表交裁判长签字确认。

（五）附　件

1. 竞赛规程（摘要）

2008 年全国武术散打冠军赛竞赛规程

一、竞赛项目

男子：48 千克级、52 千克级、56 千克级、60 千克级、65 千克级、70 千克级、75 千克级、80 千克级、85 千克级、90 千克级、90 千克以上级。

女子：48 千克级、52 千克级、56 千克级、60 千克级、65 千克级、70 千克级、75 千克级。

二、竞赛办法

（一）本次比赛为男子和女子团体赛、个人赛。采用单败淘汰制（4 人以下采用单循环制，不含4人）。

（二）运动员报到后先称量体重，然后抽签进行编排。

（三）设种子选手，以2007年全国武术散打冠军赛的成绩为依据确定种子选手。

（四）采用国家体育总局最新颁布的《武术散手竞赛规则》。

三、录取名次与奖励

（一）团体名次录取前.6名给予奖励。各级别前8名按9、7、6、5、4、3、2、1计分，每队按每人所获名次分别计算团体总分，高者名次列前。

（二）每级别10人以上取前6名；6~9人取前4名；3~5人取2名；1~2人则不录取名次。

（三）设“体育道德风尚奖”、“最佳运动员奖”。

2. 表　格

竞赛日程表

<table>
<tr><th colspan="3">时　间</th><th>级　别</th><th>轮　次</th><th colspan="2">场　数</th><th>备　注</th></tr>
<tr><td rowspan="6">日</td><td rowspan="3">上　午</td><td rowspan="3"></td><td></td><td></td><td></td><td rowspan="3"></td><td rowspan="6"></td></tr>
<tr><td></td><td></td><td></td></tr>
<tr><td></td><td></td><td></td></tr>
<tr><td rowspan="3">晚　上</td><td rowspan="3"></td><td></td><td></td><td></td><td rowspan="3"></td></tr>
<tr><td></td><td></td><td></td></tr>
<tr><td></td><td></td><td></td></tr>
<tr><td rowspan="6">日</td><td rowspan="3">上　午</td><td rowspan="3"></td><td></td><td></td><td></td><td rowspan="3"></td><td rowspan="6"></td></tr>
<tr><td></td><td></td><td></td></tr>
<tr><td></td><td></td><td></td></tr>
<tr><td rowspan="3">晚　上</td><td rowspan="3"></td><td></td><td></td><td></td><td rowspan="3"></td></tr>
<tr><td></td><td></td><td></td></tr>
<tr><td></td><td></td><td></td></tr>
<tr><td rowspan="6">日</td><td rowspan="3">上　午</td><td rowspan="3"></td><td></td><td></td><td></td><td rowspan="3"></td><td rowspan="6"></td></tr>
<tr><td></td><td></td><td></td></tr>
<tr><td></td><td></td><td></td></tr>
<tr><td rowspan="3">晚　上</td><td rowspan="3"></td><td></td><td></td><td></td><td rowspan="3"></td></tr>
<tr><td></td><td></td><td></td></tr>
<tr><td></td><td></td><td></td></tr>
</table>

第二节　举重运动

举重运动是通过各种方式和方法举起重物，增强体质，同时以发展力量为主要目的的运动项目，从广义的举重运动范畴来说，举重运动包括：竞技举重（举重）、健美运动和力量举重。

一、举重比赛的分类和项目

举重竞赛一般分为个人赛和团体赛。其比赛内容有抓举、挺举和总成绩。举重比赛按年龄、性别分组，按体重分级。

（一）男子举重竞赛分为8级

1. 56千克级：体重不超过56千克。
2. 62千克级：体重在56.01～62千克。
3. 69千克级：体重在62.01～69千克。
4. 77千克级：体重在69.01～77千克。
5. 85千克级：体重在77.01～85千克。
6. 94千克级：体重在85.01～94千克。
7. 105千克级：体重在94.01～105千克。
8. 105千克以上级：体重在105千克以上。

注：青年举重竞赛可增设52千克级；少年举重竞赛可再增设48千克级或更轻级别。

（二）女子举重竞赛分为9级

1. 48千克级：体重不超过48千克。
2. 53千克级：体重在48.01～53千克。
3. 58千克级：体重在53.01～58千克。
4. 63千克级：体重在58.01～63千克。
5. 69千克级：体重在63.01～69千克。
6. 75千克级：体重在69.01～75千克。
7. 75千克以上级：体重在75千克以上。

二、举重比赛的组织编排

（一）审查、统计报名表。检查各单位报名运动员的人数、各级别人数、年龄、运动员等级是否符合规定以及运动员性别及健康状况；编印各种竞赛表格，登记好“举重竞赛报名汇总表”。

（二）为每队准备一张卡片，按领队、教练、医生、运动员（小级别在前、大级别在后）的顺序填写清楚。再根据汇总表上的运动员人数及成绩进行分组。

（三）男子、女子比赛一般安排在一个场地进行。先进行女子比赛，再进行男子比赛。一天可以安排4～5场比赛，每场安排一个级别。如果一个级别人数较多（超过18人），可以安排2～3场，但要在一天赛完。

（四）精确统计、核对各项举重纪录（世界纪录、亚洲纪录、全国纪录等），并印发给各队，以便运动员在比赛中冲击纪录、打破纪录所用。

（五）按体重级别由轻到重依次排出竞赛日程，送上级部门审批。

（六）比赛前召开总裁判（竞赛秘书长）、教练员及有关人员联席会议，最后确定参赛运动员名单；组织一次性抽签，所抽得的签号决定运动员称量体重的顺序和试举的顺序。抽签时不分级别，运动员将在整个比赛中保持这个签号，即使升级也是如此。混合级别比赛，轻级别运动员在前；同级别比赛按原签号顺序依次排列，小签号在前。

（七）运动员在比赛前2小时开始称量体重，称量时间为1小时，过时作弃权论。签号小者先称量，若体重不符合该级别标准，可以在规定时间内再称量，次数不限，直到合格为止。

三、编排时的注意事项

（一）掌握竞赛规程精神，合理安排竞赛日程。

（二）每场比赛人数以15人左右为宜，超过18人可以分组进行。

（三）每级的分组应按成绩高低依次排列，成绩较高的运动员尽量安排在后一组，并尽可能安排在下午和晚上进行比赛。在同组中也要尽量安排不同单位的运动员，以便互相竞争，发挥最好的运动水平。

（四）一个级别的比赛要在同一个举重台上进行。如有特殊情况，也可以将两个级别的比赛合并进行，再分级别记录成绩。

（五）在同一级别的比赛中，裁判员不得更换。

（六）比赛时间的安排要考虑到观众，开幕式和闭幕式最好放在晚上或假日，以便吸引广大观众来参观。

四、举重比赛排定名次的方法

（一）个人名次

1. 单项名次。在抓举或挺举的3次试举中，举起的最高一次重量，其重量是2.5千克的倍数，即为单项成绩。单项名次按单项成绩来确定。

2. 总成绩名次。总成绩名次以抓举和挺举两项成绩的总和来确定。

3. 单项成绩或总成绩相同时，以赛前体重轻者名次列前。如成绩和赛前体重均相同，则以先举起该重量的运动员名次列前。

（二）团体名次的评定

1. 根据每单位运动员所得分数的总和来确定团体名次。

2. 计分方法：

（1）取前6名计分方法：7、5、4、3、2、1；取前10名计分方法：11、9、8、7、6、5、4、3、2、1。最后根据得分多少确定团体名次，得分多的团体名次列前。

（2）团体计分办法是只计总成绩得分，或者还计单项得分，可由竞赛规程另行规定。

（3）团体得分相同时，以得第一名较多的团体名次列前；如仍相同，则以得第二名较多的团体名次列前；以此类推。如仍相同，则名次并列。

（4）如只有一名运动员参加竞赛，只要该运动员能完成竞赛程序所规定的项目，仍应判其得第一名。

五、附　件

（一）竞赛规程（摘要）

全国男子举重锦标赛竞赛规程

一、竞赛级别和项目

进行56、62、69、77、85、94、105和105以上千克级的抓举、挺举和总成绩的比赛。

二、参加办法

（一）必须是按规定注册的运动员。

（二）每单位最多只能报8名运动员。运动员在7名以上，可报领队、教练员各1人；运动员6名以下（含6名）的单位只能报教练1人。

（三）各队一个级别限报2人，重点级别可报3人。国家举重队不受此限制。

三、竞赛办法

（一）采用国家体育总局审定的最新《举重竞赛规则》。

（二）仲裁委员会对执行裁判进行现场评估。出现两次明显错误，即撤换。

（三）运动员报名后不能升降级参加比赛。

（四）运动员抓举、挺举的第一次试举重量之和不得低于报名总成绩的20千克，否则不得参加比赛。

四、兴奋剂检查

（一）禁止使用违禁药物，赛期进行药物检查。

（二）各队必须严格按照规定积极配合兴奋剂检测工作。前10名、破纪录运动员自觉等候兴奋剂检测，待该级别抽查名单确定后，未被抽查的运动员自觉离开。

五、录取名次、计分及奖励办法

（一）个人：各级别总成绩录取前15名，抓举、挺举、总成绩前8名给予奖励。

（二）团体：前6名给予奖励。计分办法为：以各级别总成绩名次分和创、超纪录分之和计名次。各级别总成绩取前15名，按16、14、13、12、11、10、9、8、7、6、5、4、3、2、1分计；创、超纪录加分为：创全国总成绩纪录加10分，超亚洲总成绩纪录加20分，平世界总成绩纪录加30分，超世界总成绩纪录加45分。如同时创全国、超亚洲、世界纪录，只加最高分。国家举重队运动员可代表原单位参加团体计分，但原单位最多只能8个级别中每个级别1人参加计分，超出8人计分无效。

（三）获得团体第一名的队，发给奖杯一座。

六、本规则的解释权归国家体育总局重竞技运动管理中心

（二）表　格

1. 报名汇总表

举重竞赛报名汇总表

单位	52千克级		56千克级		62千克级		69千克级		77千克级		85千克级		94千克级		105千克级		105千克以上级		人数
	姓名	成绩	姓名	成绩	姓名	成绩	姓名	成绩	姓名	成绩	姓名	成绩	姓名	成绩	姓名	成绩	姓名	成绩	
北京																			
上海																			
天津																			
每级人数																			

2. 举重竞赛成绩记录表

举重______赛成绩记录表

签号	单位	姓名	体重	级别	抓举			挺举			抓举		挺举		总成绩		得分	备注
					1	2	3	1	2	3	成绩	名次	成绩	名次	成绩	名次		

总裁判　　副总裁判　　左侧裁判　　主裁判　　右侧裁判　　记录长　　记录员

注：此表不少于18格。

3. 团体总分表

举重竞赛团体总分表

级别项目得分	56千克			62千克			69千克			77千克			85千克			94千克			105千克			105千克以上			总分	名次
单位	抓举	挺举	总成绩	抓举	挺举	总成绩																				

注：该表格横格数量按实际参加比赛的单位数来定

第三节　摔跤运动

摔跤是世界上最古老的竞技项目之一，中国、日本、希腊和埃及等国家的古代文化中都有着关于摔跤的记载，现代摔跤运动1955年传入中国。1896年第一届奥运会古典式摔跤被列为正式比赛项目，1904年第三届奥运会自由式摔跤被列为正式比赛项目。

一、摔跤比赛的分类和项目

（一）比赛的分类

奥运会比赛分为古典式和自由式两大类别，我国还举行中国式摔跤比赛。

摔跤比赛有个人赛和团体赛。

（二）比赛的项目

摔跤比赛按年龄、性别分组，按体重分级。

1. 2000年第二十七届奥运会男子古典式和自由式摔跤比赛均设8个级别：

54千克级、58千克级、63千克级、69千克级、76千克级、85千克级、97千克级、130千克级。

2. 2004年第28届奥运会男子古典式和自由式摔跤比赛有所调整，均设7个级别：

55千克级、60千克级、66千克级、74千克级、84千克级、96千克级、120千克级。并新增女子自由式摔跤四个级别：48千克级、55千克级、63千克级、72千克级。

我国第十届全国运动会摔跤比赛的项目与此相同。

3. 中国式摔跤比赛级别：

男子组：48千克级、52千克级、57千克级、62千克级、68千克级、74千克级、82千克级、90千克级、100千克级、100以上千克级。

女子组：44千克级、47千克级、50千克级、54千克级、58千克级、63千克级、68千克级、74千克级、82千克级、82以上千克级。

青年组：46千克级、49千克级、52千克级、56千克级、61千克级、66千克级、72千克级、80千克级、90千克级、90以上千克级。

二、摔跤比赛的组织编排

摔跤比赛通常采用的竞赛方法是淘汰赛制、循环赛制。

（一）奥运会摔跤比赛

2000年第二十七届奥运会将以前的双淘汰制

改为小组赛。20 名运动员分成 6 组，有 4 名运动员的 2 个小组的第一名直接进入半决赛，有 3 名运动员的 4 个小组的第一名进行 1/4 决赛，获胜者进入半决赛，半决赛获胜者决出冠亚军，半决赛失利者争夺铜牌。

（二）中国第十届全国运动会摔跤比赛

比赛采用两阶段单败淘汰赛制。首先进行寻找理想运动员数字 2、4、8、16... 的比赛，按运动员签号由下往上编排，进行单败淘汰赛，胜者继续比赛，负者淘汰，直至剩下 2 名运动员参加该级别冠、亚军决赛；1/2 决赛的负方参加争夺该级别第三、四名的比赛。各级别未获得前 4 名的所有运动员重新抽签参加第二阶段比赛，首先也进行寻找理想运动员数字 2、4、8、16... 的比赛，按运动员签号由下往上编排，进行单败淘汰赛，胜者继续比赛，负者淘汰，直至剩下 2 名运动员参加争夺该级别第五和第六名的比赛；本阶段 1/2 决赛的负方参加争夺该级别第七和第八名的比赛。

三、编排时的注意事项

（一）摔跤比赛一般有上午和下午两个时段，每个时段大约是 2 个小时。每场比赛为 2 个回合或 3 个回合，每个回合比赛 2 或 3 分钟，局间休息 30 秒或 1 分钟。运动员在一天内的比赛场数原则上不超过 4 场，如有特殊情况可赛 5 场，但场与场之间至少休息 15 分钟。每个级别的比赛在一天内完成。

（二）运动员在比赛前一天称量体重，称量时间在一小时内完成。由裁判长 1 人、裁判员数人、记录员和医生组成称量体重组，另聘请教练代表监督进行。

（三）运动员称量体重时，男子应穿短裤或赤身，女子应穿短裤和 T 恤衫。如运动员体重低于或超过原属级别，并在规定时间内不能达到原属级别，则按全部弃权论处。

（四）运动员可在规定时间内依次重复称量体重。运动员称量体重后，由本人抽签，根据抽签结果进行编排。

四、摔跤比赛排定名次的方法

摔跤比赛根据各类摔跤项目的得分标准进行计分，采用循环制时，每场结束后胜者计 2 分，负者计 0 分，得分多者获胜。古典式和自由式摔跤在比赛中，若将对方压成“双肩着地”达 1 秒种，即判获胜，立即终止比赛；一场比赛若双方比分相差 12 分，裁判员应立即宣布该场比赛结束，判得分多者为“优势胜利”。

（一）奥运会摔跤比赛

1. 小组排定名次

（1）如果预赛到最后一轮，仅有 2 名未被淘汰的运动员时，则他们之间进行一场比赛，胜者为小组第一名，负者为小组第二名。在最后被淘汰的一轮中，获得总名次分多者为小组第三名。若有 2 名总名次相等，则看谁胜谁，胜者为第三名；如未比赛过，则比赛一场，胜者为第三名。

（2）如果预赛剩下 3 名未被淘汰的运动员时，则他们之间进行 3 人循环赛，根据 3 人之间的比赛成绩确定名次，名次分多者，名次列前；如果比赛过，则成绩带上，不再进行比赛。

（3）如果第一名或第三名的比赛结束，双方均未获行动分（双方均未得分或因双方消极比赛被取消该场比赛资格），则将他们在预赛所得的行动分分别加起来，行动分多者，名次列前。

（4）如果 3 名或 3 名以上的运动员积分相同，则依照以下顺序决定名次。

① 获胜场次多者；

② 双肩着地和技术优势（12 分）多者；

③ 4:0 胜利最多者（不包括双肩着地、弃权、未参加比赛等）；

④ 次优势胜利最多者（8 ~ 11 分）；

⑤ 失败次数最少者。

2. 决赛排定名次

（1）A 组和 B 组前 5 名，按同等名次进行比赛，决出本级别的 1 ~ 10 名。

（2）决赛时，如 2 名运动员被同时取消比赛资格，则他们并列为第 2、4、6、8、10 名，不再授予更高的名次。

（3）如小组2名未被淘汰的运动员进行争夺小组冠军时同时被取消资格，则他们并列小组第二名，小组无第一名。这样，另一小组的第一名就是本级别的冠军。本级别的2、3、4名是谁，根据本组并列第二名与另一小组的第二名进行3人循环赛的成绩确定。

（二）中国式摔跤比赛

1. 个人排定名次

（1）采用3局2胜制，胜2局者获该场胜利，如果3局中有2局是平局，则另一局胜者获该场胜利。

（2）每局比赛2分钟，比分多者胜。若一局比赛中双方得分相等，则判为平局。

（3）3局比赛结束后，如双方出现平局时，则比较3局得分总和，得分多者胜；如还相同，则比较得2分次数，次数多者胜；如还相同，则比较技术分，技术得分多者胜；如还相同，则先得技术者胜；如还相同，则先受处罚者负（劝告或警告）；如还相同，则比较个人体重（原始体重），体重轻者胜；如还相同，进圈决定胜负（设3米为直径的圈被摔倒者或出圈者为负）。

（4）循环赛个人排定名次：

①全部比赛结束后，按积分（即计分的总和）的多少确定个人名次，积分多者名次列前。

②如两人积分相等，则按两人在比赛中的胜负确定名次，胜者名次列前。

③如两人以上积分相等，则以他们之间的比赛胜负确定名次。

④如两人以上积分相等又为循环互胜，则按下列程序确定名次：

1）获局分多者名次列前；

2）比赛中受处罚少者名次列前（劝告或警告）；

3）预赛或决赛中净得分数多者名次列前；

4）预赛或决赛，体重轻者名次列前。

2. 团体排定名次

（1）按各单位运动员在各级比赛中被录取名次的总和确定名次，得分多者名次列前。

（2）如遇2个或2个以上单位团体积分相同，则判获得第一名多的单位名次列前；如再相等，则判获得第二名多者名次列前，以此类推。

五、附 件

（一）竞赛规程（摘要）

第十届全国运动会国际式摔跤竞赛规程

一、竞赛项目

（一）古典式摔跤：

55千克级、60千克级、66千克级、74千克级、84千克级、96千克级、120千克级。

（二）男子自由式摔跤：

55千克级、60千克级、66千克级、74千克级、84千克级、96千克级、120千克级。

（三）女子自由式摔跤：48千克级、55千克级、63千克级、72千克级。

二、竞赛办法

（一）采用中国摔跤协会和国际摔联审定的最新竞赛规则。

（二）每个级别的比赛1天内结束，称量体重在比赛前1天进行。

（三）比赛采用两阶段单败淘汰赛制。

（四）首先进行寻找理想运动员数字2、4、8、16……的比赛，按运动员签号由下往上编排，进行单败淘汰赛，胜者继续比赛，负者淘汰，直至剩下2名运动员参加该级别冠、亚军决赛；1/2决赛的负方参加争夺该级别第三、四名的比赛。各级别未获得前4名的所有运动员重新抽签参加第二阶段比赛，首先也进行寻找理想运动员数字2、4、8、16……的比赛，按运动员签号由下往上编排，进行单败淘汰赛，胜者继续比赛，负者淘汰，直至剩下2名运动员参加争夺该级别第五和第六名的比赛；本阶段1/2决赛的负方参加争夺该级别第七和第八名的比赛。

（五）比赛具体规定

1. 每场比赛分3局进行，每局2分钟，中间休息30秒钟；每局比赛结束时宣布获胜运动员，获得2局比赛胜利的运动员获得本场比赛胜利；如某位运动员在一场比赛中连续获得2局比赛的胜利，则取消第3局比赛；

2. 比赛中无论何时出现双肩着地，该场比赛立即结束。

3. 一名运动员两场比赛之间的休息时间不得少于15分钟。

4. 一方运动员在一局比赛中做1个5分动作，该名运动员获得该局比赛的胜利，无论该动作何时出现；如得5分后出现危险状态，允许该状态持续直到出现双肩着地或解脱。

5. 一方运动员在一局比赛中做2个3分动作，该名运动员获得该局比赛的胜利，无论该动作何时出现。

6. 一方运动员在一局比赛中比分领先6分，该名运动员获得该局比赛的胜利。

7. 一局比赛中运动员分数相同，将由以下条件决定获胜运动员：

（1）动作的分值（5分、3分、2分、1分）；

（2）如仍然相同，比赛中最后一个技术分将决定获胜运动员。

8. 加时赛：时间为30秒，谁先得分谁获得该局比赛胜利，如得分后出现危险状态，则允许该状态持续直到出现双肩着地或解脱。

三、录取名次与奖励

按第十届全国运动会竞赛规程总则规定执行。

第四节　跆拳道运动

跆拳道运动源于古代朝鲜的民间武艺。2000年第二十七届奥运会跆拳道被列为正式比赛项目。跆拳道比赛通常采用的是循环赛制、单败者复活赛制和混合赛制。

一、跆拳道比赛的分类和级别

（一）比赛的分类

跆拳道比赛有个人赛和团体赛两种。

个人赛是按各个体重级别在个人之间进行比赛，在必要时可把相邻两个级别合并后进行比赛。团体赛有3种赛制，分为5人制、8人制和4人制。

跆拳道比赛项目有：特尔、对打、击破、特技。

（二）比赛的级别

跆拳道比赛按体重分为男、女级别进行。

1. 国际标准体重级别

	男子	女子
（1）Fin（鳍量级）	54千克以下	47千克以下
（2）Fly（蝇量级）	54～58千克	47～51千克
（3）Bantam（雏量级）	58～62千克	51～55千克
（4）Feather（羽量级）	62～67千克	55～59千克
（5）Light（轻量级）	67～72千克	59～63千克
（6）Welter（次中量级）	72～78千克	63～67千克
（7）Middle（中量级）	78～84千克	67～72千克
（8）Heavy（重量级）	84千克以上	72千克以上

2. 奥运会体重级别

男子	女子
（1）58千克	49千克
（2）68千克	57千克
（3）80千克	67千克
（4）80千克以上	67千克以上

3. 全运会体重级别

男子	女子
（1）58千克以下	49千克以下
（2）58千克～68千克	49千克～57千克
（3）68千克～80千克	57千克～67千克
（4）80千克以上	67千克以上

4. 全国青年锦标赛体重级别（国际标准体重级别）

	男子	女子
（1）Fin（鳍量级）	45千克以下	42千克以下
（2）Fly（蝇量级）	45～48千克	42～44千克
（3）Bantam（雏量级）	48～51千克	44～46千克
（4）Feather（羽量级）	51～55千克	46～49千克
（5）Light（轻量级）	55～59千克	49～52千克
（6）Welter（次中量级）	59～63千克	52～55千克

（7）	Light Middle（轻中量级）	63～68千克	55～59千克
（8）	Middle（中量级）	68～73千克	59～63千克
（9）	Light Heavy（轻重量级）	73～78千克	63～68千克
（10）	Heavy（重量级）	78千克以上	68千克以上

5. 少年儿童比赛的级别设置，在保证安全的基础上，由组委会根据实际情况确定

二、跆拳道比赛的组织编排

（一）比赛程序

1. 个人赛

（1）比赛前双方相向站立，听到主裁判员发出“立正”（Cha－ryeot）和“敬礼”（Kyeong－rye）的口令时互相敬礼。要求自然立正，双手握拳置于身体两侧，腰部前屈不小于30度，头部前屈不少于45度；

（2）主裁判员发出“准备”（Joon－Bi）、“开始”（Shi－jak）口令开始比赛，主裁判员发出“停”（Keu－man）口令结束比赛；

（3）最后一局结束后，运动员相向站在各自指定位置，主裁判员发出“立正”（Cha－ryeot）和“敬礼”（Kyeong－rye）的口令时互相敬礼，之后等待主裁判员宣布判定；

（4）主裁判员举起自己的一侧手臂，宣布同侧方运动员获胜；

（5）运动员退场。

2. 团体赛

团体赛有3种赛制，分为5人制、8人制和4人制。按体重级别进行5人制团体赛时级别如下：

男子	女子
54千克以下	47千克以下
54千克～63千克	47千克～54千克
63千克～72千克	54千克～61千克
72千克～82千克	61千克～68千克
82千克以上	68千克以上

按体重级别进行8人制团体赛时，按正式的8个体重级别，每级别1人进行团体比赛。按体重级别进行4人制团体赛时，将8个正式体重级别中相邻的两个级别合并，形成4个级别，每级别一人进行比赛。

（1）两个参赛队的所有运动员在运动员位置相向站立，按界线方向顺序排列；

（2）首先比赛的运动员和一名教练员进入比赛场地指定位置。其他队员到比赛场地外各自指定位置等待，按顺序上场与对手对战；

（3）比赛全部结束后，双方队员进场相向列队站立；

（4）主裁判员举起自己的一侧手臂，宣布同侧方参赛队获胜。

（二）编排方法

跆拳道比赛采用单淘汰、单败复活赛和循环赛等赛制。奥运会的跆拳道比赛只有个人赛，没有团体赛。中国跆协主办的全国性比赛至少有4个队参加，每个级别至少有4名运动员参加比赛，不足4名运动员的级别不计比赛成绩。

单败复活赛是先将所有运动员分为A、B两大区进行单淘汰赛，A、B区的第一名争夺该级别的冠、亚军，然后先后输给A、B区第一名的运动员再进行复活赛，以确定三名以后的名次（具体编排方法见第三章“败者复活赛制”）。如：悉尼奥运会中的跆拳道比赛进行单淘汰赛直至最终的冠亚军决赛，所有负于两位决赛者的选手均有另一个机会进行次级比赛而决出铜牌。两位半决赛的负者直接进入次级比赛，所有负于两位决赛者的其他选手在其原所在组进行单淘汰赛，两位优胜者获得余下的2个半决赛席位。每一组的优胜者与另一组的半决赛的负者进行交叉半决赛，两位胜者争夺铜牌。

（三）注意事项

1. 每场比赛为3局，每局比赛男子3分钟、女子2分钟，局间休息1分钟；青少年比赛时间可根据情况适当调整。不论参赛人数多少，同一级别的所有比赛原则上应在一天内结束。

2. 抽签在比赛开始的前一天按体重级别由小

到大的顺序进行，各参赛队可派代表参加；未出席抽签的队由组委会指定人员代抽；通过召开参赛队联席会可变更抽签顺序。

3. 称量体重时间由比赛组委会决定，包括比赛前1天全部级别一次性称重完毕和各级别在比赛当日的前1天称重两种方式。称重时，男运动员着内裤，女运动员着内裤、胸罩，如运动员要求，也允许裸称体重；称重一次完成，但第一次称重不合格时，在规定时间内可有一次补称机会。

4. 一场比赛开始前3分钟点名3次，比赛开始后1分钟仍未到场者，按自动弃权论。点名后，运动员必须接受身体、服装和护具检查，不得携带任何可能给对方运动员造成伤害的物品。

5. 检查合格后，运动员和1名教练员入场进入比赛场地指定位置。比赛开始和结束按规定的程序进行。

三、跆拳道比赛排定名次的方法

（一）跆拳道比赛的得分规定：凡准确有力击中有效得分部位的技术，不是犯规的动作击倒对方时，均得1分，得分次数累计。比赛结束，双方成绩以3局累计总得分多者为胜方，如果得分相同，以积极进攻者为胜方。

（二）因扣分出现平分时，3局比赛中得分者或得分多者获胜。

（三）3局比赛结束，双方出现绝对平分时，加赛1局，采取“突然死亡法”（先得分的一方获胜），如果加赛局仍然打平，则进行优势判定。

（四）优势判定时，当场比赛所有裁判员根据比赛情况判定优胜者获胜。如果3名边裁判员的决定是2∶1，主裁判员将自行决定获胜方。

（五）优势的判定是依据比赛中表现出的主动性。

四、附件：竞赛规程（摘要）

第十届全国运动会跆拳道竞赛规程

一、竞赛项目

男子：58千克级、68千克级、80千克级、+80千克级。

女子：49千克级、57千克级、67千克级、+67千克级。

二、竞赛办法

（一）预赛及决赛竞赛办法

1. 采用中国跆拳道协会最新制定的《跆拳道竞赛规则》。

2. 采用个人对抗赛，单败淘汰制。

3. 抽签于比赛开始前1天举行。

4. 运动员称重按中国跆拳道协会最新制定的《跆拳道比赛抽签、运动员称重及检录、检查台管理实施细则》执行。

5. 每场比赛进行3个回合，每个回合之间休息1分钟。男子比赛每回合进行3分钟比赛；女子比赛每回合进行2分钟比赛。

（二）预赛的有关规定

1. 第一次预赛每个级别录取个人前12名为参加决赛的有效资格；1/16决赛的8名负者进行附加赛，附加赛的4名胜者进入前12名。

2. 第二次预赛每个级别录取个人前6名为参加决赛的有效资格；1/8决赛的4名负者进行附加赛，附加赛的2名胜者进入前6名。

3. 第一次预赛各级别的第1～4名将按顺序作为第十届全国运动会决赛的种子选手，半决赛负者通过附加赛决定3、4名；种子资格为个人资格，如在第十届全国运动会跆拳道比赛决赛中更换运动员或更换级别参赛，视其自动放弃种子资格。

（三）决赛的有关规定

1. 通过两次预赛获得有效资格的运动员方可参加决赛。

2. 获得2005年世界锦标赛前3名的运动员，其代表单位可以直接获得参加第十届全国运动会跆拳道比赛决赛的资格。

3. 决赛设种子运动员，按第一次预赛各级别1～4名顺序排列，更换获得种子资格的运动员或更换级别参赛，视其自动放弃种子资格，种子资格不替补。

三、录取名次与奖励

（一）两次预赛不颁发奖牌和证书，只决定进入决赛的资格；

（二）决赛：

1. 录取各级别前 8 名，第三名、第五名不并列。

2. 设男女最佳技术奖。

第五节　健美运动

健美运动 20 世纪初起源于德国，20 世纪 30 年代传入中国。现已列为全国体育大会比赛项目。

一、健美比赛的分类和项目

健美比赛分为健美比赛和健身比赛两类。健美比赛是分级别、分性别的。

健美比赛有：男子个人赛、女子个人赛、混合双人赛。

健身比赛有：健美形体赛、特长表演和健身知识问答比赛。

二、比赛级别

竞赛分级（详见附件：“竞赛规程”）

健美混合双人不分体重级别。

健身小姐比赛按身高分组。A 组：身高 1.58 米以下；B 组：身高 1.59 米 ~1.64 米；C 组：身高 1.64 米以上 。

三、健美竞赛的组织编排

（一）熟悉《健美竞赛规程》，组织相关人员学习竞赛规程。

（二）审查报名表。根据《健美竞赛规程》规定，审查各代表队的报名运动员资格以及各项目和各级别的报名人数和领队、教练员人数是否符合规程规定。运动员所代表的单位是否有双跨现象。报名单位签章等是否符合规程规定。

（三）统计报名人数：统计各代表队的领队、教练员、运动员及工作人员等人数。

（四）依据竞赛规程所规定的竞赛项目，按运动员的人数、年龄、性别、体重、级别，拟定竞赛场次和时间，制定竞赛日程。

（五）健美竞赛程序。从最轻的级别开始按从轻到重的顺序进行比赛，每个级别都是按照“预赛”、“复赛”和“决赛”的程序进行的。

1. 预赛：又称淘汰赛。预赛分为“预赛初审”（全体运动员按序号集体出场表演比赛）、“分组鉴别”（运动员按序号 5 人一组出场表演比赛）和“复查选定”（全体运动员按序号集体出场表演比赛）3 个阶段。

2. 复赛：又称半决赛。分为“第一轮”（自选动作）和“第二轮”（规定动作）的表演比赛。

3. 决赛：分为“初决”（运动员逐一上场表演比赛）、“集体决赛”（6 名运动员按序号集体上场表演比赛）和不定位自选动作 3 个阶段。

四、团体名次及团体总分计算方法

（一）团体名次

1. 团体总分计分方式按竞赛规程的规定执行。

2. 团体总分是各队核定的参赛运动员在比赛中的得分累计。

3. 团体名次按团体总分来决定。积分多者名次列前。如遇积分相同，以获得第一名多的队名次列前，如还相同时可计算第二名、第三名……，以此类推。如果任何名次均相同时，则名次并列。

4. 参加团体赛的运动员名单，应在称量体重或丈量身高前送交裁判长审定。

（二）团体总分计分方法

1. 取单项前 6 名时：按 7、5、4、3、2、1 计分，即第 1 名得 7 名，第 2 名得 5 分，以此类推。

2. 取单项前 10 名时：按 11、9、8、7、6、5、4、3、2、1 计分，即第 1 名得 11 分，第 2 名得 9 分，以此类推。

3. 取单项前 15 名时：按 16、14、13、12、11、10、9、8、7、6、5、4、3、2、1 计分，即第 1 名得 16 分，第 2 名得 14 分，以此类推。

五、半决赛、决赛计分方法

（一）半决赛分为第一轮和第二轮。经两轮

竞赛，并通过比较评分评出运动员的名次。把他（她）们中间最好的排在第一名（即1分），仅次于第一的排在第二名（即2分），一直排到最后一位（如有15人参赛，最后一位即为15分）。

1. 在统计运动员的得分时，若设9名裁判员评分，应去掉2个最高分和2个最低分，将其余5位裁判员的分值相加，即为该位运动员半决赛得分。

2. 在统计运动员的得分时，若设5、7名裁判员评分，应去掉1个最高分和1个最低分，将其余裁判员的分值相加，即为该位运动员半决赛得分。

（二）决赛时，裁判员根据运动员预赛和半决赛两个赛程的综合观察，对参加决赛的6名运动员（最近国际比赛，参加决赛的为5名运动员），分别评出第一名至第六名的名次，其计分方法同上。

六、决赛总分的计算与方法

将决赛运动员的半决赛和决赛得分相加，即为该运动员的决赛总分。分值小者名次列前。如遇决赛总分相同时，以在决赛中第1名多者名次列前；如仍相同，则以决赛中第2名多者名次列前。不允许出现相同的名次。

七、附　件

（一）竞赛规程（摘要）

1. 2004年全国健美锦标赛和中国健身先生、健身小姐大赛竞赛规程

（1）竞赛项目及分组

健美比赛设青年男子、成年男子、成年女子、元老、混合双人和全场冠军6个项目。

健身比赛设健美形体、运动特长和知识问答3个项目。

①健美比赛按运动员体重、年龄分级和组。

• 青年男子组设2个级别。

轻量级：体重75千克以下。

重量级：体重75千克以上。

• 男子成年组设8个级别。

羽量级：体重60千克以下（含60千克）

雏量级：体重60.01~65千克。

轻量级：体重65.01~70千克。

次轻中量级：体重70.01~75千克。

轻中量级：体重75.01~80千克。

中量级：体重80.01~87.5千克。

轻重量级：体重87.51~95千克。

重量级：体重95千克以上。

• 成年女子组设6个级别。

羽量级：体重46千克以下（含46千克）。

雏量级：体重46.01~49千克。

轻量级：体重49.01~52千克。

轻中量级：体重52.01~55千克。

中量级：体重55.01~58千克。

重量级：体重58千克以上。

• 男子元老组设45~50周岁和50周岁以上2个组。

• 混和双人不分体重级别。

• 全场冠军在成年男女各级别冠军中产生。

②健身比赛按运动员身高分组

• 男子分为A组（1.75米以下）和B组（1.75米以上）。

• 女子分为A组（1.58米以下）、B组（1.59~1.64米）和C组（1.64米以上）。

（2）竞赛办法

①采用国家体育总局审定的最新《健美竞赛规则裁判法》。

②进行不公开的预赛和复赛。

③健美进行青年男子2个级别、成年男子8个级别、女子6个级别和2个元老组的个人竞赛，进行男女全场冠军决赛。

④设立特别奖

• 健美设“最佳表演”、“最佳动作配乐”、“进步最快”、男子“最佳小腿肌”、女子“最佳腹肌”，元老组“最佳参与”、“最佳精神风貌”。

• 健身设“健美形体”、“最佳表演”、“年度新人”、“最佳形象（女）”、“最风度（男）”。

• 特别奖在每组十佳运动员中产生。

⑤运动员可单人或自由组合（性别不限）参加混双和运动特长比赛。非形体套路不得参加比赛。

⑥竞赛服装

健美比赛男子穿三角裤、女子穿比基尼，健身比赛分项目按以下要求着装：

•形体比赛女子穿比基尼泳装，高跟（8 厘米以上细跟）皮、凉鞋（鞋底前掌厚度不得超过 2 厘米）；男子打赤足，穿齐腿式泳装。

•特长表演比赛男女均穿与表演风格统一的服装，可配戴或使用安全道具。

•知识问答比赛女士着晚装、休闲装或礼服，男士穿唐装、中山装或西装。

⑦表演时间

•健美单项比赛自由造型为 60 秒。

•健美混双比赛为 90 秒。

•健身先生运动特长表演为 60 秒，健身小姐为 90 秒。

•知识问答为 60 秒。

（3）药物检查和处罚办法

在比赛过程中国家体育总局兴奋剂检测中心将对运动员进行违禁药物抽样检查，违者按国家体育总局《关于严格禁止在体育运动中使用兴奋剂行为的规定》的规定处罚。

（4）参加办法

①参加各级、组比赛运动员的性别、人数不限，青年组运动员年龄为 21 周岁以下，元老组运动员为 45 周岁以上。

②青年组和元老组运动员，年龄计算均以生日为准，称量体重时验身份证或其他有效证件，无有效证件者不得参加比赛。

③参加团体比赛的单位在赛前全体会议上指定本单位 10 名运动员参加团体比赛。

（5）录取名次办法

①运动员在各级、项、组、混双比赛中的前 5 名成绩的得分之和按 7、4、3、2、1 的办法计团体分。获第一名者得 7 分，以此类推。如得分相同，以获得第一名多的队取胜。再相同，以获得第二名多的队取胜，以此类推。

②特别奖健美各项各评选 1 名，健身每组别每项各评选 1 名。

③健　身

•预赛每组别录取前 15 名进入复赛。

•复赛每组别录取前 10 名进入决赛。

•每组别前 10 名运动员为本年度十佳运动员。

④各级、项、组、混双和团体比赛录取前 5 名。

⑤全场冠军录取 1 名。

（6）奖励办法

①团体第一名的队发给奖杯，第一至第五名的队发给奖状。

②各级、项、组、混双比赛前 5 名发给奖状、前 3 名发给奖牌和奖杯。

③全场冠军发给奖状、奖牌和奖杯。

④健身各组别“十佳”运动员发给证书和鲜花。

⑤获特别奖发给奖状。

⑥象征性为健身小姐各组冠军配戴皇冠。

2. 2008 年四川省健美锦标赛竞赛规程

（1）竞赛项目

①健　美

•男子成年级按运动员体重分设 6 个级别

体重 60 千克以下（含 60 千克）

体重 60.01 ~65 千克

体重 65.01 ~70 千克

体重 70.01 ~75 千克

体重 75.01 ~80 千克

体重 80 千克以上

•女子成年级按运动员体重设 2 个级别

体重 52 千克以下（含 52 千克）

体重 52.01 千克以上

•男子元老组（1963 年 10 月 20 日以前出生）

②健　身

•健身小姐（先生）设 A、B 两个组。

健身先生：A 组（1.75 米（含）以下）、B 组（1.75 米以上）。

健身小姐：A 组（1.64 米（含）以下）B 组（1.64 米以上）。

•体育模特：男子 1.75 米以上，女子 1.68 米以上两个组。

（2）竞赛办法

①健美各组级别比赛根据报名人数进行预赛、半决赛和决赛。

②健身先生，健身小姐比赛按以下方式进行。

- 预赛半决赛，只进行形体比赛；
- 半决赛进行形体和运动特长比赛；
- 决赛进行运动特长、晚装展示比赛；
- 预赛前15名进入半决赛，半决赛前10名进入决赛。

③体育男模特，体育女模特比赛按以下方式进行。

- 预赛进行形体轮比赛；
- 半决赛运动装展示比赛；
- 决赛进行晚装展示比赛；
- 预赛前15名进入半决赛，半决赛前10进入决赛。

④演唱、器乐、魔术及其他文艺表演不得参加运动特长的比赛。

⑤竞赛服装

- 形　体

健身小姐，体育女模特穿背交叉的比基尼泳装，穿高细跟（8厘米以上）皮凉鞋、鞋底前掌高度不得超过2厘米。

健身先生，健身男模特穿平腿式紧身单色短裤、赤足。

健美男子穿单色三角裤赛服（赛裤两侧不得小于2厘米）。

- 运动特长

选手须着运动服装（体育模特着运动装和对运动器材的演绎），且与表演风格统一。禁止使用道具。特长表演的内容具有健康、积极、向上充满活力，拒绝带有宗教迷信倾向的内容。

- 比赛执行国家体育总局审定的2002年《健美竞赛规则和裁判法》。

（3）录取名次与奖励

①获得各级（组）别比赛前8名运动员颁布发证书，获得各级（组）别前3名的运动员发给金、银、铜牌及证书。

②大会设体育道德风尚奖（评选办法另定）。

（二）表　格

1. 健美各级别评分表

例：羽量级

评　分　表

比赛__________　　级别__________

地点__________　　日期__________

羽量级（65千克以下，包括65千克）

名　次	运动员号码	姓　名	国　家	得　分
1				16
2				12
3				9
4				7
5				6
6				5
7				4
8				3
9				2
10				1

2. 最后名次综合评分表

最后名次综合评分表

比赛__________　　级别__________

地点__________　　日期__________

号码	姓名	国家	预赛	决赛	总计	名次

裁判秘书签字__________　　国家__________

第十章　围棋、中国象棋运动竞赛组织编排

围棋和中国象棋是中华文化之瑰宝，反映了中华民族的睿智和深厚文化底蕴。围棋和中国象棋都已列为全国体育大会比赛项目。

一、比赛的分类

围棋和中国象棋比赛有：个人赛和团体赛。经常举行的有：排名赛、等级赛、大师赛和精英赛等。

二、比赛的组织编排

围棋和中国象棋比赛通常采用的竞赛方法是循环赛制、淘汰赛制和积分编排制等。

（一）团体赛赛制

1. 分台定人

比赛前规定团体比赛的台数，报名时根据运动员技术水平的高低排定本队的台次，比赛时按此台次的顺序进行分台对抗。全国比赛原则上按棋手等级分顺序排定台次；一般比赛可以根据棋手技术等级或以往的比赛成绩确定本队棋手的台次。排定的比赛台次名单，抽签编排后不得更换。

2. 分台换人

又称“定台换人”。参赛队报名时可以报一定名额的替补队员，台次的排列原则同上述规定。出场运动员可以有所不同，但台次顺序不能前后颠倒。每场比赛前，参赛队将排定的本队台次名单交给裁判，由裁判安排双方相应台次进行比赛。

3. 临时定台

参赛队在每场比赛前，临时排定本队队员的出场台次，再与对方队相应台次的棋手比赛。

4. 全队轮赛

一队所有的运动员与另一队的所有运动员逐一比赛。此法适合两队的对抗赛。

5. 队员总分赛

比赛不分台次，按照各队棋手在个人赛中的成绩之和来计算团体成绩。此法在进行个人赛的同时又进行了团体赛，采用比较广泛。

6. 擂台赛

参赛队各出若干棋手，在赛前排定出场的次序。比赛时依次进行对抗，负者离开，胜者与对方下一位棋手继续比赛，一方胜对方的所有棋手方为获胜。

（二）大循环制

在人数不多、条件许可的情况下采用。一般进行单循环赛，采用一局制。人数较少时，也可采用两局制。在参赛者多、不便采用大循环制时，可以采用分组循环比赛。

选手抽签定位后，比赛的轮次、对手和先后走，均按循环赛对局秩序表进行。表上号码在前者（队为单数台）执棋先走（象棋红子先走，围棋黑子先走）；号码在后者（队为单数台），执棋后走。如比赛采用两局制，则第二局换先。

1. 轮数和局数的计算

比赛轮数：参赛队是单数时，轮数 = 队数；

参赛队是双数时，轮数 = 队数 - 1

比赛局数（一局制）：队数 ×（队数 - 1）÷2

2. 对局秩序表编排方法（表 10 - 1）

掌握编排方法，可以自行编排。棋赛秩序编排的轮转方法与排球编排中的“贝格尔”轮转方法基本相同。

（1）第一轮编排，概括为 16 个字：首尾相对，依次靠拢，末号摆动，1 号轮空。将编排序

号逆时针从小到大排成两行，棋手单数时，末号为0，是轮空号。

（2）第二轮编排，“最大号”执先，以后逐轮转换先后手，直至比赛结束。每轮“最大号”的对手必然是上一轮表中位置排在最后的那个号，“最大号”这一对，永远排在最前面。

（3）从第二轮起，其他各队编排的规律是：上轮跨邻相遇，前后顺序依然，从后往前配对，直至全部排完。

表10－1　对局秩序表

轮次	3－4人　对局
1	1－(4)　2－3
2	(4)－3　1－2
3	2－(4)　3－1

轮次	5－6人　对局
1	1－(6)　2－5　3－4
2	(6)－4　5－3　1－2
3	2－(6)　3－1　4－5
4	(6)－5　1－4　2－3
5	3－(6)　4－2　5－1

轮次	7－8人　对局
1	1－(8)　2－7　3－6　4－5
2	(8)－5　6－4　7－3　1－2
3	2－(8)　3－1　4－7　5－6
4	(8)－6　7－5　1－4　2－3
5	3－(8)　4－2　5－1　6－7
6	(8)－7　1－6　2－5　3－4
7	4－(8)　5－3　6－2　7－1

（三）淘汰赛制

参加比赛的参赛者较多、时间较紧时多采用淘汰赛制。

1. 单淘汰

参赛棋手遵循单淘汰赛制的规律，并根据棋手等级分、技术等级或以往比赛成绩来确定种子棋手的数量、种子棋手的序号和抽签决定其他棋手的位置。

参赛棋手数如果少于或多于所选定的号码位置数（必须是2的乘方数），可以按种子序号的顺序，安排部分种子棋手轮空或安排预选赛（抢号赛）。比赛若要决出前1～8名，要安排附加赛。

单淘汰比赛如采用一局制，猜先确定先后手，若采用两局制，则第二局换先。

2. 双淘汰

参赛棋手遵循双淘汰赛制的规律进行比赛。双淘汰的比赛轮次与积分编排制的比赛轮次基本相同，因而在比赛中较少采用。双淘汰比赛参赛者不宜超过32人。

（四）积分编排制

在参赛者较多、赛程较短，而“种子”又不易安排的情况下，可以考虑采用积分编排制，其编排方法有：“抽签编排法”和“定位编排法”。后者较为常用。

1. 抽签编排法

（1）确定棋手（队）序号。

根据棋手（队）的等级分由高到低排定顺序（等级分相同者，由抽签确定顺序）。对无等级的棋手（队）用抽签方法排定先后顺序，列在有等级分的棋手（队）的后面；也可以根据棋手（队）的技术等级或以往比赛成绩排定顺序（技术等级相同者，抽签确定顺序），其他棋手（队）抽签列后；如果参赛棋手（队）的技术水平无法确认，可由抽签确定棋手（队）的顺序。

（2）第一轮编排。

将棋手（队）按顺序分在人（队）数相等的上、下两半区。根据上半区从小到大顺序，分别以抽签方法与下半区某序号配对并确定台次。如是按技术水平高低排定序列，则上、下半区（即“种子”棋手与“非种子”棋手）配对，可保证第一轮所遇对手的相对合理性。

配对的棋手（队）的先后手，有两种办法供选择，但应事先说明清楚。一是以抽签确定先后手；二是两号相加是奇数，小号先走；两号相加是偶数，大号先走。

（3）从第二轮起，以及其他各轮次的编排由最高积分段（一个积分段可由一个以上分数层组成）逐段向下编排，同分者编对。若同分者已相遇过或无同分者，则以近分者编对，至全部排通为止。

每轮编排尽量平衡每个人（队）的先后走的次数，优先安排多先者与多后者编对，但不影响该积分段充分配对。

当积分和先后走次数均相同时，编排工作以抽签为主。确定抽签先后顺序的原则依次是：“从高调低”，即由高分抽低分；在同分段中“以少调多”，即由先后走序列少的去抽多的；在同分同序层中，单数轮次由小号先抽，双数轮次由大号先抽。

比赛几轮之后，由上至下不能全部排通，出现受卡情况时，可以从最低分向上排到卡住的地方，使之全部排通。如仍排不通时，则将由上排下来的最后一对或几对拆开重新排，直至全部排通为止。

2. 定位编排法

（1）确定棋手（队）的序号。

根据棋手等级分、技术等级或以往比赛成绩选定“种子”棋手（队），抽签确定单数号顺序；其他棋手（队）抽签确定双数号顺序。“种子”棋手（队）不按邻近排定序列，要避免高手提前相遇的现象；如参赛棋手（队）的技术水平无法确认，由抽签确定棋手（队）顺序。特别是基层比赛，采用这种方法最适宜，因为编排后无论补报多少参赛棋手（队），可继续抽签定号，不必打乱原有序列。

（2）第一轮编排。

按单数号顺序由小到大排一行，双数号顺序也由小到大排另一行。两行同一位置者配对，并确定台次。

配对棋手（队）的先后走，可选用下列规定，但应事先说明清楚。如种子棋手为单数号，其他棋手为双数号，则单数台小号执先，双数台大号执先（即 1－2；4－3；5－6；8－7；…）；如没设种子棋手，由抽签确定棋手（队）顺序，则单数号执先（即 1－2；3－4；5－6；7－8；…）。

（3）从第二轮起，以及其他各轮的编排。

每轮比赛结束后，根据棋手（队）积分情况，由最高分按积分段逐段向下编排。首先同分者配对，其次近分者配对（尽量避免跨越积分段配对），各积分段必须充分配对。直至全部排通为止。每号上调和下调次数要尽量均衡。

（4）每轮编排均要考虑棋手（队）的先后手局数的平衡。尽量变换棋手（队）上一轮的先后走，避免连走三先或三后，并在最后一轮编排后，棋手的先后走局数最多相差一先。

（5）由高分段至低分段，各轮依次排定要先行和要后行的顺序。

排在要先行的条件是：缺先；若先后走相等，上轮执后者。

排在要后行的条件是：缺后；若先后走相等，上轮执先者。

要先和要后的条行从上往下排列顺序依次为：多先或多后，绝对值大的排上；连先或连后；若条件相等，单轮次小号，双轮次大号。

（6）比赛至最后几轮，低分区有时出现困难号，在本同分段中排不通，应先将造成障碍的一对拆开，按照“先编”的顺序依次向下配对重排；如仍受卡，则向上拆对；如仍不通，下面有≥1 的积分层，则下调；如下面没有积分层，则把上一个同分段和本同分段视为一个新的积分段，将上一个同分段最末的一对或几对拆开重排，直至全部排通。

采用积分编排制的比赛，所产生的前几名和后几名的名次（录取名次和降级名次）是比较精确的。中间的名次，由于所遇对手情况的不同，可能是不够精确，但对整个比赛没有影响。

（五）积分编排淘汰制

积分编排淘汰制是在积分编排制的基础上结合淘汰制的一种编排方法，在参赛棋手多的情况下采用，其录取最后名次相对准确。

比赛一般从 5 轮以后逐轮淘汰 2 ~ 4 名积分最低的棋手，但要保证最后一轮比赛的棋手人数不得少于参赛棋手的半数。比赛棋手的人数始终要保持为偶数。

淘汰的原则是：

积分低的淘汰；积分相同时，比对手分，对手分少者淘汰；如都相同时，抽签决定。

（六）全队轮赛制

适用于队与队之间的对抗赛，即一队所有队员与另一队所有队员逐一进行比赛。比赛双方经抽签确定主队（A）和客队（B），比赛时，主队所有队员各轮台号不动，并尽量逐轮转换先后手。

编排对局秩序时要注意双方先后手的次数：每轮比赛两队先后手局数平衡；每人在全部比赛中先后手局数平衡，避免连续三先或三后；两队在全部比赛中总的先后手局数平衡。如哪队参赛人数为单数时，先后手局数相差不得超过一局；如为双数时，先后手局数应该完全相等。

（七）多局决胜制

在一些重大比赛中，冠亚军决赛常采用多局决胜制。最少为 3 局 2 胜，最多为 7 局 4 胜。

（八）棋手退出比赛

1. 比赛尚未开始，有棋手退出比赛，在时间允许的情况下应重新抽签。

2. 在循环赛中，如果棋手退出比赛，其已赛局数不足总轮次的一半，则其已赛成绩全部无效；如果已赛局数达到总轮次的一半，则其已赛成绩有效，以后的比赛按弃权处理。

3. 在积分编排制比赛中，棋手退出比赛，其已赛成绩有效，以后的比赛不再编排。

4. 在对抗赛和团体赛中，棋手中途退出比赛，已赛成绩均有效，未赛部分均作弃权处理。

三、编排时的注意事项

（一）比赛的轮次、对手和先后手，要按照对局秩序表进行。

（二）分组循环比赛时，各组棋手的实力要平均；同一单位的棋手尽量不分在同一组。

（三）采用积分编排制时的注意事项。

1. 参赛棋手（队）数宜为双数。

参赛棋手（队）数如为单数，每轮比赛总有棋手（队）轮空（不战而胜），虽然有了积分，却没有对手分，显得不合理。因此，经常要求承办单位进行补双。对于补双的棋手（队），一般只记成绩，不记名次。

2. 预先确定并宣布比赛进行几轮。

（1）轮数是参赛棋手（队）数进行单淘汰赛所需要轮数的 1 倍，适当有所增减。

（2）为确保获得录取名次（一般录取前 6 ~ 8 名）的棋手尽量相遇，以减少比赛偶然性，比赛轮数最低不要少于 7 轮，比赛轮数越多，录取名次越精确。一般情况，全国性比赛轮数比省、市级比赛轮数相应多些。如 28 人（队）比赛，全国赛采用 9 轮；省、市级比赛采用 7 轮即可。

（3）为使棋手先后手局数尽量趋于平衡，最多相差一先，比赛轮数宜为单数。如为双数，其编排结果造成有的棋手多二先，有的棋手多二后，则先后手不平衡。

（4）连续弃权者一般不再编排，轮空必须是最低分者。

（5）编排中如存在困难号，可作特殊情况优先编排，以免受卡不通。

（6）由倒数第三轮起，凡是积分不等的棋手（队）相遇，按“低分服从高分”的原则，优先平衡高分一方的先后手，即缺先给先，缺后给后。但到最后一轮，则只平衡相差 1 分的（队为 2 分）和 1 分以上（队为 2 分以上）高分一方的先后手。

（7）同一单位棋手（队）是否需要回避配对，需要先明确。

（8）积分编排制比赛，各轮编排工作由裁判长主持，可邀请竞赛、仲裁负责人监督，并将编排结果及时给予公布。

四、围棋比赛排定名次的方法

（一）个人赛

1. 记分方法

每局棋胜者记 2 分，负者记 0 分，和者各记 1 分。

2. 排定名次

（1）采用循环赛制的比赛，按棋手在同一循环比赛中的积分多少排定名次，积分多者名次列前。若积分相同则依照以下顺序排定名次：

①累计个人所胜对手积分，加上所和对手积分的一半进行相互比较（胜者小分），分数多者名次列前。

②整个比赛，警告次数少者名次列前。

③ 若不允许名次并列，可通过加赛或抽签排出名次。

（2）采用积分编排制的比赛，可以采取以下两种方法排定名次：

① 比较总得分，总得分多者名次列前。

总得分计算公式：

$$总得分 = 个人积分 + \left(\frac{对手积分总和}{1/2\ 最高积分} - 轮次数\right)$$

如总得分相同，则按在整个比赛中警告次数少者名次列前；如再相同，若不允许名次并列，可通过加赛或抽签排定名次。

②比较积分排定名次，积分多者名次列前；积分相同，比较对手积分排定名次；如再相同，则按在整个比赛中警告次数少者名次列前；再相同，若不允许名次并列，可通过加赛或抽签排定名次。

（二）团体比赛

1. 记分方法

（1）每局棋胜者得 2 分，负者得 0 分，和者得 1 分。

（2）每场比赛根据两队间局分的多少记场分。局分多者为胜，场分记 2 分；局分少者为负，场分记 0 分；局分相同者为平，场分各记 1 分。

2. 排定名次

（1）在循环赛制的团体赛中，依照下列顺序排定名次：

①各队所得场分多者名次列前。

②场分相同，局分多者名次列前。

③局分相同，比较第一台棋手的局分，多者名次列前。

④若全部一样，允许并列。

（2）在积分编排赛制的团体赛中，团体成绩根据总得分或总积分的高低排定名次，总得分计算方法与个人赛计算方法相同。若总得分相同，则依照循环赛顺序排定名次。

（三）排定名次的加赛

若比赛不允许名次并列，可安排加赛。加赛的细则，包括局数、时限、团体人数等，由竞赛组织机构事先制定。

五、中国象棋比赛排定名次的方法

（一）个人比赛

1. 记分方法

每局棋的结果，胜者记 1 分，和棋各记 0.5 分，负者记 0 分。比赛常用一局制，但在单淘汰赛或循环制的个人比赛时，有时采用两局制，既记“场分”，也记“局分”。一场比赛结束，根据局分多少决定胜负，局分多者为这场比赛胜，场分记 1 分；局分少者为负，场分记 0 分；局分相等为和，场分各记 0.5 分。

2. 排定名次

（1）在一局循环赛的个人比赛中，根据个人积分（即局分）的多少排列名次，积分高者名次列前。如积分相同，要比较得分质量，则依照以下顺序排定名次：

①比较“小分”，即累计每人所胜对手的全部积分，加上每人所和对手积分的一半，“小分”多者（即所得积分的对手群实力强）名次列前。

②如“小分”相同，则比较每人胜局（鼓励棋手拼杀取胜），胜局多者名次列前。

③如胜局相同，则比较直胜（即双方相互间成绩），胜者名次列前。

④如相互间成绩为和棋，比较犯规情况，犯规次数少者名次列前。

⑤如仍无法区分，则名次并列。

（2）在两局循环制的个人比赛中，根据个人积分（即场分）的多少排列名次，“场分”高者名次列前。如“场分”相同，则依照比较“小分”、“总局分”、“胜局”、“直胜”、“犯规情况”等顺序排定名次。

（3）在一局积分编排制的个人比赛中，根据个人积分多少排列名次，积分多者名次列前。如积分相同，则依照以下顺序排定名次：

①比较“对手分”即累计每人所对弈过的全部对手的积分总和，“对手分”多者（即报对弈的对手群实力强）名次列前。

②如“对手分”相同，比较每人胜局，胜局多者名次列前。

③如胜局相同，比较犯规情况，犯规次数少者名次列前。

④如仍无法区分，则名次并列。

（二）团体比赛

1. 记分办法

（1）排定台次进行分台对抗的团体赛，常采用一局制比赛，分别记“场分”（团体分）和“局分”（个人分）。根据双方在该场比赛中所得局分多少计算胜负。局分多者为胜，场分记 2 分；局分少者为负，场分记 0 分；局分相等者为平，场分记 1 分。局分的记法与个人赛相同。

（2）两局制比赛使用较少。一般记 3 种分数，即“场分”（团体分）、“台分”（个人分）和“局分”。比赛时，每局胜者记 1 分；负者记 0 分；和局各记 0.5 分。局分多者为胜方，记台分 1 分；局分少者为负方，记台分 0 分；局分相等为平局，各记台分 0.5 分。台分多的队为胜队，记场分 2 分；台分少的队为负队，记场分 0 分；两队台分相等，则计算各自的局分。局分多者为胜队，记场分 2 分；局分少者为负队，记场分 0 分；如局分也相等，则两队为平局，各记场分 1 分。

2. 排定名次

（1）在一局循环制的团体比赛中，根据各队所得场分多少排列名次，场分多者名次列前。如场分相同，则依照以下顺序排定名次：

①比较全队总局分，即累计全部比赛所得局分的总和，总局分多者名次列前。

②如全队总局分相同，比较全队胜局，胜局多者名次列前。

③如全队局相同，如比较直胜（两队之间成绩），胜者名次列前。

④如两队弈成平局，比较犯规情况，犯规次数少者名次列前。

⑤如仍无法区分，则名次并列。

（2）在一局积分编排制的团体比赛中，根据各队所得场分多少排列名次，场分多者名次列前。如场分相同，则依照以下顺序排定名次：

①比较“团体对手分”，即累计每队所对过队的积分总和，团体对手分多者名次列前。

②如“团体对手分”相同，则比较全队总局分，总局分多者名次列前。

③如全队总局分相同，则比较全队胜场，胜场多者名次列前。

④如全队胜场相同，则比较全队犯规情况，犯规次数少者名次列前。

⑤如仍无法区分，则名次并列。

（3）在一局队员总分制（无论是循环制或积分编排制）的比赛中，根据各棋手个人名次总和或个人名次分总和来计算团体成绩。

①根据各队棋手个人名次总和多少排列名次，总和多者名次列前。如相同，则依照以下顺序排定名次：比较最高个人名次，高者名次列前；如最高个人名次相同，比较次高个人名次，高者名次列前；如次高个人名次相同，则比较全队犯规情况，犯规次数少者名次列前；如仍无法区分，则名次并列。

②根据各队棋手个人名次分总和多少排列名次，多者名次列前。如相同，则依照以下顺序排定名次：比较最高个人名次分，分多者名次列前；如最高个人名次分相同，比较次高个人名次分，分多者名次列前；如次高个人名次分相同，比较全队犯规情况，犯规次数少者名次列前；如仍无法区分，则名次并列。

③棋手个人名次分计算办法如下：

凡获得比赛前 3 名直至最后 1 名的棋手所得

个人名次分，依次为（N+1）分、（N-1）分、（N-2）分……1分。

式中N代表什么？根据下列不同情况而选定。不管采哪种计算办法，均要事先明确。

如是少儿比赛，根据年龄、性别分成较多组别，取N为各组录取名次；如是成年人比赛，当参赛人数较多时，取N为参加决赛人数。

由上不难看出，以个人名次分总和计算团体成绩时，冠、亚军相差2分；以个人名次总和计算时，冠、亚军只差1个名次。因此，采用前者，是为了奖励棋手夺冠。

采用积分编排制比赛，在抽签编排棋手序号时，有时将同一单位棋手抽签排定连续序号，以适应队员总分制团体比赛的需要，即为了在积分编排制个人比赛成绩表上同时可登载团体比赛成绩，达到个人赛成绩表与团体赛成绩表合并使用的目的。

队员总分制比赛不能以各名棋手的局分总和来计算团体成绩，是因为相同局分其名次不同（有时相差甚大），不能准确代表棋手队实力。

（4）在一局全队轮赛制的比赛中，根据全队总局分多少排列名次，总局分多者名次列前；如全队总局分相同，则依次比较全队胜局、全队犯规情况；如仍不能区分，则名次并列。

有时为了要奖励每队的优胜棋手，可根据个人积分（即局分）的多少排名次；如积分相同，则依照以下顺序排定名次：小分、胜局、犯规。如仍无法区分，则名次并列。

（三）关于加赛

1. 加赛条件

不论采用哪一种竞赛制度，不管是团体赛还是个人赛，关于进一步区分名次的原则，应在赛前作出补充规定。

冠军和影响获奖的名次，或预、复赛影响出线的名次，均不予并列。若按规则精神不能区分时，可安排加赛。

2. 加赛细节

加赛细节包括局数、时限、先后手、胜负判法等，必须在补充规定中加以明确。通常采用以下加赛办法：

（1）加赛一局快棋

如2名棋手，采用单淘汰制，由猜先确定先后手。

如2名以上棋手，采用大循环制，由抽签决定序号，按循环赛对局秩序表进行比赛。

如是团体赛，由每队派1名棋手加赛。

（2）快棋时限

如是一般比赛，多为15分钟或10分钟包干，先到时的一方为负。

如是基层单位或老年人比赛，有时采用读秒方案，每方每分钟至少走1着，超时判负。

如是电视快棋赛，每方5分钟内必须走满20着或30着，超时判负。

（3）抽签决定名次

一般比赛仅加赛一局，和棋后即抽签。重要比赛，有时不采用抽签，则继续换先加赛，直至决出胜负。

六、附　件

（一）竞赛规程（摘要）

1. 2007年全国围棋男子甲级联赛竞赛规程

一、竞赛办法

（一）采用中国围棋协会审定的最新围棋竞赛规则。

（二）比赛采用临场定台制，双方主将相遇，由主队决定一或二台，客队一、二台随主队而定，其他台次顺序由各领队临场决定。比赛的前一天19：00前比赛双方交换上场名单，并上报围棋部。主队在交换名单前一天通知客队主将台次。若因交通延误等不可抗力造成比赛面临不能正常举行时须立即上报围棋部，由围棋部决定应急措施。

（三）每场比赛设定一局快棋。快棋比赛的确定：主队有权指定本队快棋人选及台次，若放弃则抽签决定。主将不能下快棋。

（四）比赛计分办法：比赛每场胜一局得2分，负一局得0分。局分高者场分记3分，局分少者得0分，局分相同时，则主将胜方场分得2

分；负方得1分。比赛中如果出现规则无法判定胜负的棋局，该局按立即重新加赛处理，比赛用时制度与原棋局相同，双方所持时间延续双方原棋局所剩时限。

（五）名次计算：场分多者名次列前，场分相同比较局分，局分相同比较主将胜率，再相同则比较各队第一胜率（出场15场以上者）高者名次列前，依次比较直至比出名次。

二、录取名次和奖励

（一）本届比赛开始前录取名次及奖励办法另行通知。

（二）设“体育道德风尚奖”2名。

2. 2007年全国围棋锦标赛（个人）竞赛规程

竞赛办法

一、男子比赛分甲、乙两组。甲组48人，2006年个人赛甲组、乙组前6名直接入选（若未报名者可依次替补），其余36个名额为报名棋手中最新等级分列前者，比赛采用积分编排制，赛9轮。其余棋手参加乙组比赛，采用积分编排制，轮次另定。

二、女子比赛采用积分编排制，轮次另定。

3. 第一届“来群杯”象棋名人战竞赛规程（2007年12月）

一、参赛棋手

男子组：胡荣华、柳大华、吕钦、徐天红、赵国荣、许银川、陶汉明、于幼华、洪智、赵鑫鑫、刘殿中、阎文清；

女子组：伍霞、王琳娜、金海英、张国凤、党国蕾、赵冠芳、唐丹、尤颖钦。

二、比赛办法

（一）执行国家体育总局棋牌运动管理中心审定的《2007年象棋竞赛规则（试行）》。

（二）男子组分为两个阶段比赛，第一阶段参赛棋手抽签分成2组（河北棋手分别抽签到各组），进行单循环一局制比赛。第二阶段小组前2名进行交叉赛，胜者进行冠、亚军决赛，负者进行三、四名决赛。交叉赛采用一局制，决赛采用分先两局制，如打平则加赛快棋。

（三）女子组采用单循环一局制比赛。

（四）比赛用时。

1. 每方基本用时60分钟，每走一步加30秒。

2. 加赛快棋采用红方贴时制，首局抽签选择先、后，红方基本用时8分钟，每走一步加5秒，黑方基本用时10分钟，每走一着加5秒。如弈和，换先比赛；从第三局起进行超快棋比赛，红方基本用时4分钟，每走一步加5秒，黑方基本用时5分钟，每走一步加5秒，直至分出胜负。

（五）比赛计分办法：胜局得2分，和局双方各得1分，负局为0分。

（六）本届男子组冠军直接进入下届决赛。

三、奖励办法：

男子组：第一名200000元，第二名50000元，第三名30000元，第四名22000元

女子组：第一名50000元，第二名20000元，第三名12000元，第四名10000元

4. 2004年全国象棋锦标赛（个人）竞赛规程

竞赛办法

一、执行国家体育总局审定的《1999年象棋竞赛规则》，采用积分编排制。

二、男子组比赛实行甲、乙组赛制，女子不分组。各组均进行11轮比赛。

三、比赛时限规定：第一时限90分钟内必须走满40着，第二时限15分钟内走满10着，直至比赛结束。着法不累计。

（二）表　格

1. 团体赛台次名单

团体赛台次名单

单位（序号）		
参赛棋手	台　次	姓　名
	1	
	2	
	3	
	4	

领队或教练（签字）：　　日期：　　年　　月　　日

2. 抽编卡

抽　编　卡

代号		姓名		名次	
		单位			
轮	先	后	对手	积分	对手分
1					
2					
3					
4					
5					
6					
7					
8					
9					
10					
11					
12					
13					

3. 记分表

个人记分表

赛第　组第　轮　　　　　　年　　月　　日

台次	序号	姓名	先后	比赛成绩	用时	犯规	备注

红方：　　　　黑方：　　　　裁判员：

团体记分表

先走队（序号）	台次	姓名	比赛成绩		后走队（序号）	台次	姓名	比赛成绩	
			个人	团体				个人	团体
	1					1			
	2					2			
	3					3			
	4					4			

先走队：　　　　后走队：　　　　裁判员：

4. 循环制比赛成绩表

循环制个人比赛成绩表

代号	对手／成绩／姓名	1	2	3	4	5	6	积分	小分	胜局	直胜	犯规	名次
1													
2													
3													
4													
5													
6													

5. 积分编排制比赛成绩表

积分编排制个人比赛成绩表

代号	单位	姓名	第一轮		第二轮		第三轮		第四轮		第五轮		第六轮		第七轮		第八轮		第九轮		对手分	胜局	犯规	名次	备注
			对手	积分	对手	积分	对手	积分	对手	积分	对手	积分	对手	积分	对手	积分	对手	积分	对手	积分					
1																									
2																									
3																									
4																									
5																									
6																									
7																									
8																									
9																									
10																									
11																									
12																									
……																									
25																									
26																									
27																									
28																									
29																									
30																									

第十一章　舞龙舞狮、龙舟、拔河、飞镖、攀岩运动竞赛组织编排

第一节　舞龙舞狮运动

舞龙舞狮在中国是一种以自发性、娱乐性、随意性为特点的民间传统文体活动项目。经过2000余年的发展，其形式、种类繁多，风格、流派异彩纷呈，我国已将舞龙舞狮列为全国体育大会比赛项目。

一、舞龙舞狮比赛的分类和项目

（一）舞　龙

舞龙比赛是通过舞龙者人体活动的变化，将走、跑、跳、翻、滚、转体等动作与舞龙技巧相结合，以展现龙的游、穿、腾、滚、盘、缠、戏、舞的形态和神态。舞龙比赛有：舞龙锦标赛、舞龙精英赛。

舞龙比赛项目有：规定套路、自选套路、舞龙全能和传统套路、技能舞龙等项目，其特点是内容丰富、编排巧妙、节奏明快、风格别致。整套动作有动有静、刚柔并济、形神并茂、气势恢弘。

（二）舞　狮

舞狮是表现狮子喜、怒、哀、乐、动、静、惊、疑等8种神态和跌扑、翻滚、跳跃、搔痒等动作及滚绣球、过跳板、上楼台等技巧，舞狮比赛分南狮项目和北狮项目。

南狮，又称广东佛山醒狮（两人各扮头、尾），额高而窄，眼大而能转动，面颊饱满，牙齿能隐能露。分文狮、武狮和少狮3大类。南狮造型夸张浪漫，威武雄壮，美丽活泼，形神兼备，配以大锣、大鼓、大钹等，鼓乐雄壮。

北狮，北方的狮子，有雌、雄之分。北狮的外形与真狮很相像，狮头一般是木雕，舞时全身披狮被遮盖，舞者（两人各扮头、尾）下身需着和狮被同样的金黄色裤子和花靴，只露出双脚。动作轻巧灵活，柔顺活泼，惊险出奇，配以小锣、小鼓、小钹等，乐声抑扬。

南狮和北狮比赛均设有：规定套路、自选套路、传统套路和技能舞狮等项目，其特点是腾挪舞弄、欢快活泼、惟妙惟肖、鼓乐齐鸣。整套动作融观赏性、艺术性和竞技性为一体，具有强烈的吉祥和喜庆色彩。

二、舞龙舞狮比赛的组织编排

（一）设计编排方案

全面、细致做好比赛的整体构思，保证比赛中各参赛队的机会均等。舞龙舞狮比赛每队一般一天安排1场，最多安排3场比赛。各队候场、进场、退场、裁判员评分的总时间应控制在20～25分钟以内。一个场地、一个单元时间（上午、下午或晚上）编排时，每组以6～8队为宜，大型比赛参赛队伍较多时，可分2个场地同时进行比赛。

（二）编排比赛日程表

比赛日程应包括：比赛时间、地点、项目、方式、组别、场次等。编排时要公平合理安排场次，保证各队的休息，以使其精力充沛参加比赛。

（三）确定出场顺序

出场顺序在赛前领队、教练、裁判长联系会上抽签确定。抽签前准备好场地、轮次、出场顺序表，在竞赛委员会的监督下，当场做签、验签，各队派一名代表，先抽抽签顺序签，再抽竞赛分组和预赛出场顺序签。决赛出场顺序，按预赛成绩，由低到高排序，得分最低的先出场，以此类推。

三、舞龙舞狮比赛排定名次的方法

舞龙舞狮比赛属技能类、表现类，由裁判员评分的比赛项目。

（一）裁判员评分方法

裁判员评分有5人评分制、7人评分制和9人评分制3种方法（均设1名值班裁判）。评分裁判员根据运动队现场发挥的技术水平，依据舞龙舞狮评分标准，减去由裁判员执行的失误的扣分，即为该队的得分。

（二）应得分的确定

1. 5名裁判员评分时，取中间3个有效分值的平均值为运动队的应得分；

2. 7名或9名裁判评分时，取中间5个有效分值的平均值为运动队的应得分；

3. 应得分只取小数点后2位（小数点后第3位数不作四舍五入）。

（三）有效分的差数规定

1. 当应得分在9.5分和9.5分以上时，差数不得超过0.2分；

2. 当应得分在9分至9.5分以下时，差数不得超过0.3分；

3. 当应得分在9分以下时，差数不得超过0.5分。

（四）基准分的应用

当评分裁判员有效分之间的差数出现不符合规则规定时，裁判长判定的分数即为基准分，将基准分与其最接近的两个有效分数相加除3，即为该队得分。

（五）最后得分

裁判长根据规则，再在该队得分中减去套路完成时间、套路难度不足、重做、踩线、出界等失误所致的扣分分值后，所剩分值即为该队最后得分。

（六）得分相同时名次的确定

1. 以自选套路中高难度动作的数量计算，多者名次列前。

2. 如再相同，以无效分的平均值接近有效分平均值者名次列前。

3. 如再相同，以无效分的平均值高者名次列前。

4. 如再相同，名次并列。

5. 如决赛时得分相同则预赛中名次前者列前。

四、附　件

（一）竞赛规程（摘要）

第三届全国体育大会舞龙舞狮
（南北狮）竞赛规程

一、竞赛项目

（一）舞龙：1、规定套路；2、自选套路；3、舞龙全能。

（二）南狮桩阵自选套路。

（三）北狮比赛。

二、参加办法

（一）舞龙队：由12人组成，其中领队兼教练1人，替补运动员1人，运动员10人。音乐带伴奏。

（二）南狮队：由7人组成，其中领队兼教练1人，运动员6人，包括锣手、鼓手及替补运动员。

（三）北狮队：由8人组成，其中领队兼教练1人，运动员7人，包括锣手、鼓手及替补运动员。

（四）根据要求，第三届全国体育大会舞龙、舞狮（南、北狮）项目竞赛只接受162人报名。各代表团（单位）必须通过本次比赛的预选赛或选拔赛，录取舞龙全能前6名、南狮全能前6名、北狮全能前6名进入第三届全国体育大会舞龙、舞狮（南、北狮）决赛。

三、竞赛办法

（一）比赛按照国际龙狮总会2002年颁布的《国际舞龙舞狮（南北狮）竞赛规则》进行。舞龙规定套路、南狮规定套路、北狮规定套路根据中国龙狮运动协会1997年、2003年颁布的规定套路要求执行。

（二）舞龙比赛规定套路采取一次性比赛决定名次；舞龙自选套路均采取预赛、决赛形式决定名次。南狮比赛规定套路、自选套路及北狮比赛规定套路、自选套路各采取一次性比赛。

（三）采取一次性抽签，排定出场顺序。

（四）舞龙自选套路决赛按预赛成绩从低到高排定出场顺序。

（五）舞龙自选套路预赛、决赛成绩相加录取名次。

（六）舞龙规定套路和自选套路两项成绩相加为全能比赛成绩。

（七）南狮自选套路成绩为比赛成绩。

（八）北狮自选套路成绩为比赛成绩。

四、录取名次与奖励

（一）按照第三届全国体育大会竞赛总规程执行。如项目参赛队数不足奖励名次的，将只作为表演项目，不录取名次。

（二）设“体育道德风尚奖”，评选办法另定。

（二）表 格

舞龙规定套路比赛成绩表

编 号	单 位 项 目	得 分	名 次	备 注
1				
2				
3				
4				
5				
6				

舞龙自选套路比赛成绩表

编 号	单 位 项 目	预赛得分	名 次	决赛得分	名 次	总成绩	名 次
1							
2							
3							
4							
5							
6							

舞龙全能比赛成绩表

编 号	单 位 项 目	规定套路成 绩	自选套路成 绩	总 分	名 次
1					
2					
3					
4					
5					
6					

北狮表演比赛成绩表

编　号	单　位　　　　项　目	第一次得分	名　次	第二次得分	名　次	总成绩	名　次
1							
2							
3							
4							
5							
6							

南狮比赛成绩表

编　号	单　位　　　　项　目	预赛得分	名　次	决赛得分	名　次	总成绩	名　次
1							
2							
3							
4							
5							
6							

第二节　龙舟运动

龙舟运动是一项有着几千年悠久历史的中华民族优秀的传统体育项目，深受人们的喜爱。龙舟运动现已列为全国体育大会比赛项目。

一、龙舟比赛的分类和项目

（一）比赛的分类

龙舟比赛有：世界龙舟锦标赛、洲际龙舟锦标赛、全国龙舟锦标赛、地方龙舟赛。

龙舟比赛方式有：

1. 直道竞速赛：指在尽可能短的时间内通过1000 米以内标志清楚而无任何障碍的直线航道。

2. 环绕赛：指在半径不少于 50 米以上、直线距离不少于 500 米以上的人工或自然水域所进行的多圈赛事。

3. 拉力赛：指在自然环境水域，但必须是封闭的航线上所进行的长距离赛事。

（二）比赛的项目（见各组别比赛项目表）

二、龙舟比赛的组织编排

（一）直道竞速赛

1. 航　道

（1）赛场应设在静水水域，根据报名队数和

各组别比赛项目表

项　目 / 组　别	直道竞速赛				环绕赛			拉力赛
	250 米	500 米	800 米	1000 米	5000 米	10000 米	20000 米	10 千米以上
男　子　组	√	√	√	√	√	√	√	√
女　子　组	√	√	√	√	√	√		√
混　合　组	√	√	√	√	√	√		√

注：男子组和女子组可分为：成年组、青年组、少年组和老将组；混合组可成年组、青年组、少年组和老将组。

场地条件设4或8条航道，每条航道的宽度至少12米。航道的编号以最接近终点裁判为第1道，其余以此类推。各航道都应是同样的宽度，航道线必须与起航线和终点线相垂直。

（2）起点线和终点线两端的延长线上（6米以外），必须设有高出水面3米清晰可见的标志杆，终点线远端则应设置高出水面3米、宽0.5米（中间0.1米为黑色、两边各0.2米为黄色）的终点瞄准牌。

（3）根据航道全长，在起、终点线后至少各留100米准备区域和缓冲区域。航道的一侧要留有20米以上的水域作附航道，供龙舟划至起点或做准备活动使用。

2. 编排方法

（1）根据规程规定，统计报名队数及各项、各组、各轮比赛所需要的时间（包括开幕式、表演项目、闭幕式所需时间），最后确定场次。编排时各组各项所需时间可参考如下：

250米一般	4~6分钟	一组
500米一般	7~9分钟	一组
800米一般	10~12分钟	一组
1000米一般	13~15分钟	一组

如需变动起点，还要增加20~30分钟。

（2）每场比赛起点不宜多变动，以保证比赛紧凑进行。尽可能将相同距离的男、女项目编在同一场内。

（3）一个项目的比赛最好在一天内完成。一次赛事中有两个项目以上的比赛，先安排短距离后安排长距离。

（4）注意安排参加下一轮次比赛的运动队所需的规定的休息时间。

休息时间：龙舟比赛中，各队应于每次出发（起航）时间前享有下列休息时间：250米休息时间为30分钟；500米休息时间为40分钟；800米休息时间为50分钟；1000米休息时间为60分钟；如参赛队兼项（混合组）比赛，竞赛编排将不一定能确保享有上述休息时间。在此情况下，竞赛编排只能保证男子组和女子组享有所获休息时间。

（5）为确保参赛队在每次比赛出发前享有的休息时间和缩短赛会空档时间，同一组别超过30支队伍参赛，采用6航道；同一组别超过40支队伍参赛，采用8航道。根据分组抽签原则，将参赛队先分为A、B二组，各自进行预、复、决赛，6航道决赛前3名的队伍、8航道决赛前4名的队伍参加总决赛，其余参加名次赛（顺位赛）。

（6）涉及到团体总分排名时，应根据计分办法，编排到获取最小分值的比赛。

（7）编排竞赛秩序先按时间最快的落败队伍进入下一轮次比赛资格（入围），再按成绩排列进入下一轮次比赛秩序。

（8）参赛队数不足比赛航道数时，进行同组轮次赛，每轮按计分办法计分，最后以积分多少排列名次。

（9）分组和抽签。首先组织预赛分组抽签。抽签顺序为：种子队先分别抽入各组；同地区或单位的队分别抽入各组；其他按报名顺序抽入各组。参赛队数目不能平均分配进入各组时，采用前多后少的方法，但数目相差不能超过一支。

（10）主办单位最好能安排给每个参赛队2~3次比赛机会，以便使各队更好的学习和锻炼。

3. 排定名次的方法

（1）龙舟（龙头）前沿到达终点线，即为划完全程，由终点裁判根据龙舟通过终点线的先后顺序判定名次。

（2）参赛队数不足比赛航道数时，进行同组轮次赛，每轮按计分办法计分，最后以积分多少排列名次；如积分相等，以靠前的名次多者决定最后名次；若再相等，则以最好成绩排列名次。

（3）发生下列情况视为终点犯规，成绩无效，名次取消：

①龙舟未从本航道通过终点。

②龙舟到达终点时所载队员数目与检录登舟时不同。

③龙舟上配套器材、设备短缺或发现严禁携带的违禁物品。

（二）环绕赛和拉力赛

1. 赛　场

（1）起航线、终点线至少要有50米宽，两边界限交叉应用红旗标出，并可在终点线上搭建龙门。

（2）从起航线到第一转弯点的航道应是直的，直线距离最少500米，最后一个转弯点结束至终点的航道也是直的，直线距离最少500米。

（3）转弯点半径至少要有50米，要有至少6面旗或6个浮标标出，旗的规格为0.50×0.50米，红、黄两色从对角线分开，浮标规格为0.50米直径，颜色为红色。

2. 编排方法

（1）根据比赛场地条件确定起航方法，若有容纳所有参赛龙舟相隔5米的排列位置，且直线航道在1000米以上可采用同步起航，也可根据起航线距离分组起航或设立起航区单独起航。同步起航采用一次性发令，发令程序口令为“各队注意”、“预备”、鸣枪，预备至鸣枪时间约为2秒。

（2）以成绩决定名次的比赛，应设立起航区，起航区距离为50米，以便每一支龙舟队出发都在同一条线上开始计时。

（3）如因航道原因不能进行同时起航，可采取抽签或参照直道竞速赛成绩（名次）的顺序排列，按照成绩最好的队伍为第一出发的原则排列顺序，每间隔10～30秒发一条龙舟的方式起航计时。

3. 排定名次的方法

同步起航以各龙舟到达终点的先后顺序判定名次；单独起航以计时成绩判定名次。

三、附　件

（一）竞赛规程（摘要）

2006年第三届全国体育大会龙舟竞赛规程

1. 竞赛项目

男子组：250米、500米、1000米直道竞速。

女子组：250米、500米、1000米直道竞速。

2. 参加办法

（1）各单位限报2只龙舟队（分别为男、女队），每只龙舟队限报本级别2个项目。

（2）每只龙舟队限报25人，其中领队、教练各1人，运动员（含鼓手、舵手）23人。

3. 竞赛办法

（1）比赛执行中国龙舟协会最新的《龙舟竞赛规则》。

（2）比赛器材由大会提供，各队可自带符合龙舟竞赛规则规定的桨。

（3）各队参加比赛的运动员服装款式、颜色必须一致。

（4）比赛方式和抽签

①根据各组别报名情况，选择采用预、复、决赛方式进行比赛。

②预赛分组抽签在赛前技术会上进行，每轮比赛的航道、舟号抽签在比赛现场进行。

4. 录取名次

（1）各项目录取前6名，给予奖励；不足6队（含6队）只作为表演。

（2）设“体育道德风尚奖”，评选办法另定。

（二）表　格

1. 编排6或8条航道时，按下表方式进行淘汰赛。

（1）6航道分组办法

7～12队参赛

预赛	航道	半决赛	航道	决赛	航道
第一组		半决赛第一组		决1～6名	
1	抽签	预赛之3	3	预赛一组第1	3
2		预赛之5	4	预赛二组第1	4
3		预赛之7	2	半决赛一组第1	2
4		预赛之9	（5）	半决赛一组第2	5
（5）		预赛之11	（1）	半决赛二组第1	1
（6）				半决赛二组第2	6

<table>
<tr><th>预　赛</th><th>航　道</th><th>半决赛</th><th>航　道</th><th>决　赛</th><th>航　道</th></tr>
<tr><td>第二组
1
2
3
4
5
6</td><td>抽签</td><td>半决赛第二组
预赛之 4
预赛之 6
预赛之 8
预赛之 10
预赛之 12</td><td>3
4
(2)
(5)
(1)</td><td>名次赛 决 7 ~ 12 名
半决赛之 5
半决赛之 6
半决赛之 7
半决赛之 8
半决赛之 9
半决赛之 10</td><td>3
4
2
5
1
6</td></tr>
</table>

预赛分 2 组，每组第 1 名参加决赛，其余参加半决赛，半决赛分 2 组，每组前 2 名参加决赛，其余参加名次赛（顺位赛）。如 7 或 8 个队参加预赛，半决赛只剩 5 或 6 个队，安排在同一组进行半决赛，取前 4 名参加决赛，其余按半决赛成绩确定第 7 名或第 8 名。

13 ~ 18 队参赛

<table>
<tr><th>预　赛</th><th>航　道</th><th>复　赛</th><th>航　道</th><th>半决赛</th><th>航　道</th><th>决　赛</th><th>航　道</th></tr>
<tr><td>第一组
1
2
3
4
5
(6)</td><td>抽签</td><td rowspan="2">第一组
预赛之 7
预赛之 9
预赛之 11
预赛之 13
预赛之 15
预赛之 17</td><td rowspan="2">3
4
2
5
(1)
(6)</td><td rowspan="2">第一组
预赛之 1
预赛之 3
预赛之 5
复赛之 2
复赛之 4
复赛之 6</td><td rowspan="2">3
4
2
5
1
6</td><td rowspan="2">决 1 ~ 6 名
半决赛之 1
半决赛之 2
半决赛之 3
半决赛之 4
半决赛之 5
半决赛之 6</td><td rowspan="2">3
4
2
5
1
6</td></tr>
<tr><td rowspan="2">第二组
1
2
3
4
(5)
(6)</td><td rowspan="2">抽签</td></tr>
<tr><td rowspan="2">第二组
预赛之 8
预赛之 10
预赛之 12
预赛之 14
预赛之 16
预赛之 18</td><td rowspan="2">3
4
2
(5)
(1)
(6)</td><td rowspan="2">第二组
预赛之 2
预赛之 4
预赛之 6
复赛之 1
复赛之 3
复赛之 5</td><td rowspan="2">3
4
2
5
1
6</td><td rowspan="2">名次赛
决 7 ~ 12 名
半决赛之 7
半决赛之 8
半决赛之 9
半决赛之 10
半决赛之 11
半决赛之 12</td><td rowspan="2">3
4
2
5
1
6</td></tr>
<tr><td>第三组
1
2
3
4
(5)
(6)</td><td>抽签</td></tr>
</table>

预赛分 3 组，每组前 2 名参加半决赛，其余参加复赛；复赛分 2 组，每组前 2 名以及 2 支时间最快的落败队伍参加半决赛，其余淘汰；半决赛分 2 组，每组前 3 名参加决赛，其余参加名次赛。

19 ~ 24 队参赛

<table>
<tr><th>预　赛</th><th>航　道</th><th>复　赛</th><th>航　道</th><th>半决赛</th><th>航　道</th><th>决　赛</th><th>航　道</th></tr>
<tr><td>第一组
1
2
3
4
5
(6)</td><td>抽签</td><td rowspan="2">第一组
预赛之 9
预赛之 12
预赛之 15
预赛之 18
预赛之 21
预赛之 24</td><td rowspan="2">3
4
2
5
(1)
(6)</td><td rowspan="3">第一组
预赛之 1
预赛之 3
预赛之 5
预赛之 7
复赛之 2
复赛之 4</td><td rowspan="3">3
4
2
5
1
6</td><td rowspan="3">决 1 ~ 6 名
半决赛之 1
半决赛之 2
半决赛之 3
半决赛之 4
半决赛之 5
半决赛之 6</td><td rowspan="3">3
4
2
5
1
6</td></tr>
<tr><td rowspan="2">第二组
1
2
3
4
5
(6)</td><td rowspan="2">抽签</td></tr>
<tr><td rowspan="2">第二组
预赛之 10
预赛之 13
预赛之 16
预赛之 19
预赛之 22</td><td rowspan="2">3
4
2
5
(1)</td></tr>
<tr><td rowspan="2">第三组
1
2
3
4
5
(6)</td><td rowspan="2">抽签</td><td rowspan="3">第二组
预赛之 2
预赛之 4
预赛之 6
预赛之 8
复赛之 1
复赛之 3</td><td rowspan="3">3
4
2
5
1
6</td><td rowspan="3">名次赛
决 7 ~ 12 名
半决赛之 7
半决赛之 8
半决赛之 9
半决赛之 10
半决赛之 11
半决赛之 12</td><td rowspan="3">3
4
2
5
1
6</td></tr>
<tr><td rowspan="2">第三组
预赛之 11
预赛之 14
预赛之 17
预赛之 20
预赛之 23</td><td rowspan="2">3
4
2
(5)
(1)</td></tr>
<tr><td>第四组
1
2
3
4
(5)
(6)</td><td>抽签</td></tr>
</table>

预赛分 4 组，每组前 2 名参加半决赛，其余参加复赛；复赛分 3 组，每组第 1 名以及时间最快的落败队伍参加半决赛，其余淘汰；半决赛分 2 组，每组前 3 名参加决赛，其余参加名次赛。

25~30 队参赛

<table>
<tr><th>预　赛</th><th>航　道</th><th>复　赛</th><th>航　道</th><th>半决赛</th><th>航　道</th><th>决　赛</th><th>航　道</th></tr>
<tr><td rowspan="3">第一组
1
2
3
4
5
(6)</td><td rowspan="3">抽签</td><td rowspan="5">第一组
预赛之 13
预赛之 16
预赛之 19
预赛之 22
预赛之 25
预赛之 28</td><td rowspan="5">3
4
2
5
1
(6)</td><td rowspan="5">第一组
预赛之 1
预赛之 4
预赛之 7
预赛之 10
复赛之 2
复赛之 5</td><td rowspan="5">3
4
2
5
1
6</td><td rowspan="5">决 1~6 名：
半决赛之 1
半决赛之 2
半决赛之 3
半决赛之 4
半决赛之 5
半决赛之 6</td><td rowspan="5">3
4
2
5
1
6</td></tr>
<tr></tr>
<tr></tr>
<tr><td rowspan="3">第二组
1
2
3
4
5
(6)</td><td rowspan="3">抽签</td></tr>
<tr></tr>
<tr><td rowspan="5">第二组
预赛之 14
预赛之 17
预赛之 20
预赛之 23
预赛之 26
预赛之 29</td><td rowspan="5">3
4
2
5
(1)
(6)</td><td rowspan="5">第二组
预赛之 2
预赛之 5
预赛之 8
预赛之 11
复赛之 3
复赛之 6</td><td rowspan="5">3
4
2
5
1
6</td><td rowspan="5">名次赛
决 7~12 名：
半决赛之 7
半决赛之 8
半决赛之 9
半决赛之 10
半决赛之 11
半决赛之 12</td><td rowspan="5">3
4
2
5
1
6</td></tr>
<tr><td rowspan="3">第三组
1
2
3
4
(5)
(6)</td><td rowspan="3">抽签</td></tr>
<tr></tr>
<tr></tr>
<tr><td rowspan="3">第四组
1
2
3
4
(5)
(6)</td><td rowspan="3">抽签</td></tr>
<tr><td rowspan="5">第三组
预赛之 15
预赛之 18
预赛之 21
预赛之 24
预赛之 27
预赛之 30</td><td rowspan="5">3
4
2
5
(1)
(6)</td><td rowspan="5">第三组
预赛之 3
预赛之 6
预赛之 9
预赛之 12
复赛之 1
复赛之 4</td><td rowspan="5">3
4
2
5
1
6</td><td rowspan="5">名次赛
决 13~18 名
半决赛之 13
半决赛之 14
半决赛之 15
半决赛之 16
半决赛之 17
半决赛之 18</td><td rowspan="5">3
4
2
5
1
6</td></tr>
<tr></tr>
<tr><td rowspan="3">第五组
1
2
3
4
(5)
(6)</td><td rowspan="3">抽签</td></tr>
<tr></tr>
<tr></tr>
</table>

预赛分 5 组，每组前 2 名以及 2 支时间最快的落败队伍参加半决赛，其余参加复赛；复赛分 3 组，每组前 2 名参加半决赛，其余淘汰；半决赛分 3 组，每组前 2 名参加决赛，每组 3~4 名参加决 7~12 名的名次赛，每组 5~6 名参加决 13~18 名的名次赛。

（2）8 航道分组办法

9～16 队参赛

预赛	航道	复赛	航道	决赛	航道
预赛一： 1 2 3 4 5 （6） （7） （8）	抽签	复赛一： 预赛之 3 预赛之 5 预赛之 7 预赛之 9 预赛之 11 预赛之 13 预赛之 15	4 5 3 6 （2） （7） （1）	决 1～8 名： 预赛之 1 预赛之 2 复赛之 1 复赛之 2 复赛之 3 复赛之 4 复赛之 5 复赛之 6	4 5 3 6 2 7 1 8
预赛二： 1 2 3 4 （5） （6） （7） （8）	抽签	复赛二： 预赛之 4 预赛之 6 预赛之 8 预赛之 10 预赛之 12 预赛之 14 预赛之 16	4 5 3 （6） （2） （7） （1）	名次赛 决 9～16 名： 复赛之 7 复赛之 8 复赛之 9 复赛之 10 复赛之 11 复赛之 12 复赛之 13 复赛之 14	4 5 3 6 2 7 1 8

预赛分 2 组，每组第一名参加决赛，其余参加复赛；复赛分 2 组，每组前 3 名参加决赛，其余参加名次赛。如 9 或 10 个队参加预赛，复赛只剩 7 或 8 支队，安排在同一组进行复赛，取前 6 名参加决赛，其余按复赛成绩确定第九或第十名。

17～24 队参赛

<table>
<tr><th>预　赛</th><th>航　道</th><th>复　赛</th><th>航　道</th><th>半决赛</th><th>航　道</th><th>决　赛</th><th>航　道</th></tr>
<tr><td>第一组
1
2
3
4
5
6
（7）
（8）</td><td>抽签</td><td rowspan="2">第一组
预赛之 10
预赛之 12
预赛之 14
预赛之 16
预赛之 18
预赛之 20
预赛之 22
预赛之 24</td><td rowspan="2">4
5
3
6
（2）
（7）
（1）
（8）</td><td rowspan="2">第一组
预赛之 1
预赛之 3
预赛之 5
预赛之 7
预赛之 9
复赛之 2
复赛之 4
复赛之 6</td><td rowspan="2">4
5
3
6
2
7
1
6</td><td rowspan="2">决 1～8 名：
半决赛之 1
半决赛之 2
半决赛之 3
半决赛之 4
半决赛之 5
半决赛之 6
半决赛之 7
半决赛之 8</td><td rowspan="2">4
5
3
6
2
7
1
8</td></tr>
<tr><td rowspan="2">第二组
1
2
3
4
5
6
（7）
（8）</td><td rowspan="2">抽签</td></tr>
<tr><td rowspan="2">第二组
预赛之 11
预赛之 13
预赛之 15
预赛之 17
预赛之 19
预赛之 21
预赛之 23</td><td rowspan="2">4
5
3
6
（2）
（7）
（1）</td><td rowspan="2">第二组
预赛之 2
预赛之 4
预赛之 6
预赛之 8
复赛之 1
复赛之 3
复赛之 5
复赛之 7</td><td rowspan="2">4
5
3
6
2
7
1
8</td><td rowspan="2">名次赛
决 7～12 名：
半决赛之 9
半决赛之 10
半决赛之 11
半决赛之 12
半决赛之 13
半决赛之 14
半决赛之 15
半决赛之 16</td><td rowspan="2">4
5
3
6
2
7
1
8</td></tr>
<tr><td>第三组
1
2
3
4
5
（6）
（7）
（8）</td><td>抽签</td></tr>
</table>

预赛分 3 组，每组前 3 名参加半决赛，其余参加复赛；复赛分 2 组，每组前 3 名以及时间最快的落败队伍参加半决赛，其余淘汰；半决赛分 2 组，每组前 4 名参加决赛，其余参加名次赛。

25～32队参赛

<table>
<tr><th>预　赛</th><th>航　道</th><th>复　赛</th><th>航　道</th><th>半决赛</th><th>航　道</th><th>决　赛</th><th>航　道</th></tr>
<tr><td rowspan="3">第一组
1
2
3
4
5
6
7
(8)</td><td rowspan="3">抽签</td><td rowspan="4">第一组
预赛之9
预赛之12
预赛之15
预赛之18
预赛之21
预赛之24
预赛之27
预赛之30</td><td rowspan="4">
4
5
3
6
2
7
(1)
(8)</td><td rowspan="6">第一组
预赛之1
预赛之3
预赛之5
预赛之7
复赛之2
复赛之4
复赛之6
复赛之8</td><td rowspan="6">
4
5
3
6
2
7
1
8</td><td rowspan="6">决1～8名：
半决赛之1
半决赛之2
半决赛之3
半决赛之4
半决赛之5
半决赛之6
半决赛之7
半决赛之8</td><td rowspan="6">
4
5
3
6
2
7
1
8</td></tr>
<tr></tr>
<tr></tr>
<tr><td rowspan="3">第二组
1
2
3
4
5
6
(7)
(8)</td><td rowspan="3">抽签</td></tr>
<tr><td rowspan="4">第二组
预赛之10
预赛之13
预赛之16
预赛之19
预赛之22
预赛之25
预赛之28
预赛之31</td><td rowspan="4">
4
5
3
6
2
7
(1)
(8)</td></tr>
<tr></tr>
<tr><td rowspan="3">第三组
1
2
3
4
5
6
(7)
(8)</td><td rowspan="3">抽签</td><td rowspan="6">第二组
预赛之2
预赛之4
预赛之6
预赛之8
复赛之1
复赛之3
复赛之5
复赛之7</td><td rowspan="6">
4
5
3
6
2
7
1
8</td><td rowspan="6">名次赛
决9～16名：
半决赛之9
半决赛之10
半决赛之11
半决赛之12
半决赛之13
半决赛之14
半决赛之15
半决赛之16</td><td rowspan="6">

4
5
3
6
2
7
1
8</td></tr>
<tr></tr>
<tr><td rowspan="4">第三组
预赛之11
预赛之14
预赛之17
预赛之20
预赛之23
预赛之26
预赛之29
预赛之32</td><td rowspan="4">
4
5
3
6
2
7
(1)
(8)</td></tr>
<tr><td rowspan="3">第四组
1
2
3
4
5
6
(7)
(8)</td><td rowspan="3">抽签</td></tr>
<tr></tr>
<tr></tr>
</table>

预赛分4组，每组前2名参加半决赛，其余参加复赛；复赛分3组，每组前2名以及2支时间最快的落败队伍参加半决赛，其余淘汰；半决赛分2组，每组前4名参加决赛，其余参加名次赛。

33～40 队参赛

预　赛	航　道
第一组 1 2 3 4 5 6 7 (8)	抽签
第二组 1 2 3 4 5 6 7 (8)	抽签
第三组 1 2 3 4 5 6 7 (8)	抽签
第四组 1 2 3 4 5 6 (7) (8)	抽签
第五组 1 2 3 4 5 6 (7) (8)	抽签

复　赛	航　道
第一组 预赛之 11 预赛之 15 预赛之 19 预赛之 23 预赛之 27 预赛之 31 预赛之 35 预赛之 39	 4 5 3 6 2 7 (1) (8)
第二组 预赛之 12 预赛之 16 预赛之 20 预赛之 24 预赛之 28 预赛之 32 预赛之 36 预赛之 40	 4 5 3 6 2 7 (1) (8)
第三组 预赛之 13 预赛之 17 预赛之 21 预赛之 25 预赛之 29 预赛之 33 预赛之 37	 4 5 3 6 2 7 (1)
第四组 预赛之 14 预赛之 18 预赛之 22 预赛之 26 预赛之 30 预赛之 34 预赛之 38	 4 5 3 6 2 (7) (1)

半决赛	航　道	决　赛	航　道
第一组 预赛之 1 预赛之 4 预赛之 7 预赛之 10 复赛之 3 复赛之 6 复赛之 9 复赛之 12	 4 5 3 6 2 7 1 8	决 1～8 名： 半决赛之 1 半决赛之 2 半决赛之 3 半决赛之 4 半决赛之 5 半决赛之 6 半决赛之 7 半决赛之 8	 4 5 3 6 2 7 1 8
第二组 预赛之 2 预赛之 5 预赛之 8 复赛之 1 复赛之 4 复赛之 7 复赛之 10 复赛之 13	 4 5 3 6 2 7 1 8	名次赛 决 9～16 名： 半决赛之 9 半决赛之 10 半决赛之 11 半决赛之 12 半决赛之 13 半决赛之 14 半决赛之 15 半决赛之 16	 4 5 3 6 2 7 1 8
第三组 预赛之 3 预赛之 6 预赛之 9 复赛之 2 复赛之 5 复赛之 8 复赛之 11 复赛之 14	 4 5 3 6 2 7 1 8	名次赛 决 17～24 名： 半决赛之 17 半决赛之 18 半决赛之 19 半决赛之 20 半决赛之 21 半决赛之 22 半决赛之 23 半决赛之 24	 4 5 3 6 2 7 1 8

预赛分 5 组，每组前 2 名参加半决赛，其余参加复赛；复赛分 4 组，每组前 3 名以及 2 支时间最快的落败队伍参加半决赛，其余淘汰；半决赛分 3 组，每组前 2 名以及 2 支时间最快的落败队伍参加决赛，其余按半决赛小组名次确定参加决 9～16 名、17～24 名的名次赛。

2. 龙舟赛表格

龙舟赛抽签分组表

项　目 组　别	公开组 500 米	女子组 500 米	混合组 500 米
1 组			
2 组			
3 组			

龙舟赛抽签分组表

250 米	1	
	2	
	3	

竞赛秩序单

时间	公开组 1000 米复赛第一组						
9：30	航道	1	2	3	4	5	6
	单位						

途中检查报告单

航道	1	2	3	4	5	6
单位						
成绩						
名次						
备注				犯规		

终点裁判长：　　　　　　总裁判长：

途中犯规示意图

起点　　　　　　　　　　　　　　　　终点

1		⟶
2		⟶
3		⟶
4		
5		⟶
6		⟶

途中裁判员：　　　　途中裁判长：　　　　总裁判长：

年　　月　　日

终点计时卡

公开组 1000 米复赛第一组

航道	1	2	3	4	5	6
成绩						
备注				犯规		

终点计时员： 年 月 日

终点名次卡

公开组 1000 米复赛第一组

名　次	1	2	3	4	5	6
到达顺序						
备　注	4 航道串道犯规（途中裁判判罚）					

龙舟赛团体总分表

项目 / 组别 / 名次 计分 / 单位	1000 米						250 米						500 米						总分
	公开		女子		混合		公开		女子		混合		公开		女子		混合		
	名次	计分	名次	计分	名次	计分	名次	计分	名次	计分	名次	计分	名次	计分	名次	计分	名次	计分	

第三节　拔河运动

拔河运动在我国有着悠久的历史和广泛的群众基础，从自发的民间游戏逐步发展成为比较成熟的集健身性、娱乐性、竞技性、观赏性于一体的广大人民群众喜闻乐见的体育项目。

拔河已列为全国体育大会比赛项目。

一、拔河比赛的分类与项目

（一）传统拔河

传统拔河通常以人数为参赛规定，对每队参赛队员人数没有严格的要求，两队人数相等即可。

（二）竞技拔河

竞技拔河对装备、比赛规则有所规范，还有其特殊的技战术要求。比赛人数为每队 8 名；比赛项目则依出赛 8 名选手的体重总和设定等级，级别差为40千克。

体重等级如下：

1. 国内比赛规定级别：第一级400千克以下，第二级440千克以下，每增加40千克则高一级别，第九级720千克以下，第十级超过720千克以上。

2. 国际拔河联合会规定级别：男性560千克、600千克、640千克、680千克、720千克；女性480千克、520千克、青年560千克。

3. 少年组：第一级400千克以下；少一级360千克以下；少二级320千克以下；少三级280千克以下。选手也可以男女混合比赛。

二、拔河比赛的组织编排

（一）比赛场地称为拔河道，必须是水平线而且平坦，或使用专用拔河道垫。

（二）运动员应按规定时间依号码顺序接受体重测量，体重测量以0.5千克为单位，可以不穿鞋子及其他衣物测量体重。

（三）比赛时必须穿拔河鞋，或一般鞋底没有鞋跟的平底鞋。不得穿钉鞋、鞋底鞋跟有突起物之鞋，不得赤脚参加比赛。

（四）拔河比赛可采用循环赛制或淘汰赛制。也可在预赛阶段采用分组循环赛制，决赛阶段采用淘汰赛制，举办单位可根据比赛任务、参数队数、比赛时间及场地状况进行选择。

（五）比赛采用1局或3局比赛决定胜负。

1. 第一局必须事先抽签来决定场地，第二局场地交换。场地交换时，全体队员列队于绳子左侧，等待主裁判手势交换场地。交换场地后，没有特别情况，马上开始比赛。

2. 进行第三局比赛时，按照抽签决定场地。

（六）预赛与决赛要分开安排，两赛期间要保证运动员有充分的休息时间。

三、拔河比赛排定名次的方法

在循环赛中参赛队的名次按其在同一循环比赛中的积分多少排定。积分多者名次列前。按国际拔河比赛规则，比赛采用3局比赛决定胜负时，若一队以2∶0获胜，可得3分，负队得0分；若一队以2∶1获胜，则得2分，负队得1分。若有多队积分相同，依照以下顺序排定名次。

（一）比较相关队伍之间在同一循环比赛中的胜负关系，胜者名次列前。

（二）如相关队伍之间胜负关系无法排定名次，则看获胜场次，多者名次列前。

（三）如上述两种情况仍未能排定名次，则以获警告少者名次列前。每场警告总数为每局警告总数之和。

（四）仍相同，则以抽签的办法决定名次。

四、附　件

（一）竞赛规程（摘要）

第三届全国体育大会拔河竞赛规程

1. 竞赛项目

（1）硬地女子：480千克级

（2）硬地男子：560千克级、600千克级

2. 参加办法

（1）将举行第三届全国体育大会拔河比赛选拔赛，获相应级别前6名的队获得参赛资格。每队可报领队1人、教练兼指挥1人、训练员1人，运动员9人（含替补1人）。

（2）参赛运动员必须在18岁以上，身体健康。

3. 竞赛办法

（1）执行国家体育总局社会体育指导中心审定的2003年版《拔河竞赛规则和裁判法》。

（2）各参赛运动队必须着统一服装参加开幕式和比赛，每人必须自备安全头盔。

（二）表 格

1. 拔河比赛竞赛日程表

日期	顺序	时间	比 赛 队	日期	顺序	时间	比 赛 队
月 日	1	8：30		月 日	1	8：30	
	2	8：38			2	8：38	
	3	8：46			3	8：46	
	4	8：54			4	8：54	
	5	9：02			5	9：02	
	6	9：10			6	9：10	
	7	9：18			7	9：18	

2. 拔河比赛成绩表

男（女）子__________千克级

	A1	A2	A3	A4	积分	胜负比率	体重	名次
A1								
A2								
A3								
A4								

第四节 飞镖运动

飞镖运动于 15 世纪起源于英国，1985 年前后传入我国，现被列为全国体育大会比赛项目。

一、飞镖比赛的分类和项目

（一）比赛的分类

飞镖比赛分硬式、软式两种。

1. 硬式飞镖 ：飞镖的镖针是钢制的，非常尖利。镖盘一般有麻靶、纸靶两种质地。

2. 软式飞镖：飞镖的镖针是尼龙做的，比较软。镖盘是塑料制成的蜂巢状镖靶，蜂巢孔后面安装上传感器连接上自动记分系统，就是我们现在常说的电子靶。

3. 镖的制作材料常见的有钨合金镖、铜镖两种。钨合金镖比重大、体积小，选手 一般都选用这种镖。铜镖色泽美观，价格便宜，适用于一般的娱乐。

（二）比赛的项目

1. 单项赛：男子、女子单人赛，男子、女子双人赛，男、女混合双人赛。

2. 团体赛：每队至少有 3 名运动员参加。

二、飞镖比赛的组织编排

（一）比赛方法

飞镖比赛通常采用的竞赛方法是淘汰赛制和循环赛制。

1. 所有单人、双人、团体比赛单局采用 501 分，直接开始，双倍区结束。

2. 单人赛、双人赛比赛局数。

预赛：5 局 3 胜；复赛：5 局 3 胜；1/8 决赛：7 局 4 胜；1/4 决赛：7 局 4 胜；半决赛：9 局 5

胜；三、四名决赛：9局5胜；冠、亚军决赛：9局5胜

3. 团体比赛包括6局单人赛和3局双人赛。

（二）比赛程序

1. 以公开抽签的方式决定预赛对局表，按对局表的顺序，确定参赛运动员的号码。在预赛前，将运动员号码和预赛对局表发到运动员手中，并在公告栏中张贴预赛对局表。

2. 预赛结束后，尽快将复赛对局表制作完。复赛前，将复赛对局表交到运动员手中，并张贴。

3. 半决赛和决赛阶段比赛分先后在同一赛场比赛。

4. 运动员在练镖后开始争先，争先是以争红心的方法进行，并以投硬币或其他抽签方法决定由哪一方先投红心。胜者在第一局，以及其后该场比赛中所有奇数局均首先开始投镖；另一方在第二局及其后的偶数局首先开始投镖。

5. 双人或团体比赛，每对或队须派比赛中运动员排列顺序的第一位运动员参加争先。

三、飞镖比赛排定名次的方法

飞镖比赛记分有加法和减法两种。加法主要适用于比分数高低的游戏中，通常将击中目标分数累积相加。每一轮的分数为所投掷3镖的分数之和，每一盘的分数为每一轮的分数之和。在501类的比赛中通常采用减扣的办法：比赛开始前，双方的基本分数各为501分，以倒扣的方法进行比赛，以先扣到零分的一方为胜方，开始计算得分镖必须在双倍区，结束镖必须在所剩分数一半的双倍区。

四、附　件

（一）竞赛规程（摘要）

1. “镖王”杯第五届全国飞镖公开赛竞赛规程

（1）比赛项目

①硬式飞镖个人赛

②软式飞镖男子单人赛

③软式飞镖女子单人赛

④软式飞镖男、女混合双人赛

（2）竞赛方法

①采用《中国飞镖竞赛规则（试行)》。

②公开抽签，全部采用单淘汰赛。

③本次公开赛硬式个人赛和软式男子单人赛设种子选手，报名参赛选手按最新全国排名，前16名设为种子选手。

④比赛分成预赛阶段、复赛阶段和决赛阶段。

⑤硬式比赛单局采用501分，直接开始双倍结束规则；软式比赛单局采用501分，双倍开始双倍结束规则。

⑥硬式飞镖个人赛：预赛和复赛阶段采用5局3胜制，决出16名选手进入决赛阶段；1/8、1/4决赛采用7局4胜制；1/2决赛采用9局5胜制，冠、亚军决赛采用11局6胜制。

⑦软式飞镖男子单人赛：预赛和复赛阶段采用5局3胜制，决出16名选手进入决赛阶段；1/8、1/4决赛采用7局4胜制，1/2决赛采用9局5胜制，冠、亚军决赛采用11局6胜制。

⑧软式飞镖女子单人赛和男、女混合双人赛：预赛和复赛阶段采用5局3胜制，决出4名（对）选手进入决赛阶段；1/2决赛采用7局4胜制，冠、亚军决赛采用9局5胜制。

⑨本次比赛单人项目前128名选手获得积分，积分顺序为：

名次	1	2	3（并列）	5－8	9－16	17－32	33－64	65－128
积分	30	22	16	12	8	4	2	1

（3）录取名次

①硬式飞镖个人赛和软式飞镖男子单人赛各录取前16名选手。

②软式飞镖女子单人赛和男、女混合双人赛各录取前8名选手。

2. 2006年度北京市飞镖团体联赛比赛规程

（1）比赛项目

①飞镖团体赛（硬式）

②单项赛（硬式）

（2）竞赛规则

①团体飞镖联赛。

●北京市飞镖团体联赛的赛制，采用主客场双循环赛制。

●每场比赛，各参赛队参赛人数不少于4人，不超过8人。

●每轮比赛分为4盘单打、2盘双打和1盘米老鼠。

●4盘单人赛每局采用501分规则，3局2胜为一盘。

●2盘双人赛每局采用501分规则，3局2胜为一盘。

●米老鼠比赛为团体赛，全部参赛选手均可上场比赛，双倍区和三倍区须在15~20分之内为有效。

●比赛全过程须按中国飞镖协会颁发的《中国飞镖竞赛规则（试行）》进行。

●7盘比赛，每盘胜方得1分（小分），负方得0分；每轮比赛结束时得分高的队为本轮比赛胜方，在团体飞镖联赛总排名榜上得2分（大分），负方得0分。

●如一方镖队参赛人数为3人，该队将放弃第一场单打比赛、第一场双打比赛和团体米老鼠比赛。

●如一方镖队参赛人数不足3人，该队整场比赛判负，对方镖队获得2分，该场比赛小分为0:7。

②北京市飞镖团体联赛—淘汰赛（简称“杯赛”）。

●“杯赛”的赛制，采用团体主客场淘汰赛制，在联赛过程中举行。

●每场比赛的方法与联赛相同，两队将进行主、客场比赛，各自胜盘分相加，得分高的一方进入下一轮；如两队胜分相同，则在此轮第二场比赛结束时，加赛一盘米老鼠，得胜的队即为本轮淘汰赛胜方，进入下一轮比赛。

③北京市飞镖团体联赛—单项赛（单、双打比赛）的赛制，全部采用淘汰赛制，在联赛过程中举行。比赛规则遵照《中国飞镖竞赛规则（试行）》中淘汰赛规则进行。

（3）联赛细则

①比赛每周举行一轮，各参赛队在每周二晚19:30~22:00分别进行比赛。

②参赛队按联赛组委会统一颁发的联赛秩序册中的比赛对阵顺序，在比赛开始前15分钟到达赛场。

③参赛各队队员必须持有并佩带由联赛组委会统一颁发的《2004年度团体飞镖联赛参赛证》参加比赛。

④到达赛场后，各队队长须按各自安排的参赛顺序，认真填写由组委会统一颁发的《比赛成绩表》，表格一式两份，主、客队各执一份，表格内容必须相同。表格填好后，两队按规定时间开始比赛，比赛按照单打比赛、双打比赛和米老鼠比赛的顺序进行；每盘比赛的间隔不能超过5分钟。

⑤比赛按赛前在表格上填好的每盘先后顺序进行，在单人赛或双人赛中，每位选手不能同时参加2盘（或以上）同项的比赛。

⑥比赛进行中，双方队长应按要求认真填写联赛表格中的各项比赛成绩，并在比赛结束后由双方队长签字。

⑦每轮比赛结束后，由双方领队将《比赛成绩表》在本周五下午17时之前，以传真或其他方式上交到联赛组委会，过期未交表一方按弃权处理，得0分，交表一方则为胜方，得2分；两队均未交表，则视两队为弃权，均得0分，不得重赛。

⑧比赛过程中，参赛选手应严格遵守《中国飞镖竞赛规则（试行）》。

⑨在比赛规定开始时间15分钟后，参赛两队其中一方不能到达赛场，而又未预先通知，则本轮比赛为到达赛场的一方获胜，得2分，未到一方以弃权论，得0分，该场比赛小分为0：7。

⑩在比赛规定开始时间15分钟后，双方参赛队均不能到场参赛，两队均以弃权论，此轮比赛两队均得0分。

（4）弃权和退出

①下列情况视为弃权，取消联赛成绩：

●参赛队在一个赛季中有1轮以上无故缺席比赛。

●参赛队在一个赛季中有3次以上单场比赛弃权。

• 未交纳报名费。

• 镖队在联赛中解散。

②在联赛中，如一参赛镖队退出，且赛程没有超过一半，则此镖队在该赛季中所有参赛的成绩全部无效，且不记录团体总分，但保留参赛个人成绩；如镖队退出，且赛程超过一半，则该镖队所有已经参加比赛的成绩则予以保留，但不记录该镖队的团体总分，只保留参赛个人成绩。

③在新赛季报名时，如保留原镖队3名以上选手，则该镖队有权申请使用原镖队队名。

④参加联赛的选手原则上只允许在每赛季联赛赛程过半前转队一次；赛程过半后，只有在原所在镖队解散的情况下允许转队。联赛最后3轮比赛期间，不允许任何形式的转会。

⑤联赛最后3轮比赛期间，不允许注册新队员。

（5）联赛积分

①联赛每轮比赛胜方得2分，负方得0分，将参赛各队每轮得分相加，即得出各队联赛总积分（大分）。

②联赛每轮比赛中，单盘比赛胜方得1分，负方得－1分，将参赛各队每盘比赛的得分相加，即得出参赛各队总盘分（小分）。

（6）联赛排名

如有2个或2个以上参赛队积分（大分）相同，则以单盘得胜（小分）多的队排在前列；如有2个队的大分和小分都相同，则比较两队在联赛中两场相互比赛的小分，小分总和高的队排在前列；如两场比赛的小分总和相同，则以抽签的形式决定排名。

（7）比赛奖励

①联　赛

• 联赛冠军奖杯、奖金（500元）和证书

• 联赛亚军奖杯、奖金（300元）和证书

• 联赛奖牌（杯）：联赛冠、亚军奖牌（杯）授予两队所有参赛人员

• 最多结束局奖：奖牌

②杯　赛

• 杯赛冠军队奖励奖杯、奖金（400元）和证书，冠军队每位选手奖励冠军奖牌1枚

• 杯赛亚军队奖励奖杯、奖金（200元）

③单项赛

• 单打比赛冠军奖励：奖杯、奖金（200元）

• 单打比赛亚军奖励：奖杯、奖金（100元）

• 单打比赛并列第三名（2名）各奖励：奖牌、奖金（60元）

• 双打比赛冠军奖励：奖杯、奖金（100元/人）

• 双打比赛亚军奖励：奖杯、奖金（50元/人）

• 双打比赛并列第三名（2名）各奖励：奖牌、奖金（30元/人）

（二）表　格

飞镖团体联赛成绩表

级别：　　　　　　场次：　　　　　　日期：　　　　　　2005年　　月　　日

主　队			客　队

单　人　比　赛

参赛证号	参赛选手	局分	比分	局分	参赛选手	参赛证号

双　人　比　赛

参赛证号	参赛选手	局分	比分		局分	参赛选手	参赛证号

团　体　比　赛

参赛选手（从左至右按出赛顺序填写）	比分		参赛选手（从左至右按出赛顺序填写）

备注			总局分			备注
队长签名			总比分			队长签名

第五节　攀岩运动

攀岩是一项极具美感和观赏性的运动，起源于20世纪50年代的欧洲。1987年传入中国。1993年攀岩运动被列入我国正式比赛项目，现已列为全国体育大会比赛项目。

一、攀岩比赛的分类和项目

攀岩比赛有人工场地攀登和自然场地攀登。

（一）人工场地比赛通常有难度赛、速度赛和抱石赛。

1. 难度赛：是运动员系上保护绳向上攀登，并按照比赛规定，有次序地挂上沿途的保护挂锁，以攀登的最后高度（如果横跨，则以沿路线轴上的最长距离）来决定比赛的名次。

2. 速度赛：是在岩石上方系绳保护，运动员按指定的路线进行攀登，按运动员完成比赛路线所用的时间来决定名次。

3. 抱石赛：由数条技术难度较高的短路线组成。运动员在不系保护绳的情况下选择不同的路线攀登。针对不同类型的路线采用不同的保护方式（保护者在上方、保护者在下方、无保护）。参赛者的累积积分点数决定其比赛的名次。

（二）攀岩比赛有个人赛和团体赛。

二、攀岩比赛的组织编排

（一）难度赛

1. 难度赛方式

（1）资格赛：在一条或两条（相同或不相同）线路上进行。当比赛在两条线路上进行时，两条线路也应难度相同、风格相似。

（2）半决赛、决赛在一条线路上进行。必要时可进行超霸赛。根据ICC的规定，特殊的比赛类型可采用2选1的形式。

（3）所有难度赛必须以下方保护、先锋攀登的形式进行比赛。每条路线都必须预先规定运动员的攀登时间。攀登时间中包括运动员到达路线底部之后的40秒最终准备期。

（4）项目裁判开始（或者指示开始）记录此运动员的攀登时间后，运动员可以有40秒的时间来进行起步前的准备。如果达到40秒，运动员还没有开始攀登，裁判员应要求他立即开始。这40秒最后的观察攀登路线和准备时间是包括在这条路线的总体攀登时间之内的。进一步的拖延将使运动员面临被处罚的危险。运动员双脚离地即视为攀登开始。

2. 出场顺序

（1）在难度赛的首轮比赛中，种子运动员

（即有 CUWR 排名各运动员）的出场顺序为最新世界排名（CUWR）的倒序，非种子运动员在前面随机出场。

（2）当难度赛的首轮比赛分成两组或多组进行时，运动员应按其各自的 CUWR 分配到每一组中。

首先，种子运动员按下面的形式连续分配到各条线路：

出场顺序	线路 1	线路 2
倒数第 5	9	10
倒数第 4	8	7
倒数第 3	5	6
倒数第 2	4	3
倒数第 1	1	2

非种子运动员以相等或基本相等的人数分配到各条线路，这样分配好，每条线路再按上面第（1）描述确定顺序。

（3）在难度赛中，首轮比赛的每一个轮次（除超霸赛外）的出场顺序为前一轮排名的倒序，如第一名最后一个出场。当运动员在前一轮并列时，以 CUWR 的倒序出场，若为非种子运动员，则随机产生。超霸赛顺序与决赛轮相同。

3. 每轮比赛的名额

（1）每轮比赛的名额须与上面的每轮比赛后的排名连用，即应用本节前应先完成排名。

（2）在前一轮比赛中完攀线路的运动员数量不足时，剩余名额应由后面成绩最好的运动员填补。

（3）半决赛和决赛的规定名额分别为 26 名和 8 名。

（4）若用倒序法后，半决赛和决赛因名次并列而超过了规定名额，高限额数量的运动员将获得下一轮比赛的资格。

（5）若预赛分为 2 组，下轮比赛的固定名额应平均分配到 2 个组。

（6）特殊情况下（如电视现场转播的需要），决赛轮可以采用较少的名额，按下述规则决定使用回溯方式后仍并列的运动员是否参加决赛：从上和从下两个方向计算后，更接近规定名额的运动员有资格参加决赛。但决赛轮的参赛选手不得低于 6 人。如果从上下两个方向计算时与规定名额的差别相同，较少数量的运动员有资格参加决赛。如果决定采用此项规定，应由裁判长与比赛组织方协商后，在赛前宣布。

4. 排定名次的方法

（1）每轮比赛之后，运动员将根据规则进行高度测量和排名。

（2）成绩并列时运用回溯方式根据前一轮比赛的成绩来区分本轮并列运动员的名次。若按此方法仍存在并列，则继续往前一轮回溯。回溯方式不适用于运动员分为 2 组，在 2 条或多条不同路线上进行比赛的轮次。

（3）若决赛轮运用回溯方式后仍存在并列第一名的情况，则需进行超霸赛。若超霸赛结束后仍有运动员并列，他们的成绩被视为相同，比赛结束。

（4）如果没有额外的比赛规则来进行规定，对于资格赛需要把运动员分配至 2 条或多条同等技术难度的不同路线进行比赛的情况，未取得下一轮比赛资格的运动员的最终名次按各路线排名进行加总得出。

（二）速度赛

1. 速度赛方式

（1）速度赛通常进行资格赛和淘汰赛两轮。

（2）所有的速度赛均采用保护员站在下方的顶绳保护方式进行攀登。

（3）速度赛应选择以下两种形式中的一种进行：

①在 2 条长度相同、形态和难度相似的线路上进行；

②在 4 条长度、形态、设计和难度相同的线路上进行。

（4）建议速度赛线路长度为 12 ~ 20 米，仰角总长度少于 5 米，屋檐宽度小于 1 米。

2. 出场顺序

编排方法一：

（1）资格赛的出场顺序为目前 CUWR 的倒序。没有排名的运动员在前面随机排列。

（2）若资格赛和淘汰赛在同一天进行，两轮比赛的线路应相同；若不在同一天进行，每轮比赛的线路可作轻微的调整，并应提前通知运动员。

（3）每名运动员首先攀登线路1，完攀后，再攀登线路2。运动员按完攀两条线路的累计时间排名。若运动员在资格赛中未完攀任何一条线路将被淘汰，并排名最后。

（4）参加淘汰赛的运动员人数。

① 当完成资格赛的人数为16或多于16时，16人进入淘汰赛；

② 当完成资格赛的人数少于16时，8人进入淘汰赛；

③ 当完成资格赛的人数少于8时，4人进入淘汰赛；

④当完成资格赛的人数少于4时，需重新进行资格赛。

（5）淘汰赛采用分组淘汰的形式，运动员资格由完攀两条线路累计时间的排名确定。有16、8和4名运动员参加淘汰赛时第一轮及其他轮次比赛顺序如下（每组中排名前的运动员应安排在线路1）。

16名运动员第一轮比赛顺序

组　　号	运动员排名	配　　对	运动员排名
1	1	Vs	16
2	8	Vs	9
3	4	Vs	13
4	5	Vs	12
5	2	Vs	15
6	7	Vs	10
7	3	Vs	14
8	6	Vs	11

8名运动员第一轮比赛顺序

组　　号	运动员排名	配　　对	运动员排名
1	1	Vs	8
2	4	Vs	5
3	2	Vs	7
4	3	Vs	6

4名运动员第一轮比赛顺序

组　　号	运动员排名	配　　对	运动员排名
1	1	Vs	4
2	2	Vs	3

16、8和4名运动员参加淘汰赛时第一轮及其他轮次比赛顺序

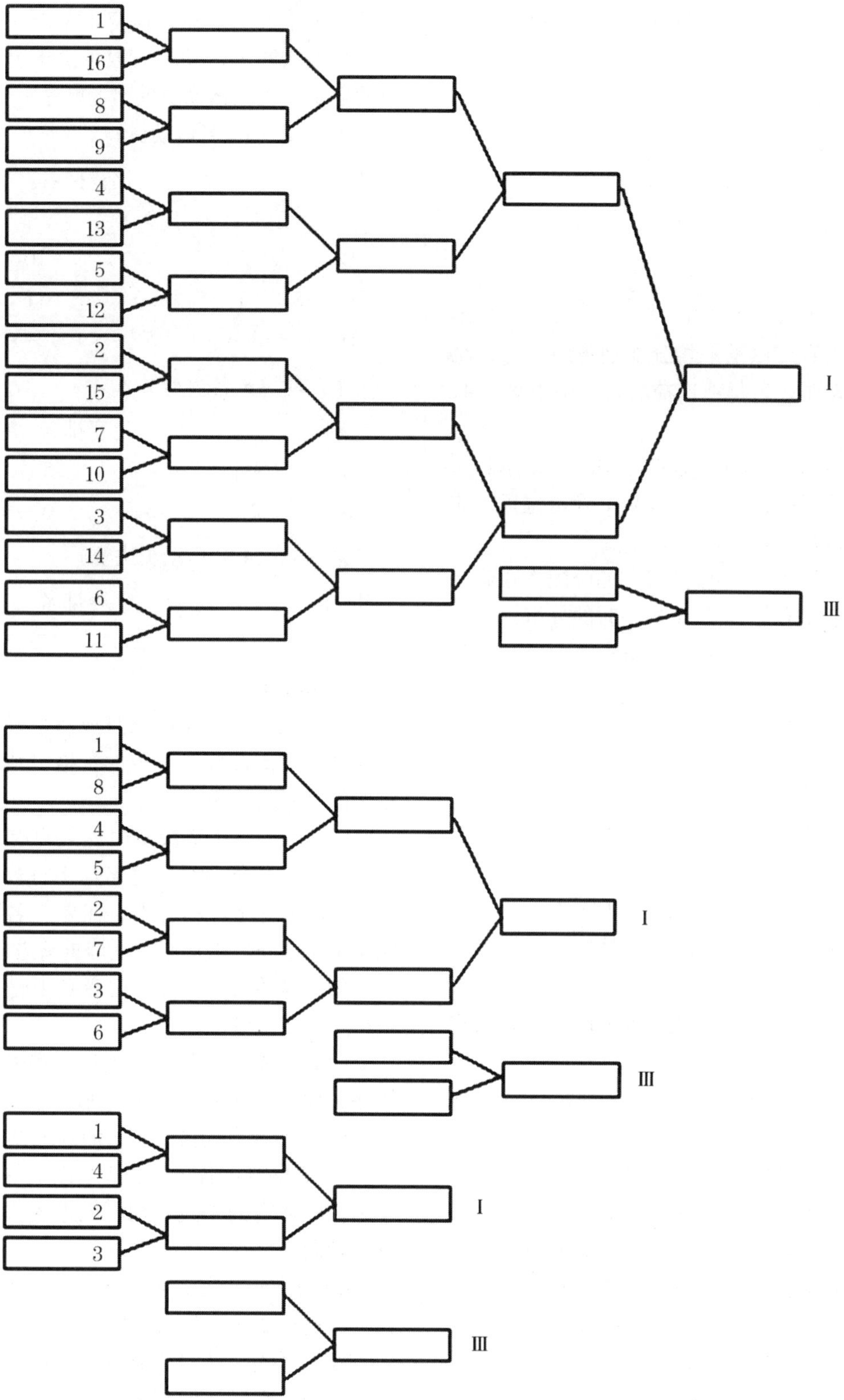

编排方法二：

（1）资格赛和淘汰赛分组进行。组号与运动员编号如下：

运动员编号	组　号
1～4	1
5～8	2
9～12	3
13～16	4
17～20	5

运动员人数应尽量平均分配到各组，每组至少有2名运动员。若每项比赛的人数小于等于4，将不设资格赛。

（2）资格赛的出场顺序按下面的程序编排：

①种子选手按其目前的CUWR确定位置，非种子选手随机加入到后面的序列中；

②种子选手以"蛇形排列"的分配方式确定其组别，下面是有17名种子选手时的分组：

组别	种子选手号			
A	1↓	10→	11↓	
B	2	9	12	
C	3	8	13	
D	4	7	14	17
E	5→	6↑	15→	16↑

（3）有资格进入淘汰赛的运动员名额：

①当报名的运动员人数≥16时，16人进入淘汰赛；

②当报名的运动员人数为8～15时，8人进入淘汰赛；

③当报名的运动员人数为5～7时，4人进入淘汰赛。

（4）资格赛中每组的胜者获得淘汰赛资格，剩余的名额由其他完攀线路且用时最短的运动员填补。若有2名或多名运动员在最后的资格位上并列，则他们须进行一组或多组淘汰赛，直至分出胜负。若资格赛组数多于16，则成绩最好的16名运动员进入淘汰赛。

（5）16名运动员进行淘汰赛的秩序：

种子选手名单首先是每组排名最高的获胜者按资格赛成绩排列，这样攀爬时间最短者为1号种子，然后剩余的名额按他们在资格赛的排名来填补；由于运动员在资格赛中未能完攀线路，实际参加淘汰赛的运动员人数可少于上面表格中显示的数量。入围运动员的出场顺序不变。

第一轮（16名运动员）

组别	比赛排名			
A	1↓	8→	9↓	16
B	2	7	10	15
C	3	6	11	14
D	4→	5↑	12→	13↑

第二轮（8名运动员）

组别	比赛排名			
A	1↓	4→	5↓	8
B	2→	3↑	6→	7↑

第三轮（4名运动员决赛）

组别	比赛排名			
A	1	2	3	4

3. 排定名次的方法

（1）每组中完攀线路且成绩最好的2名运动员获得参加淘汰赛下一轮的资格，其他运动员按轮次的攀登时间排名。

（2）1/4和1/2决赛时如果只有其中1名选手未能完成某条路线，这名选手将被淘汰，另外1名成为此组比赛的胜者；如果2名选手都没能完攀两条线路，他们必须立即重新进行此组比赛。

（3）争夺3、4名的比赛必须进行，而且必须产生1名优胜者。

（4）决赛轮中如果2名选手都未能完攀两条线路，他们必须重新比赛直到产生优胜者。

（5）出现运动员并列时的处理方式：

①资格赛：若2名和2名以上的运动员并列排名在资格赛的末位，均不能进入决赛。他们的排名相同。

②决赛轮：若2名运动员在半决赛或决赛中并列，通过2人之间的附加赛决出胜者。

③决赛轮：若2名运动员在决赛的其他分组赛中并列，则以他们在前一组分组赛的成绩或资格赛（如果他们出现在决赛轮的第一轮分组赛中，且并列）中的成绩决定谁是胜者。

（三）抱石赛

1. 抱石赛方式

（1）抱石赛一般进行预赛和决赛，若遇不可预料的情况，可取消一轮比赛。此时，预赛成绩将作为最终成绩。

（2）抱石赛资格赛时的线路数量不得少于4条或多于8条。决赛的线路数量最少须达到6条。一条线路的手点数不超过12个，一轮比赛中各条线路的手点平均数应在4~8个之间。所有线路都必须用垫子做落地保护。

（3）出于安全考虑，路线设计时应保证运动员身体最低部分离保护垫的距离一直不会超过3米；不应设计向下窜跳的动作。

（4）每条线路必须有一个预先规定的起步位置，起步位置必须标示出要求将两只手放在何处，也可能会标示出要求的某只脚或两只脚的位置。

（5）考虑到观众的需要，所有的路线应设立在一个高的平台上。至少每轮比赛的最后4条路线应该放置在从比赛场地的任何地方都能看到的位置。

（6）允许运动员在每次攀爬前都可要求清刷支点。

2. 出场顺序的编排方法，与难度赛的出场顺序编排一样

3. 每轮比赛的名额

（1）抱石赛每轮比赛的名额须与上面每轮比赛后的排名连用，即在应用本节前应先完成排名。

（2）若前一轮比赛中完攀线路的运动员数量不足时，剩余名额应由后面成绩最好的运动员填补。

（3）决赛的固定名额为12。若用倒序法后，因名次并列而超过了固定名额，高限额数量的运动员将获得决赛资格。

（4）若预赛分为两组，下一轮比赛的固定名额应平均分配到两个组。

4. 排定名次的方法

（1）每轮比赛后，应按以下的标准给运动员排名：

① 完成线路的数量；

②完攀线路所用的攀登总次数；

③奖励点总数；

④得到奖励点所用的攀登总次数。

（2）并列时，根据前一轮比赛成绩以倒序法来区分。倒序法不适用于并列运动员的前一轮比赛在不同组中进行的情形。

（3）若在决赛结束后用倒序法排名出现并列第一，应进行超霸赛。

每位并列的运动员将在定线员预先指定的时间内，以与决赛相同的顺序仅攀登一次，攀登须在前40秒起步。运动员的成绩按难度赛规则判定。攀登结束后进行排名。若有多名运动员登顶，应宣布他们并列。若无人登顶，但仍有运动员排名并列第一，并列的运动员将继续以相同的程序进行新一轮攀登，直到分出胜负，但攀登次数不得超过6次。若6次攀登后仍存在并列，则视他们为并列。

三、附　件

（一）竞赛规程（摘要）

1. 第三届中国大学生攀岩锦标赛竞赛规程

（1）竞赛项目

甲组：难度攀岩、速度攀岩；男子团体、女子团体

乙组：难度攀岩、速度攀岩；男子团体、女子团体

（2）竞赛方法

难度赛：预赛、复赛、决赛，并视情况进行超霸赛；

速度赛：预赛、决赛。

（3）录取名次与成绩判定

①录取名次

• 团体：男、女各录取前8名给予奖励；

• 单项：甲、乙组各项均录取8名给予奖励。

②成绩判定

• 男子、女子团体赛成绩分别以参加人工岩壁难度赛、速度赛的男子单项或女子单项成绩总和计算。男子、女子团体必须报满2名运动员，方可计团体成绩。

• 团体赛成绩计算方法：所有报名运动员均

参加名次计算，第1名得1分，第2名得2分，第3名得3分，依次类推，计算出所有运动员的名次，无故弃权者则按最后一名运动员的得分计算，另外加20分，最后将本队所获名次的分数累加，累计分数最少者为第1名，依次类推，若分值相同者，以名次靠前者为优胜者。

2. 广东省第二届攀岩锦标赛竞赛规程

（1）竞赛项目

男、女子难度攀岩；男、女子速度攀岩

（2）竞赛办法

①难度赛：分预赛、决赛进行，并视情况进行超霸赛；

②速度赛：分预赛、决赛进行。

（3）录取名次及计分办法

①录取名次：团体成绩取前6名，单项成绩难度赛取男女前8名，速度赛取男女前6名。

②团体奖计分办法：

- 团体成绩按各队最好个人成绩积分计算（只计算本队男女前2名成绩）。
- 难度赛第一至十二名计分分别为14、12、11、10、9、8、7、6、5、4、3、2。
- 速度赛第一至十二名计分分别为：13、11、10、9、8、7、6、5、4、3、2、1。

（二）表　格

广东省第二届攀岩锦标赛报名表

队　名：　　　　　　　　　　　　　　　　　　　　报名时间：　　月　　日

<table>
<tr><td rowspan="2">姓　名</td><td rowspan="2">性　别</td><td rowspan="2">出生年月</td><td rowspan="2">身高（m）</td><td colspan="2">参赛项目</td><td rowspan="2">联系电话</td></tr>
<tr><td>难度赛</td><td>速度赛</td></tr>
<tr><td></td><td></td><td></td><td></td><td></td><td></td><td></td></tr>
<tr><td></td><td></td><td></td><td></td><td></td><td></td><td></td></tr>
<tr><td></td><td></td><td></td><td></td><td></td><td></td><td></td></tr>
<tr><td></td><td></td><td></td><td></td><td></td><td></td><td></td></tr>
<tr><td colspan="2">领　队</td><td colspan="2"></td><td colspan="2">教　练</td><td></td></tr>
<tr><td colspan="2">备　注</td><td colspan="5">1. 是否需安排食宿（　　）
2. 是否需订返程票（　　）</td></tr>
</table>

第十二章　群众、休闲体育运动竞赛方法

一、迎面接力跑

准备：田径场（跑道）、接力棒、标志杆等。

方法：每队若干人参赛，分成两组，相距15～20米。比赛开始，一人持棒跑向对面，将棒交给同队队员，同队队员接棒后再往回向本队跑去交棒，以此类推，哪队最先跑完为胜。

建议：用此方法可以进行往返接力、运球接力、托乒乓球接力、抱多球接力、绕障碍接力等比赛。

二、冲过封锁线

准备：画两条相距14～16米的平行线为投掷线；两投掷线中间画两条相距1米的长线为通道，线长约为20～25米，两端画上起、终点线；排球若干个。

方法：参赛者分为攻队和守队。守队站在两边的投掷线上，每人持一排球，攻队则站在通道一端的起点线后。比赛开始，攻队鱼贯依次从通道跑过，到达对面的终点线外，守队则在攻队通过时用排球掷击通过者腰部以下部位，被击中者退出场外，未被击中而到达终点者可得1分。然后两队交换角色，最后以得分多的队为胜。

规则：防守只能掷击通过者腰部以下部位，否则无效，也不得越线掷击；通过者不许越过通道两侧的线，否则判为击中。

建议：可以规定攻队在一定的时间内通过。

三、螃蟹跑

准备：在平坦场地上相距20米画两条平行线，分别作为起点线和终点线；皮球2个。

方法：参赛每队以两人为一组成纵队站在起点线后。听到预备信号时，各队第一组两人背对背用躯干夹抵住一球，同时侧向下蹲于起跑线后。听到开始信号后，两人像螃蟹状横着向终点线跑去，到达终点线后再夹抵球横行返回起点线（两人始终面朝同一方向），将球交给第二组，然后站到队尾。第二组同法进行，以此类推，先完成的队为胜。

规则：必须半蹲横行，身体不得直立；跑动中如球落地，必须在落地处夹抵好球后才能继续前进。

建议：可以规定用侧向滑步或交叉步等方法移动前进；可用胸相抵、肩相抵或头相抵夹球前进的方法进行比赛。

四、两人三足跑

准备：短绳或布条若干；在场地上画一条起跑线，距起跑线前15米处间隔适当距离插两根标志竿。

方法：参赛各队两人一组，成纵队面对标志竿站在起跑线后。每一组两人并肩站立，内侧的小腿用绳子或布条捆住，这样成了两人三条腿。比赛开始，组织者发令后，各队第一小组以三条腿向前跑进，绕过标志竿后返回，击第二组的手掌，然后排到队尾站好。第二组按以上方法进行比赛，以此类推，以先跑完的队为胜。

规则：短绳或布条必须捆在小腿上，如途中松开应系好再跑；互相击掌时不准踩线。

建议：此方法也可采用四人五足跑的方法进行比赛。

五、踩着垫（砖）过河

准备：画两条相距10米的平行线为河岸，河岸中间为河道；木版（大小与砖相同）6块。

方法：参赛各队分成甲、乙两组。甲、乙两组各成纵队面相对站在两条平行线外。比赛开始前甲组第一人两脚踏在砖上做好准备。发令后，甲组第一人用双手将第三块砖向前移动，再向前移一步，直到移至对岸。将砖交乙组排头后站到乙组队尾。乙组排头同法移回对岸。按此方法依次进行，直至全队做完，以先完成的队为胜。

规则：参赛者必须双脚分别踩在一块砖上，才可向前移动第三块砖，否则判本队失败。

建议：可以采用计时方法，看谁的速度最快。

六、夹包跳高

准备：跳高架1付、皮筋1根、包若干。

方法：在跳高架垂直面向外1米处画1条平行线，运动员两脚夹包，向上抛出跃过皮筋。横杆逐步升高，抛过的高度高者为胜。

建议：用此方法可以进行夹包掷远、夹包掷准、夹包接力比赛。

七、两人蹲跳

准备：在平坦空地上画两条相距8～10米的平行线，一条为起点线，一条为终点线，在终点线上等距插4面小旗。

方法：参赛队成纵队站在起点线后，各队每两人为一组，各队第一组背对背相互挽臂一前一后蹲在起点线后，做好准备。组织者发令后，第一组迅速向终点蹲着蹦跳，跳过终点绕过小旗二人交换先后返回，第一组跳回起点线后，第二组起动，按同样方法进行，以此类推，先做完的队为胜。

规则：比赛中挽臂不能分开，如分开必须原地挽好后再跳；第一组返回跳过起点线后，第二组才能起动，否则判本队失败。

建议：可采用横跳、面对面跳等方法进行。

八、1分钟跳绳（单人）

准备：跳绳、秒表。

方法：参赛者单脚或双脚跳绳，1分钟内跳的次数多者为先。

规则：参赛者可以单摇跳或双摇跳进行比赛。

九、双人跳绳接力

准备：跳绳4根。在场地上画两条相距2米的平行线，前一条为起跑线，后一条为预备线。在起跑线前20米处并排放2个标志物（实心球或小旗等），标志物间隔4米。

方法：参赛各队成两路纵队面对本队的标志物站在预备线后，同队并排两人为一组。比赛开始，各队的第一组2名队员并排站在起跑线后，同时两人用外侧手分别持长绳的一端。组织者发令后，第一组向前做起跑跳绳，第二组持绳站到起跑线后，第一组绕过标志物返回起跑线后，第二组出发，第一组将绳交给第三组后站于队尾，依次进行，以最后一组线返回起点的队为胜。

规则：跳绳应是两人同时摇，同时跳过；中途失误应在失误处重新开始做。

建议：可进行原地双人跳，在规定的时间里看谁跳得多；全队各组均跳一回以总数多者为胜；两组对抗，胜者得分，以积分多的队为胜。

十、集体跳绳

准备：长绳、秒表。

方法：参赛每队8～12人（其中两人为摇绳者），在规定的时间内，跳绳次数多的队为胜。

建议：可以进行集体花样跳绳比赛。

十一、看谁踢得多

准备：根据人数画若干直径为2米的圆。每两人1只毽子。

方法：参赛者每两人为一组，其中一人站于圆圈内，按规定的踢毽子方法，听信号开始连续踢毽子，直至中断为止，再交给另1人进圆圈踢，看谁踢得多，多者为胜。

规则：必须在圆圈内踢，出圆圈判为中止；必须按规定动作踢。

建议：该方法可以规定时间，在规定时间内连续踢；可以看谁踢的花样多为胜；可以规定几个动作为一套，看谁踢的套数多。

十二、踢毽子接力

准备：在场地上画若干圆，圆的大小根据每组人数定；每组1只毽子。

方法：参赛者每组进一个圆内，听信号开始，用脚内侧踢毽的方法，第一个踢毽者先踢5次，然后踢给圆内任意一个人，第二人接过毽子再踢5次，又踢传给另外一个，这样依次每人踢5次后就传给其他人，直到出现失误为止。看哪组接力踢的时间长，时间长的组为胜。

规则：接力踢时必须每人轮流踢一次后，方可接第二轮；用手触毽或毽落地算失误；毽子在脚上不得有明显停留。

建议：可改用其他踢毽方法，也可以任意踢。

十三、投　准

准备：沙包、筐若干。

方法：参赛者单手投掷沙包，以投入放置远处的筐内次数多者为胜。

规则：投掷方法不限。

建议：可以投远；可以在地上或墙上设置环数，以投中环数多者为胜。

十四、1加1投篮

准备：篮球场地1块，篮球2个。

方法：参赛队各成一路纵队分别站在两个半场的罚球线后，各队排头手持篮球。比赛开始，各队排头开始投篮，若投中可再投篮一次；如第一次未投中，则不准再投。投篮时，无论投中与否，均要自己拾球后再投或传给本队第二人后自己站至队尾。第二人按同样方法进行，以此类推，直至全队做完，最后以累积投中的球数多的队为胜。

规则：投篮方法不限。

建议：此方法可以进行个人1加1投篮比赛；或规定每人投5球，看谁投进多。

十五、发球得分

准备：将排球场两个半场用平行于中线的直线各分为6区，从靠近中线的一个区开始到端线分别标上1~6的号码；排球若干。

方法：比赛队每人持一球站在本方场地端线后，别的队分散在场外准备拾球。比赛开始，持球队从排头开始，依次用排球正面上手发球的方式将球击向对方号码区，球击出落到几号区即得几分。一队击球全部完毕，换另一队。最后以各队累计分多少决定胜负。

规则：击球落入号码区内有效，出界不得分；抛球后，没做挥臂动作可重做，如做了挥臂动作而未击到球，则算一次击球。

建议：可采用其他击球方法进行，但必须统一要求。

十六、足球射门

准备：足球场1块，足球若干。

方法：比赛队成纵队站在禁区线外，准备踢球射门；别的队站在球门两侧，准备捡球。比赛开始，比赛队员依次从罚球点踢球射门，另一队依次捡球。踢球队全部踢完后，两组交换。踢进一球得1分，计算两队总分决定胜负。

规则：按照规定的脚法（如正脚背、脚内侧、外脚背等部位踢地滚球、腾空球等）射门，否则无效；球必须放在罚球点上射门。

建议：可以设守门员防守；踢球队可以用行进间运球射门，也可以不定点射门。

十七、运球绕杆

准备：画一起点线，从线前10米处开始纵向间距2米插6支标枪，共插两行；足球2个。

方法：参赛各队成纵队面对标枪站在起点线后。比赛开始，各队排头运球前进，绕过每一支标枪。绕过最后一支标枪后直线运球返回，将球交给本队第二人，自己站到排尾。依次轮流进行至全队完成，以最先完成的队为胜。

规则：运球时不得漏掉标枪；交接球时不得踢传，接球者接到球后才能越过起点线，否则应退回重做。

建议：可以进行迎面、往返、圆圈等运球接力比赛；可以与传球相结合进行。

十八、拔　河

准备：在长 25 ~30 米、宽 4 米的场地上面画 3 条平行线，两边的线叫决胜线，距离中线各为 1.50 米。准备 1 根 20 ~25 米长的粗绳子，中点栓上红带作为标记。

方法：参赛队员分别站在决胜线外，在绳子两侧间隔站立，每队各选 1 名指挥员。在裁判发出“预备”口令后，双方队员将绳拉直，绳上标志带垂直于中线。裁判鸣哨开始后，双方用力拉，将标志带拉过本队的决胜线为胜。

规则：不得在地上挖坑或借助外力；不得故意松手。

建议：可以进行个人、双人和男女混合拔河比赛。

十九、自行车慢骑

准备：自行车、秒表、几条 1 米宽的赛道。

方法：参赛者骑上自行车，由裁判员扶住自行车听发令。比赛开始，以骑完规定距离用时多者为胜。

规则：骑进中，无论身体哪个部位触地均为比赛结束。

建议：可以在自行车上载重物进行比赛。

二十、自行车绕杆

准备：自行车、秒表、标志杆。

方法：参赛者骑上自行车，由裁判员扶住自行车听发令。比赛开始，参赛者绕过标志杆，以到达终点用时少者为胜。

规则：骑进中，无论身体哪个部位触地或碰倒标志杆均为比赛结束。

建议：可以进行单人、双人自行车计时赛。

二十一、爬梯子

准备：在场地上画一条起跑线，在起跑线前 5 米处并排纵放两架长梯子，梯子前 5 米处插 2 面小红旗。

方法：参赛队各成一路纵队面对长梯子站立。发令后，各队第一个人迅速跑向长梯子，手脚并用，在长梯子横木上爬过去，然后跑向小红旗，绕过小红旗回来，再在长梯子上爬回来，返回本队拍第二个人的手后，站到队尾。第二个人按照第一个人的动作做完后，拍第三个人的手……游戏依次进行，直至最后一个做完，以先完成的队为胜。

规则：发令和被拍到手后才能跑动；参赛者必须手脚依次爬过每一根梯子横木。

建议：没有梯子时，可以在场地上画成梯子形状进行游戏；可以采用在梯子上跑过去等形式比赛。

二十二、遥控飞机

准备：在场地上画一条直线为起点，在起点线前 5 米处间隔 3 米纵向摆两组各 6 个标志物。

方法：参赛队各成一路纵队分别站在起点线后。比赛开始，每组的排头用布蒙上眼作飞机，第二名作遥控者。发令后，作飞机者两臂侧平举朝前走或跑遥控者随时告诉飞机的方向，指挥他绕过标志物作 8 字形往返，先到达起点线并且没有犯规者，为本队得 1 分。接着由第二名作飞机，第三名作遥控者依次进行，最后以得分多的队为胜。

规则：作飞机者不得偷看；途中如碰倒标志物，由遥控者指挥飞机放好后前进。

建议：可将标志物换成障碍物，在遥控者指挥下，用跨、跳、钻等方法越过障碍。

二十三、跛子骑瞎马

准备：在场地上画一条直线为起点线，在线前5米处摆放两组纵排标志，每排标志有8个，相邻两个标志间的距离为2米；手帕4块。

方法：参赛每队分为甲、乙两组，成2路纵队正对标志站在起点线后。甲组先扮瞎马，乙组先扮跛子。听到开始信号，瞎马背上跛子并在跛子的指挥下，逐个绕过每个标志曲线前进，当绕过最后一个标志后直线返回，到达起点线，跛子击第二对跛子的手后，把手帕交给第三对，两人站到排尾。第二对按同样方法进行，以此类推。全队各扮一次瞎马或跛子后，互换角色继续进行，至每人均扮一次瞎马和跛子后结束。以先完成的队为胜。

规则：后一对应在前一对返回起点线前做好准备；若跛子中途落地，应在落地处重新驮起前进。

建议：可以在一定的距离处取回一物，再由下一对去挂上，依此进行比赛。

二十四、火车赛跑

准备：在场地上画两条相距15～20米的平行线，一条为起点线，另一条为终点线。

方法：参赛队（5～7人）成纵队分别站在起点线后，每队排头扮火车头双脚支撑，后面的人都向前举起右脚，前面的人用右手握住后面人举起的踝关节部位，左手搭在前面人肩领下，有节奏地一起向前跳动，最后以"火车头"先到达终点线的队为胜。

规则：火车如"脱勾""翻车"，必须在原地"修复"（连接好）后，方能继续前进。

建议：可以适当调整火车进行的距离；游戏可连续做两次，要求交换腿进行；可以将终点线改为折返线，折返时要求换腿。

二十五、角　力

准备：2米圆木，直径6～8米的圆圈。

方法：两人对抗，参赛者双手握住木头，将对方推出圆圈为胜。

规则：比赛中，只准往前推，不得故意松让，违者判负。

建议：两人可以徒手推、拉，但不得用腿、不得摔，先出圈者为负。

二十六、过独木桥

准备：每队有长、宽、高分别为10米、0.15米、0.15米的独木桥1根。

方法：若干队，每队16人（男女各8名），队员分别站在独木桥的两端，听口令同时上桥，相向而行，在桥上完成交叉，到达另一端下桥，下一名队员上桥继续比赛。

规则：

1. 必须是1男1女为1组的两队员在桥上完成交叉过桥任务。

2. 整个过桥过程中，比赛队员始终保持直立的姿势，若某队员掉落桥下，则该人次失败，由另一组的队员从桥端上桥继续比赛，失败队员则返回桥尾，等待下次上桥。

3. 队员必须到另一端下桥后，后继队员才能上桥比赛。

4. 下桥队员最后一步必须踩在桥端下桥。

5. 在规定时间内完成过桥人数多的队为胜。

注意：谨防摔伤、扭伤、碰伤。

二十七、袋鼠运瓜

准备：每组有特制袋鼠袋5个，球3个。

方法：若干队，每队10人。队员站在袋内手抱3个球在20米长的跑道上进行接力赛。起终点分站5人。

规则：参赛者在比赛进行中必须双腿放进袋内，以双腿跳跃的形式进行比赛。比赛进行中如球掉地，必须由参赛队员把球捡回掉地原位，方可继续进行比赛。交接球时，接球一方必须站在端线后。以队内最后一名队员冲线的先后确定名次。

注意：注意身体平衡，防止跌伤。

二十八、巧接炮弹

准备：每队有弹力炮一尊，球 15 个以上，篮子 10 个。

方法：若干队，每队 8 人。2 人用力把橡胶拉下，然后松手把炮弹（球）弹出，2 人装弹。另 4 人手持篮子接球，以 5 分钟内接球多少确定名次。

规则：炮弹在有效区接到并直接入篮子才有效；接到的球要放到指定的位置才可以。

注意：两人发炮动作要统一，不能一先一后。

二十九、长杆钓鱼

准备：每队有 10 多米长杆 1 根，鱼 10 多条，鱼池 1 个。

方法：若干队，每队 5 人在指定的位置共同持杆，把鱼钓起，放在离原位置 5 米左右的池内。各种鱼标有不同的分值，所钓到鱼的总积分多的队为胜。

注意：非参赛队员远离长杆，避免受伤。

三十、同心协力

准备：每队有供 6 人穿的木屐 1 付，为 1 组。

方法：若干队，每队 12 人，队员穿着木屐在 30 米长的跑道上进行接力赛。起点处 6 人先穿好木屐，开始后齐步向前，走到转折处交木屐给另 6 人穿上往回走，各队以后一组队员鞋头冲线的先后确定名次。

规则：参赛队员木屐交接时必须在线的后面进行；比赛中如有队员的脚脱离木屐，则必须停在原地把脚穿上，方可继续比赛。

注意：同心协力，步调一致。

三十一、运大彩球

准备：五米直径特制双层彩球 2 个。

方法：若干队，每队 8 人（女队员不少于 2 人）进行比赛，抬大彩球在跑道上进行往返，以球的前端撞线先后定胜负，用时少者名次列前。

规则：比赛中球不能触地，触地一次加 1 秒；到折返点，必须绕过标志物；以球的前端撞线为全程。

注意：控制方向，防止摔倒。

三十二、猪八戒背媳妇

准备：每队有猪八戒面具 1 套，布制媳妇衣服 1 件，按分组情况配套。

方法：若干队，每队 4 男 4 女，男士背着女士在距离为 30 米的场地进行接力跑比赛，前一组过了限制线后将面具和衣服和交给下一组的“猪八戒”和“媳妇”，直到全队跑完，用时短者为胜。

规则：要背好“媳妇”，不能着地，着地则原地重跑；面具不能脱落，完全脱落时停下在队友帮助下戴好重新开始。

注意：男女配合，衣物穿带好。

三十三、时代列车

准备：30 米赛道。

方法：若干队，每队 12 人（其中女队员不得少于 4 人），赛前在起点线后成一路纵队依次排好，车头的队员拿旗并上举，其他人双臂屈肘上举并将双手依次搭在前面队员的双肩上，发令后，在车头的带领下，步调一致，整齐划一的同步结队前行，直至全队成功越过终点。用时少者名次列前。

规则：必须成一路纵队结队而行，比赛途中后面队员双手搭在前面队员的双肩上前行，途中如有队员两手离开前者、脱手、断档、摔绊在地等情况视为失误，成绩无效。错位搭臂或以其他队列代替均为成绩无效。

注意：步调一致，紧密联系。

三十四、障碍滚轮

准备：每队有大轮胎 1 个、平衡木 3 条为 1 套，按组配套。

方法：若干队，每队男女各 5 人，起终点距离为 20 米，中间每隔 5 米放 1 条平衡木，共 3 条。每组男队员和女队员平行排列，每次滚轮胎都是 1 对男女队员共同完成。第一对男女队员滚轮胎绕平衡木到终点再绕平衡木回到起点交给队友，然后排到队伍的后面，以此类推。当第 5 对队员滚完终止计时。

规则：遇到障碍物必须先顺着右侧方向再向左侧方向绕，按这样的顺序一直把障碍物绕完，回来时则反方向绕回来，如没按顺序则要回到原位重来。

注意：轮胎不能拖，保持滚动。

三十五、趣味跳绳

准备：每队有 13 米长的绳，按分组情况配套。

方法：若干队，每队 15 人，2 人摇绳，其他人自由进绳，争取最短的时间内进最多人，卡绳后重新开始，限时 3 分钟。以成功进入的人数计分，相同时以最多人时成功次数多者胜。再相同时最短时间进入最多人者为胜。

注意：不要碰撞，防止受伤。

主要参考文献

[1] 刘建和等著. 运动竞赛学 [M]. 四川: 四川教育出版社, 1990.

[2] 运动竞赛学编写组编. 运动竞赛学 [M]. 北京: 北京体育大学出版社, 1994.

[3] 张百振主编. 体育竞赛裁判学 [M]. 北京: 高等教育出版社, 2000.

[4] 魏伟主编. 球类运动竞赛指导 [M]. 天津: 天津大学出版社, 2000.

[5] (美) 约翰·拜尔著, 高赞译. 组织成功的竞赛 [M]. 北京: 人民体育出版社, 2000.

[6] 全国体育院校教材委员会审定. 田径运动教程. 北京: 人民体育出版社, 2006.

[7] 王蒲著. 运动竞赛方法研究 [M]. 北京: 人民体育出版社, 2001.

[8] 毕春佑主编. 基层体育竞赛指南 [M]. 北京: 人民体育出版社, 2001.

[9] 宋继新著. 竞技教育学 [M]. 北京: 人民体育出版社, 2002.

[10] 王孔兴编著. 象棋竞赛裁判手册 [M]. 北京: 人民体育出版社, 2002.

[11] 程嘉炎著. 球类运动竞赛法 [M]. 北京: 人民体育出版社, 2003.

[12] 汪玮琳编著. 运动竞赛学 [M]. 北京: 中国经济出版社, 2004.

[13] 王凯珍主编. 社会体育活动组织与管理 [M]. 中国劳动社会保障出版社, 2005.

[14] 黄必清主编. 奥运会赛制基础 [M]. 北京: 人民体育出版社, 2006.

[15] 刘清早著. 体育赛事运作管理 [M]. 北京: 人民体育出版社, 2006.

[16] 樊智军主编. 体育赛事的组织与管理 [M]. 北京: 人民体育出版社, 2007.

[17] 全国体育院校教材委员会审定. 游泳运动 [M]. 北京: 人民体育出版社, 2001.

[18] 全国体育院校教材委员会审定. 现代足球 [M]. 北京: 人民体育出版社, 2007.